马克思人的全面发展理论及其中国表征

朱荣英 —— 著

中国社会科学出版社

图书在版编目（CIP）数据

马克思人的全面发展理论及其中国表征 / 朱荣英著 . —北京：中国社会
科学出版社，2018.11

ISBN 978 - 7 - 5203 - 3576 - 8

Ⅰ.①马…　Ⅱ.①朱…　Ⅲ.①马克思主义—人学—研究　Ⅳ.①C912.1

中国版本图书馆 CIP 数据核字（2018）第 254128 号

出 版 人　赵剑英
责任编辑　田　文
责任校对　爱　华
责任印制　王　超

出　　版　中国社会科学出版社
社　　址　北京鼓楼西大街甲 158 号
邮　　编　100720
网　　址　http://www.csspw.cn
发 行 部　010 - 84083685
门 市 部　010 - 84029450
经　　销　新华书店及其他书店

印　　刷　北京君升印刷有限公司
装　　订　廊坊市广阳区广增装订厂
版　　次　2018 年 11 月第 1 版
印　　次　2018 年 11 月第 1 次印刷

开　　本　710 × 1000　1/16
印　　张　18.25
字　　数　285 千字
定　　价　78.00 元

目　录

引　论 ……………………………………………………… （1）

一　马克思人的全面发展理论研究的理性价值 …………… （2）

二　马克思人的全面发展理论研究的当代实践价值 ……… （7）

三　研究马克思人的全面发展理论的总体思路 …………… （13）

四　研究马克思人的全面发展理论的核心论点 …………… （17）

第一章　马克思人的全面发展理论形成史研究 …………… （24）

第一节　马克思对人的全面发展问题的早期探索 ………… （26）

一　马克思人的全面发展理论形成史总体概览 ………… （26）

二　马克思参加青年黑格尔派活动时期的思想 ………… （37）

三　马克思在《1844 年经济学哲学手稿》中的阐述 …… （42）

四　马克思在《神圣家族》中的批判分析 ……………… （48）

第二节　马克思人的全面发展理论的系统展开 ………… （55）

一　马克思在《提纲》、《形态》中的论述 ……………… （55）

二　马克思在《共产党宣言》中的分析 ………………… （62）

三　马克思在《资本论》中的整体剖解 ………………… （67）

第三节　马克思人的全面发展理论的创新发展 ………… （71）

一　列宁对人的全面发展理论的丰富发展 ……………… （71）

二　毛泽东对人的全面发展理论的突出贡献 …………… （79）

三　中国改革开放新时期对人的全面发展理论的
创新表述 ………………………………………… （87）

第二章　马克思人的全面发展理论的逻辑结构 ················ （95）

第一节　人的全面发展理论之批判本质的逻辑线索 ········ （97）

一　人的全面发展理论的实践批判 ··············· （97）

二　人的全面发展理论的后现代批判 ············· （102）

三　人的全面发展理论的社会批判 ··············· （105）

第二节　生产逻辑、资本逻辑与实践逻辑及其

相互关系 ··································· （113）

一　以生产逻辑诠释人的全面发展理论 ··········· （113）

二　如何超越资本逻辑对人的全面压制？ ········· （117）

三　人的全面发展理论中的人本学痕迹 ··········· （120）

四　实践逻辑是人的全面发展的主导逻辑 ········· （123）

第三节　考察马克思人的全面发展实践逻辑的

两个维度 ································· （127）

一　人的发展理论中的"为己"与"为物" ········· （127）

二　人的发展理论中的"人本"与"物本" ········· （129）

三　研究人的全面发展理论的重心迁移 ··········· （134）

四　人的全面发展理论的辩证性蕴含 ············· （136）

五　人的全面发展理论的实践性本质 ············· （139）

第四节　人的全面发展理论的历史逻辑及其

生态阈限 ································· （142）

一　马克思人的全面发展理论的历史分析 ········· （142）

二　人的基本素质的提高及其全面发展 ··········· （146）

三　人的全面发展的历史过程性 ················· （152）

四　人的自然化与自然的人化及其生态整合 ······· （156）

五　马克思人的全面发展理论的生态阈限 ········· （164）

第三章　马克思人的全面发展理论的理性内涵 ··············· （174）

第一节　社会发展与人的发展的内在统一 ··········· （175）

一　实现人的全面发展的社会取向 ··············· （175）

二　实现人的全面发展的社会条件 ··············· （179）

三　个人发展与社会发展的价值错位 ············· （183）

四 个人发展与社会发展的内在契合 …………………… (186)

五 人的全面发展的制度环境与选择 …………………… (189)

第二节 人的社会性价值的全面实现 ………………………… (193)

一 实现人的全面发展的价值理想 …………………… (193)

二 人的多方面价值的社会化生成 …………………… (195)

三 人的价值实现的共在性形态 ……………………… (197)

四 评价人的价值的社会化标杆 ……………………… (200)

五 在社会实践中全面提升人的自由 ………………… (202)

第三节 实现全面发展是人的最高信仰 ……………………… (209)

一 人全面发展所彰显的信仰之美 …………………… (209)

二 人全面发展所显现的生活之美 …………………… (213)

三 人全面发展所体现的崇高之美 …………………… (217)

四 人全面发展所实现的理想之美 …………………… (223)

五 人全面发展所表征的智慧之美 …………………… (226)

第四章 马克思人的全面发展理论的中国表征

———以"四个全面"的建设为例 ………………… (233)

第一节 以人的全面发展理论推进全面深化改革 …………… (234)

一 "两个关键一招":自觉回应人民群众的新期待 … (234)

二 "不谋全局不足谋一域":深化改革的
全面性问题 …………………………………… (236)

三 "真正的民心所向":坚定"以人文本"的
改革方向 …………………………………… (239)

四 "三个进一步解放":全面深化改革的总目标 …… (242)

第二节 以人的全面发展理论引领小康社会建设 …………… (245)

一 "全面建成小康社会":人民对美好生活的
朴实愿景 …………………………………… (245)

二 "促进人的全面发展":全面建成小康社会的
基本内涵 …………………………………… (249)

三 "全面提高人民生活水平":全面建成小康社会的
根本目标 …………………………………… (251)

第三节　以人的全面发展理论统领全面依法治国…………（256）

一　"依法治国"：人的全面发展的法律化表达　………（256）

二　"执法为民"：让人民群众感到公正就在
自己身边　…………………………………………（259）

三　"法律乃治国之重器"：在法律面前必须
人人平等　…………………………………………（262）

四　"法安天下、德润人心"：德法并重谱
惠民新篇章　………………………………………（266）

第四节　以人的全面发展理论加强全面从严治党…………（270）

一　"从严治党"：执政为民的一次重大政治牵引　……（270）

二　"对人民高度负责"：全面从严治党的意义指向　…（272）

三　"勤政为民"：人民群众对党的政治厚望　…………（273）

四　"良好政治生态"：同人民群众保持血肉联系　……（276）

五　"不忘初心"：把为民造福的事业不断推向前进　…（279）

参考文献　………………………………………………………（283）

后　记　…………………………………………………………（287）

引　论

在西方，已然步入后工业时期的资本主义，作为现代性之伴随物的后现代性及其晚期文化逻辑的极度膨胀，主导了时代的物化、人的虚无化并使之普遍遭遇荒诞。这样，拜金主义、享乐主义、利己主义、消费主义挤掉了历史与未来并占满了人的社会生活的全部空间，以至于抽离了自我反思、自我启蒙的批判意识，阻止了批判性思维在人的发展问题中的实质性介入，在很大程度上巩固了社会的熵化、异化与物化，进而造成了人的生存、人的价值、人的发展的多元化、身体化、空间化、去时间化、趋零化、景观化、麦当劳化和彻底的单向度与虚无性。受此影响，我国在市场经济日益发展、改革开放深层推进过程中，业已产生了出乎意料且不易觉察的物化、异化走势，及时行乐的利己主义、虚无主义全面侵染现代生活，致使深度意义丧失、人文价值低迷，迅速而全面地促成了资本逻辑与市场原则对当今社会生活的全面侵染。马克思的《1844 年经济学哲学手稿》对此分析说，资本主义制度下，人对自然资源的征服与占用，仅仅是在片面的、狭隘的甚至是在畸形的意义上发生的，这无论如何不可能导致社会与人的全面发展。今天，马克思的这种分析同样适用于对社会生活及人的发展的剖解，享乐主义、利己主义对社会关系的全面渗透，实际上是人对自然之片面享受思想的自然延伸与内生拓展，并早已演化为"物化的时代"人为物役的生存情态，急剧地成就着各种物欲并吞噬着人的内心，加剧了人的精神空虚与内在焦虑，人人成为享乐中的不自由的奴隶，屈从那只适合于奴隶的快乐。有鉴于此，如何以马克思主义的人学精神尤其是它的人的全面发展理论为指导，将之作为我党新时期治国理政的新思想、新布局和总方略的理论支柱，并在协调推进

"四个全面"建设过程中彰显出它的当代实践价值来，进而如何以马克思人的全面发展为最终价值取向，把人的发展和社会发展高度统一起来，实现我国社会主义社会的全面协调可持续发展，就成为本课题研究的根本旨趣。

一　马克思人的全面发展理论研究的理性价值

我国学术界关于马克思人的全面发展及其当代价值问题的研究，开始的比较早、持续的时间最长、论争得也最广泛，人的发展问题特别是人的全面发展问题，历来是思想家们集体性的精神指向与关注重点，形成了当代中国马克思主义哲学最主要的和最为基本的研究论域和显著特征。作为在众多论域及其学术论争中所共同指向的一个"同心圆"，表明了马克思主义哲学是不折不扣的最大意义上的人学，无怪乎一开始我们将共产主义译为世界"大同学""养民学"、"大同主义"、"安民新学"，① 实质上就是以人为中心的现代新人学的同义语。致力于促进人的全面发展，不唯是它的一个重要维度与基本立场，更是它的思想灵魂与价值导向，内在构成了马克思人学研究的神韵与精髓。如果不能把握住它的发展脉络，就不可能得窥当代中国马克思主义人学研究之堂奥。与在改革开放前只是作为个别问题而获得点点滴滴式的研究根本不同，进入改革开放新时期以来特别是进入新世纪以来，可以说对之研究得比较深入、取得的共识和成果也最多，是马克思主义特别是它的人学理论研究的核心问题之一，其内容之丰富、方法之多样、范围之广泛、玄想之辽远、思辨之抽象、意义之重大，都是其他人学问题不可比拟的，它简直可以说是所有人学论争中最复杂、最令人困惑当然也最具有魅力的问题之一。

我国学界对于马克思人的全面发展思想的研究，一向是作为马克思主义人学理论的出发点或者落脚点而加以把握的，是作为一以贯之的核心内容与本质特征而被普遍论述、被全方位运用的。在众多学者的大量论著中，人能否及如何获得全面而自由的发展，始终是作为它的主导价值取向和人的解放的最高境界和终极目标而予以论证的，如

---

① 许全兴：《毛泽东与孔夫子》，人民出版社 2003 年版，第 207 页。

钟明华先生所说，"实现每个人的全面发展是马克思人学理论的精华，也是马克思所追求的最高理想和目标。"①　在马克思主义及其中国化理论的发展过程中，人的全面发展理论日益彰显出其重大的理论价值与实践意义来，不仅全程介入、参与了了中国马克思主义及中国特色社会主义的新发展原理的系统建构，而且是作为它的内在灵魂与基本原则而被创新、被发展。近年来，随着"以人民为中心"的发展原则被确立为科学发展观的价值导向，特别是自党的十八大提出以人为中心、全面建成小康社会这一价值目标以来，对马克思人的全面发展理论本身及其生成过程进行认真的梳理和探索，把最终实现广大人民群众自由而全面发展作为社会主义——共产主义发展的终极目标来追求，对马克思人的全面发展理论及其与中国社会发展相联系而显现的当代价值问题进行广泛关注与深入研讨，就显得意义重大而深远。

众所周知，使每个人都获得自由而全面的发展，这是无产阶级获得解放、人类实现最终解放的基本前提，也是马克思主义的全部学说特别是他的人学思想的最高价值的体现，更是马克思及其战友和学生们毕生追求的终极理想目标与最高人学原则。马耀鹏先生认为，促进人的全面发展"是马克思主义的'最高命题'或'根本价值'"，②它瞄准的是人类在生存发展中渴望获得自由的基本需求，致力于使每一个人的自由个性在实践活动中都能获得全面释放和最大实现，故而这种思想对人说来具有不会过时的恒久魅力。马克思分析说，人类社会的发展经过了各个阶段与形态，在每个阶段与形态的人们无疑都非常重视如何实现人的发展问题，但是由于社会制度的局限特别是生产力发展的严重不足而使得低级形态的社会只能获得畸形的发展，这使得人也只能获得片面而畸形的发展。随着人类社会形态从低级向高级的不断推进，人的生存和发展条件也获得不断改善与拓展，人的发展状况也呈现出不同的情形，大致上经历了从片面、畸形的"人为人役"的阶段、"人为物役"的阶段而发展到马克思所提出的人的自由

---

① 钟明华：《马克思主义人学视域中的现代人生问题》，人民出版社 2006 年版，第 23 页。

② 马耀鹏：《制度与路径——社会主义经济制度变迁的历史与现实制度》，人民出版社 2010 年版，第 235 页。

全面发展的阶段。当然，我们要看到，我们当下正处在社会主义社会的初级阶段，人的全面而自由发展的问题仍然只是作为一种价值理想而被提出来的，它并没有得到彻底的真正解决，我们正处在由"人为物役"向人的自由全面发展阶段发展过渡的一个特殊时期。在这样一个由人的片面发展向人的全面发展、从人的不自由的发展到全面自由发展的关键节点，我们该如何凭借已经获得全面发展的中国现代化事业所提供的当代人赖以生存发展的社会物质条件，全面推进社会的深化改革、全面依法治国、全面从严治党并进而全面建成小康社会以确保实现人的自由全面发展。在新的历史条件下，以贯彻实践"四个全面"战略总布局为契机，党带领全国各族人民实现社会主义事业的重大发展与全面进步，从而实现当代中国人民自由而全面的发展，这既是创新马克思主义人的全面发展观并推进中国社会全面实现现代化的根本需要，也是目前研究马克思主义人学及其实践价值的时代课题，不论在理论上抑或在实践上都已经成为一个亟待深入研究的显学领域。中国特色社会主义的价值导向坚持"以人民为中心"，其解放发展生产力、丰富社会财富，根本目的是为了满足人民群众日益增长的物质文化需要，使人民得到真正的实惠，使真正的劳动者获得自由全面的发展。冯契先生认为，这就是社会主义发展的"大众方向的目标，这一目标是由群众自求解放达到。这就是价值观大众方向的含义"。①

在社会发展中如何实现人的全面发展的问题，这是社会科学家们恒久关注的高难度的历史课题，曾经吸引了无数的学术精英为之进行殚精竭虑的思考。其实，早在马克思主义哲学问世以前，就曾经有无数先哲对这一问题进行过深入而细致的思索，但往往由于其阶级的局限或者时代条件的制约，大都未能正确揭示出人的全面发展理论的理性内涵、衡量标准、检验尺度、实现途径、阶级本质等一系列根本性问题，不仅仅是研究不够深入全面，在理论上抑或实践上存在诸多问题和矛盾，更重要的还在于他们这些研究在很多方面都陷入了理性误

---

① 冯契：《坚持价值导向的"大众方向"——在"改革开放与社会价值导向"全国学术研讨会上的讲话》，《探索与争鸣》2015 年第 11 期，第 8—10 页。

区或者自我困境。相比之下，马克思在他的学术生涯中从未写过有关人的全面发展问题的专著，关于这方面问题的单篇论文也没有。但，这并不意味着马克思诸多学说特别是他的哲学思想中根本就没有什么人学思想，也并不表明马克思社会发展理论中缺乏人学支撑并由此形成了一片"人学空场"。马克思哲学中没有"人学"，它"不谈人"、压根"没有人"、"更遑论实现人的全面发展问题了"，这种观点，既没有理论依据也"不符合事实"。① 事实上，马克思在其全部著述中都几乎渗透并包含着以现实的人及其历史发展的"人本""民本"思想，人的全面自由发展思想更是其唯物史观的终极关怀与理想设计，在其哲学变革中显然也实现了一次伟大的人学革命，形成了关于人的发展观的科学形态。马克思最初提及并论述人的全面发展思想的原始文本应该是《1844 年经济学哲学手稿》，此时的他通过对资本主义生产关系及其发展规律的考察，分析了异化劳动及其导致人的异化发展的制度性根源，提出了人之为人的基本属性以及实现人的全面发展的新理念，并从人的本性的全面发展、人的本质力量的全面发展、人在实践中的全面发展、人的自由个性的全面发展入手，进一步剖解了实现人的全面发展的主客观条件。后来在《德意志意识形态》、《共产党宣言》、《政治经济学批判大纲》和《资本论》中进一步丰富发展了这一理论，使之更加成熟与系统。在马克思关于人的全面发展问题的思考过程中，始终是以唯物史观关于现实的人及其历史发展特别是关于人民群众是历史创造者为理论基础的，解答并批判了以往思想家在人的全面发展问题上所提出的种种理论疑难与诘问，进而把人的全面发展视作马克思关于人获得彻底解放的核心思想和最终承诺，科学描述了人的全面自由发展与共产主义社会形态的内在关系。随着当代中国经济社会的深入发展，随着社会改革向深层次的开进和全面协调推进可持续发展理念的提出与运用，人如何实现全面发展的问题变得越来越凸显，系统、全面、深入地研究马克思人的全面发展理论对于当代中国实现"四个全面"战略总布局，可谓理论意义非凡、极具

---

① 黄枬森：《马克思主义哲学体系的当代建构》（上），人民出版社 2011 年版，第 178 页。

当代实践价值。因为，"四个全面"是以习近平同志为核心的党中央，在推动中国事业发展和人的全面发展的热切期望中、在推动解决我们面临的深层次矛盾与问题中，坚持社会发展的大众方向、执政为民的人学原则，坚持以人为本的价值导向，坚持一切为了人民的战略眼光，是在"以新的发展理念引领发展"①、不断开拓发展新境界的情况下而提出的战略布局。这一总的战略布局，挺立治国理政潮头、抓住改革发展稳定关键、统领中国发展总纲，第一次将"全面建成小康社会"定位成伟大复兴中国梦之关键一步，第一次将"全面深化改革"总目标确立为推进国家治理体系及治理能力现代化的关键一招，第一次将"全面依法治国"表述为全面深化改革的鸟翼车轮的"姊妹篇"，第一次将"全面从严治党"视作统领各方面事业发展的领导核心与管控力量。在每一个"全面"中，都各自凝聚着在当代中国致力于实现人的全面发展的理论指向，闪耀着马克思主义人学及其中国化的思想光辉，都是马克思人的发展理论在当代中国改革发展实际中具体运用所显现的实践价值；而"四个全面"辩证整合起来，又构成了相辅相成、相互促进、相得益彰、内在统一的总的理论体系，它把党和国家事业的最新发展及其最高的人民主体性原则作为价值取向和重要抓手，更加注重人的全面发展、人民群众根本利益的全面实现，更加注重社会主义发展的大众方向与人民立场。习总书记强调要着力践行以人民为中心的发展理念，认为党性与人民性是内在统一的，社会主义发展的人民性，重点就是要全面呵护广大人民群众的根本利益，为此要"立民主"、"察民情"、"顺民意"、"抓民生"，"得民心"，②坚持党的主张与人民意愿的高度统一，把切实代表、维护、巩固、发展好人民群众各方面的实际利益，作为衡量检验我们一切工作得失成败的根本尺度，"四个全面"中的每一个"全面"及其整体性的共同发力，都旨在协调推进实现人的全面发展的中国事业。

---

① 习近平：《在党的十八届五中全会第二次全体会议上的讲话》，《人民日报》2016年1月1日。

② 李元光：《试析习近平的民本思想》，《西南民族大学学报》2016年第3期，第215—218页。

当代学界关于人学研究的一切论域：人的价值与意义研究、人的本质与人的发展理论研究、人的生存悖谬与生存命义问题研究，等等，要实现向马克思人的全面发展理论表达的全面回归，就要紧紧围绕人的全面自由发展这一中心线索来谈社会主义和谐社会的构建。要以人的全面自由发展作为全面建成小康社会发展的终极价值目标，要在理论上深入研究马克思人的全面发展理论与当代中国社会发展与人的发展的辩证关系，从人的存在、本质、价值、发展等问题入手，对资本主义及其以前的社会形态下人的生存方式的异化形态或者"人为物役"的情形进行深入揭示，以阐释马克思人的全面发展理论的现代内涵及其未来走向，对人的全面自由发展的历史规律与实现条件、发展道路与各种层级要进行多角度探索，特别是要对制度公正的设计、全面的变革、法治社会的构建、从严治党的安排等等一切方面如何协调推进人的全面发展问题，进行现实性的考问。通过深入挖掘人的全面发展理论所蕴含的方法论内容与原则，以进一步凸显马克思人学的当代实践价值，力求从各个维度入手拓展对马克思人的全面发展问题的纵深研究，注重从现实生活中寻找新的学术研究生长点以全面推进马克思实践人学的中国化发展，应坚持中国问题意识努力构建当代中国的价值论域、人学论域、道德论域，旨在对马克思人的全面发展理论的研究方法、维度、范式、内容、特质进行当代拓展，努力打造中国化马克思主义人的全面发展理论的当代新形态，并以之为理论范导使当代中国社会朝着人的全面自由发展方向阔步前行。

二　马克思人的全面发展理论研究的当代实践价值

中国古代哲学处处彰显着鲜明的主体心态和厚重的人学意涵，其关于人的全面发展问题的精神特质与价值取向表明，中国哲人善于把人的全面发展问题即人的价值观与人生观予以内在整合，试图实现"完人""至人""圣人"。从学理上系统梳理与分析中国古代哲学关于人的全面发展问题，这对于我们研究马克思人的全面发展理论及其中国化拓展的内在文化底蕴，无疑具有多方面的借鉴意义和当代价值。张立文先生认为，中国儒学的人学资源可谓博大精深且极具当代实践意义，"中国早期儒学的基本特征可以概括为'人学'"①，中国古代人学既是一种方法之学也是一种人本之学，而且它能够通过方法与人本的内在统一来探求人的意义与人的价值。西方哲学史上关于人的发展问题的研究材料可谓汗牛充栋，评析其存在的问题并汲取其合理成分，表明从古代哲学对人的问题的初步发现，到近代哲学对人的主体性本质及其能力的竭力推崇，再到现代哲学对人的生存欲望的过分张扬，西方哲学固有的人学精神和人文指向，虽几经周折却一路高歌猛进。然而，其人学取向上的一切努力，在后现代主义这场精神自虐、自杀行为中却突然发生了断裂并陷入荒诞，从而昭示出当哲学与人学的价值勾连被打断后而势必产生一种虚无主义走向。

人类为了自身的生存与发展而与自然进行积极能动的物质、信息与能量的互换，就需要发明和创新科技，并以此从生物生存走向技术生存，这在任何时候都是人类实践的基本内容。当代社会发展与人的发展也一样，仍然需要借助社会实践的伟大变革，需要发展现代科技并推动实践的不断创新。然而，当代实践中表现出来一个突出的特征是：人们在利用现代科技对自然进行大规模变革以期获得更多物质资源时，却导致了人的生态环境的严重破坏，引发了一系列危及人的生存与发展的全球问题，如人口膨胀、粮食短缺、资源枯竭、环境污染、世界性经济危机频发等等。马克思分析说，正如资本家在生产集中、资本集中的同时导致工人失去了一切一样，科技在生产过程运用中的智力与工人的知识、技能相分离，似乎科技也异化了，"表现为异己的、敌对的和统治的权力"，② 人类社会的每一次发展都走向了它的反面，科技的每一次胜利都以道德的败坏为代价。这深刻表明了人类发展与自然的矛盾，对科技利用不当及无限制，引起了人的畸形发展，这固然是由于人对自然规律认识不完全和对科技发展所引发的消极后果缺乏有效控制有关，但最主要的恐怕是由于缺乏科学形态的人的发展观的实际运用。唯有将现代形态的马克思人的全面发展理论统领"四个全面"的协调推进，真正树立全球观念和危机意识，克

---

① 张立文：《中外儒学比较研究》，东方出版社 1998 年版，第 200 页。
② 《马克思恩格斯文集》（第 8 卷），人民出版社 2009 年版，第 358 页。

服眼前利益与局部利益的狭隘视域及急功近利的短视行为，正确对待人与自然、与社会的关系，尊重、善待、合理开发自然，同时还要及时变革不合理的社会发展形式，摆脱不合理的社会关系对人的发展的制约，这样才能达到人与自然的和谐相处。我党最近推出的"五位一体"的总体布局及"四个全面"的战略布局就是朝着这个方向努力的，这必将会使得中国特色社会主义事业的发展更加符合以人为本的理念，必将全面协调可持续地推进人与自然的和合共生、一同发展。

研究马克思人的全面发展理论的实践价值是：通过梳理马克思人的全面发展理论形成过程旨在表明，马克思人的全面发展理论是随着现代无产阶级的诞生和资本主义生产方式内在矛盾的不断暴露一起得以产生和发展的，是对空想社会主义及其他各种共产主义理论批判扬弃的结果。当时的空想社会主义及其他共产主义学说，虽然深刻而尖锐地揭示了资本主义社会的内在矛盾，揭示了资本主义社会对人的发展的全面压制，并提出了社会主义—共产主义作为解决人的发展困境的未来社会形式，但是其对人的发展问题的解决主要依靠抽象的人性和资本家某一天的良心发现，并不诉诸无产阶级革命实践。马克思的研究旨在表明人的自由全面发展及人类的彻底解放问题，不是纯粹的理论问题而是现实的实践问题，不是少数资本家自我觉醒、良心发现的问题，也不是普遍人性复归现实生活的问题，而首先是无产阶级革命行动的实践问题。人的解放、人的发展首先就是无产阶级的解放和发展，唯有将自己的理论研究与无产阶级革命事业内在相关，对人的解放和发展问题才能获得科学的解决。

前马克思主义的人的发展观，如旧唯物主义或唯心主义的人的发展观，只是通过剖析资本主义不合理的财富累积方式及其两极分化的尖锐矛盾而提出人的问题的解决方案的，既不能说明也不能对付这种生产方式，"以往的社会主义固然批判了现存的资本主义生产方式及其后果，但是，它不能说明这个生产方式，因而也就不能对付这个生产方式；它只能简单地把它当做坏东西抛弃掉"。① 马克思哲学则通过揭示世界历史进程中资本主义的必然灭亡而得出共产主义结论的，

---

① 《马克思恩格斯文集》（第 3 卷），人民出版社 2009 年版，第 545 页。

其人的发展理论的出发点不是抽象的人性而是现实的人性。马克思人的全面发展理论是建基于对现代无产阶级历史使命的分析上，消除了人的发展理论中的各种空想成分，科学说明了人的全面发展的共产主义的历史必然性。当今，时代主题的转换与实践变革的深化、科技创新的发展与知识信息的爆炸，使作为"被把握在思想中的它的那个时代"① 的哲学，必然在关注重大现实问题、迎接各种质疑与挑战中增添新的内涵、注入新的活力、提升新的语义。当代马克思主义哲学必须将人的问题作为核心，运用科学的世界观与方法论把握人的发展的时代性、规律性，为之积聚新的人学内涵和精神能量、顺应时代要求并走在时代前列。马克思哲学自身的发展，实质上表征的是一种人文精神的发展，是不断向人敞开真义的思想历程，不断证明人的实践生存本质与真实关切人文状态的人学发展的历程。马克思哲学对人和生活作实践的诠释，真正在人的发展理论中注入了全面发展的内涵和自由发展的意义，实现了人的发展观科学形态的积极而合理的当代构建。

社会发展是由人的实践活动推动的，人的发展史就是社会发展史。人的发展状况是社会发展的重要标志，提高人自身的各种素质、实现人自由而全面的发展，最终实现人类的全面解放，这是社会发展与人的发展相统一的必然要求。从其全面发展的理性内涵上讲，社会发展不是指通常意义上的运动和变化，也不是自然事物的自在性发展及其在社会领域的简单延伸，而是具有价值内涵的前进的、上升的运动，是人类在实现自身价值的实践中引起的社会生活各方面的进化过程。在马克思看来，人都是抱着特定的目的、热望、激情与意图而在社会中进行各种活动的，不追求某种目的的人的活动很难理解，这才表明社会历史发展的属人性质，它本质上是人的实践活动的结果，离开了人和人的实践活动，也就没有了社会历史的发展。历史发展规律就是人的实践活动的规律，是人的社会行动的规律。人的实践活动构成了社会生活的本质和人的发展的本质，当然也构成了社会历史的主体性内容和马克思人的发展观的核心内容。

① 吴琼、刘学义：《黑格尔哲学思想诠释》，人民出版社 2006 年版，第 10 页。

结合当下中国社会协调推进"四个全面"发展的最新实际，可以证明马克思人的全面发展理论具有重大的实践价值。"全面建成小康社会"是人和社会发展在根本方向上的总要求，在治国理政方面坚持了人民至上、民生优先原则，代表了人民大众的朴实追求与共同愿望；"全面深化改革"是推动人和社会发展在动力源泉上的总要求，寄托着亿万人民的幸福梦想，促进人的全面发展是全面深化改革的基本价值定位；"全面依法治国"是保障人和社会发展在国家法度上的总要求，"法是党的主张和人民意愿的统一体"；① 而"全面从严治党"则是推进人和社会发展在领导体制上的总要求，是党性与人民性统一的集中显现，执政为民是我党治国理政的根本所在、命脉所在。这"四个全面"的总要求内在结合、协调推进就构成了在高举伟大旗帜、坚持伟大道路、构建制度体系基础上所形成的关于中国特色社会主义建设的总布局。"四个全面"是马克思实践人学关于人的全面发展理论的当代表述，蕴含深厚的"人民性思想"。② 习近平关于治国理政的新理念新思想新战略归结为一点就是坚持与发展中国特色社会主义，内在地贯穿于其一系列重要讲话精神中的思想精髓就是：代表好、落实好最广大人民群众的根本利益，实现人的全面发展和共同富裕，这是马克思主义人民至上的惠民方向与民本立场；其"五大发展理念"很明显是对中国社会主义事业的人民性、属人性的重大发展与创新，是在当代中国对马克思人的全面发展理论的实际运用与具体展开，"是当代中国鲜活的马克思主义，是新的历史条件下我国经济社会发展指导思想和行动指南"。③

在"四个全面"中，四者之间的有机联系表现为层层推进、相互传导，显示了我党对整体推进社会全面进步并实现人的全面发展的顶层设计与战略谋划。它作为治国理政的新思想、新布局和总方略，旨在把人民对幸福生活的期盼变成我们自觉的行动、把人民群众的根本

---

① 人民日报社评论部：《"四个全面"学习读本》，人民出版社 2015 年版，第 199 页。

② 周正艳：《"四个全面"战略布局的人民性思想探究》，《观察与思考》2016 年第 4 期，第 79—83 页。

③ 戴木才：《习近平总书记治国理政新理念新思想新战略的五大维度》，《党建》2016 年第 4 期，第 26—27/30 页。

利益当成衡量一切工作至高无上的准绳、把社会的发展及人的全面发展视作重中之重的关键举措。"四个全面"的协调推进，全面"反映了当代中国共产党人的全局视野和战略眼光，是我们党治国理政方略与时俱进的新创造",① 是当代中国化的马克思主义人学思想的新理念新观点新论断。

本书主要采用的是马克思主义理论史的发生学方法、文本研读方法，并结合逻辑与历史相统一的方法，旨在考察马克思人的全面发展理论创立的历史过程及其基本理路，从学理上阐明马克思这一理论的发生发展及其核心内涵、理论实质与思想精髓；重要的还在于运用理论和实际相结合的方法以及比较研究法，旨在突出强调马克思人的全面发展理论与党的"四个全面"发展战略总布局之间的紧密联系，并结合自己研判马克思主义哲学的实际经验，指出了马克思主义哲学在怎样的意义上才能成为最大化的人学，弄清"四个全面"发展战略总布局是人的全面发展的最终价值旨归，全面推进中国社会发展与人的全面发展及其现代整合的现代化进程，现实中华民族再次崛起和盛世复兴的伟大梦想，把当代中国社会发展的全部成果惠及民众、"还惠于民"，不仅要执政为民、造福人民，而且要由人民共享、实现人的全面发展，这是当代马克思主义人学理论的中国拓展与重要的现实关切。另外，还采用马克思的阶级分析法、历史分析法、辩证分析法，意在表明基于现实语境而产生的当代马克思人学思想，是马克思哲学对自身发展困境以及如何以哲学方式求解人的发展和阶级解放课题的自我反省、自我超越的担当意识，也是它植根于人类本性之中渴望拔高生存质量的终极牵挂和生命情怀。以马克思人学思想为依据，解读当代人如何实现全面发展、阶级解放的问题，必须在理想与现实、理论与实践的结合点上，弄清人的全面发展与社会发展的内在统一性，相反，若马克思人学思想一味在抽象层级上运思、在形上理性中谋划，那就很难从抽象、虚幻的理性泥潭脱身并走向现实牵挂、终极关切，更遑论实现二者的内在整合了，那它对人的全面发展问题

---

① 张荣臣：《四个全面——新思想、新观点、新论断》，北京联合出版公司 2015 年版，第 15 页。

的求解就只能是一种无稽之谈，这样就导致了马克思实践人学向费尔巴哈抽象人本学的"退行性规定"。费尔巴哈也不满意甚至非常憎恶用抽象的方式去理解人及其发展，但他仅仅滞留于感性直观中，认为自然界都是"通过直观、通过感觉而为我们拥有的"，① 而非通过实践实现对人的不断生成，不是通过实践去把握自然界的属人性，从而在感性的道路上陷入了形而上学的泥潭。马克思则将"个人的全面自由发展置于自己哲学的核心"，并将之阐发为克服对人的依赖和对物的依赖而不断完善自我的过程，从而在人的社会实践的内在本源处、生命根本处打造了一种真正的"安身立命之学"。②

三　研究马克思人的全面发展理论的总体思路

马克思关于人的全面发展理论，与中国古代哲学试图彰显个人独立人格的完满实现和德性涵养的境界提升根本不同，认为人的全面发展的精神特质与价值取向不是体现在个人抽象性的主观体验中，更不把找寻安身立命之本确立为人学的根本宗旨，而是从人民大众的立场出发，从无产阶级和人类解放的价值归属角度，对人的全面发展的社会历史本质做了实践性的分析；与西方人学流派放弃对人的社会历史本质——物质存在的追问，而热衷于对之作"实证主义的现象描述"也有根本差别，并没有因为对人作了感性、神性、理性、非理性乃至反理性的种种理解而陷入荒诞或者虚无主义之中，也没有"将人的本质作为自己的普遍前提或对象"，③ 而试图为某种唯心主义人学思想的伦理价值提供保障。相反，而是从社会发展与人的发展内在统一的关系入手，强调了人的全面发展是由于人的实践活动推动的，人的发展史就是社会发展史的内在逻辑理路。④ 人的发展状况是社会发展的

① 吴晓明：《形而上学的没落——马克思与费尔巴哈关系的当代解读》，人民出版社2006年版，第376页。
② 侯才：《让哲学成为安身立命之学》，《光明日报》2017年1月2日。
③ 胡大平：《人类学与马克思主义的形成》，《吉林大学社会科学学报》2015年第5期，第90—95页。
④ 万姿姿：《"人的全面发展"的逻辑理路》，《中共中央党校学报》2012年第3期，第16—20页。

重要标志，提高人的自身素质、实现人的自由发展和人类的解放，是社会发展的必然要求，也是马克思主义的最高命题和根本价值。社会发展不是指通常意义上的运动和变化，也不是自然事物的自在性发展及其在社会领域的简单延伸，而是具有主体性本质与能力及伦理价值内蕴的前进上升运动，是人类在实现自身价值的实践中引起的社会生活全面进步、人获得全面自由发展的历史过程。社会历史发展的属人性质是人的实践活动的结果，离开了人和人的实践活动，也就没有了人和社会历史的全面发展。

马克思哲学认为，发展是事物运动的总趋势，它表现为一种运动但并非所有的运动都是发展，它体现为一种变化但也并不是所有的变化都是发展，而是特指事物上升的运动和前进的变化。事物发展的这种方向性同样适用于描述人和社会的发展，表明人和社会的发展也是一个从低级到高级的演进过程，是新质方面不断获得新生、旧质方面不断走向消解的过程。实现人的自由全面发展，就是从人类社会发展的最终意义、最终价值取向上来界定的，体现了社会发展和人的发展在终极意义上实现内在统一的这种方向性。社会发展是一个整体性的范畴，它涵盖的内容极其广泛而丰富，既包括经济政治文化等各个方面的发展，也包括民生事业的发展和生态文明的建设，但不管哪些方面的发展及其在何种程度上的发展，最终都毫无例外地要归结为人的全面发展。因为，社会生活在各个方面、各个领域中的展开，都是在现实的人的具体活动中完成的，离开人的社会性的实践活动，社会也就无所谓社会了，因而社会的发展不过是人在各个方面、各个领域中获得发展的具体表现而已。社会的发展其目的就是为了实现人的发展，离开了人的发展来谈社会发展，也就背离了发展的实质与方向，也失去了发展的积极意义。

可见，人类对实现理想社会的自觉追求，实质上就是追求人的全面自由发展，而我们所说的社会的全面发展与全面进步，归根到底也是要集中体现在人的全面自由发展上，换言之，"社会的发展就是人的发展和为人的发展"，[①] 协调推进社会的全面进步与发展，实质上

---

① 徐春：《人的发展论》，中国人民公安大学出版社 2007 年版，第 177 页。

也就是人们追求幸福生活并实现人的全面自由发展的根本意愿。社会发展的总体取向、终极趋势就是人的自由全面发展，社会发展与人的发展的一致，是事物发展之辩证本性的内在要求，也是人类社会文明进化与演进的必然归宿。无论社会物质财富如何增长、精神文明建设如何发展、社会关系如何和谐，这一切最终目的都是为了实现人的自由全面发展，远离了这一发展的总体取向与终极趋势，社会在各个方面、各个领域的发展就都失去了根本意义与应有价值。人的发展不仅仅是社会发展的内在要求与应有之义，而且，从最终意义来说，人的发展也是社会发展终极指向与根本宿命，社会发展的所有成果最终都要通过人的发展来反映，社会发展的一切方面最终都要通过人的能力的发展来显现，社会文明的提高都要通过人的素质的提高来映现，社会发展的得失成败当然也最后要由人的发展状况来衡量。

　　人的发展是一种综合状态与综合指标，集中反映了社会发展的实际水平与总体状况。具体说来：其一，人的发展的总体状况实际上映现了社会发展的进步状况，反映了社会发展的基本方向与价值定位。人的生存、人的发展状况，的确取决于各个方面情况的改进，但是主要取决于社会发展对人的各方面实际利益的维护与实现程度，人正是通过维护与实现自己的各种利益而不断获得发展的，只有当各个方面的利益得到切实的维护与实现，人的发展才真正落到了实处。人的各方面的利益被代表、被维护、被实现的程度，就是人获得发展的程度，要促进人的自由全面发展，最根本的就是要代表好、维护好、发展好、实现好广大人民群众的根本利益，促进社会事业的全面发展与整体进步。人的发展与社会发展在根本利益上是内在统一的，在发展方向上是根本一致的，体现了唯物辩证法发展原理所揭示的事物发展的那种上升性运动与前进性变化。

　　其二，人的发展的全面性内在映现了社会发展的全面性，人的发展与社会发展在其全面性意义上也是辩证统一的。人的发展的主客观条件的具备情况及人的发展所能实现的自由程度，人的各方面需要的发展情况及满足程度，人的各方面实际能力的开掘情况及实现制度，人的各方面素质激发状况及其提高程度，人的社会关系的扩展制度情况及其和谐程度，人获得的教育及其提高程度等等，这一切均反映了社会各方面事业发展的状况与程度，是社会获得全面发展在人的各个方面发展上的具体表现。人正是从社会发展的全面性中来获得自己发展的全面性的，一个全面发展、全面进步的社会才能确保人的发展的全面性与进步性，一个畸形发展社会无论如何是不能实现人的全面发展与整体进步的。

其三，人的发展的速度与水平也反映了社会发展的速度与水平，人的发展的快与慢实际上也是考量社会发展快与慢的晴雨表。人的各方面发展的速度与水平均体现了一个社会发展的总体情况，人是否获得全面发展也是考量社会进步意义之大小的根本标准。在传统社会里，人的发展比较缓慢，即使是有所发展也往往是畸形的、片面的发展，根本原因在于社会生产力发展的水平低下、科技不发达、社会文明水平不高，社会低水平的发展严重制约了人的发展；而在未来社会发展中，人将在各方面获得长足发展，乃至会实现自由而全面的发展，根本原因也在于社会生产力的巨大发展、科技的广泛运用、社会文明的迅速进步。

人的发展与社会发展是交融在一起的，二者相互作用、相互推动。人之所以要通过自己的实践活动积极改变现实世界并促进社会的全面进步、全面发展，根本原因在于改变人自身的生存状态，使自己的本质力量得以尽可能充分的发展和全面的实现，因而必须从现实的人及其生存条件入手，对人现实性的社会生活及其发展规律予以特别关注，分析社会发展的内在机制及其运动规律，旨在寻求实现人自由全面发展和最终解放的根本途径。反过来，社会发展的合理性、全面性、进步性，也体现在它能够为人的生产与发展提供更加有利的社会条件，保障人的价值得以全面展开与正当实现，从而促进人的全面发展。人实现发展的需要是多方面的，满足人的发展需要的社会发展也不单纯是某一个方面的发展，而是政治—经济—文化—社会—生态"五位一体"的全方位的发展，是社会生活各个方面、各个领域的全面建设、整体推进。社会发展与人的发展的辩证统一表明，一切人发展与单个人发展也是内在一致的。马克思强调的是每个人的自由发展是一切人自由发展的条件。

若每个人的自由发展尚受到各种制约，一切人的自由发展将无从谈起。只有消除了旧式分工和三大差别，每个社会成员都摆脱了阶级压迫并彼此能够获得和谐发展，每个人才能按照自己和社会的需要来自由地发展。在这个意义上，"马克思的共产主义理论本质上就是关于人的自由的理论，其实质精神就是追求人的自由而全面的发展"。①但个人自由发展的全面实现，不是远离社会生活与实践活动而自我证成、内化成圣的，他只有在社会集体的实践活动中才能不断获得全面发展的各种条件与可能。这样一来，人的发展就对社会发展提出了制度合理性的当然要求，在资本主义那种以代表人的普遍利益为幌子的虚假共同体中，个人与社会在根本利益上是对立的，社会发展是为了维护少数剥削阶级分子的利益，广大人民群众实际上是作为某种异己的东西而存在的，更遑论获得什么自由全面发展了。只有在自由人联合体的共产主义社会，才能把实现个人自由发展的一切条件置于全社会的管控之下，每个人都可以在自由人联合体中获得充分而全面的发展。

从人类社会发展的历史进程来看，每个人自由全面发展在总体取向上离不开人类社会的整体演进与全面进步，社会发展的每一次重大跃迁都意味着人的发展、人的解放的积极实现。实现人的自由全面发展虽然是人类社会的终极目标与远大理想，但它要通过一个个具体发展阶段及其共同理想来实现。在当代中国建设中国特色社会主义就是共产主义远大理想在现阶段的具体目标和共同理想，是在旗帜、制度、道路上确保实现人的全面发展的战略抉择。建设中国特色社会主义目标与任务是多方面的，但最根本的就是要促进人的全面发展，可以说，促进人的全面发展是中国特色社会主义的本质要求。

四　研究马克思人的全面发展理论的核心论点

马克思从现实的人的实际生活过程本身出发，基于社会物质资料的生产方式及其生产逻辑而开展对人与世界矛盾的实践解决。人的这种合目的与合规律相统一的实践活动，是人与世界实现物质、信息、能量互换的本体论基础，也是人通过生产劳动确证与发展自己多方面

---

① 阎孟伟：《在马克思实践哲学的视野中》，武汉大学出版社 2011 年版，第 509 页。

本质与主体性能力的基本通道。以物质生产方式及生产逻辑的自我推动与自我构建为基础而确立起来的马克思主义人的发展观，明确指出，在劳动者阶级不断壮大的情况下，唯有摆脱私有财产与雇佣劳动带来的异化或物化效应，赢得非生产性劳动的自由时间越来越多，人就可能作为真正历史的人而存在，人的主体性的地位、资格与能力才能在扬弃异化的过程中更好地获得再现与发展，尽可能扩大实现自己全面发展的自由空间，从而超越异化世界的阻隔而获得彻底解放并真正进入自由王国。当然，这只有在未来的共产主义社会才能真正建立自由人的联合体，在那里每个人的全面自由发展都要以一切人的全面自由发展为条件。

马克思人的全面发展理论的形成及其特质表明，社会发展与人的发展是内在统一的，社会的全面发展实质上确保了人的全面发展，社会发展的总体取向、终极趋势就是人的全面自由发展。马克思的实践人学是最大意义上的、有着丰厚人文底蕴的新人道主义，它主要起源于人对自身阶级性的自觉与对异己性遭遇的超越；它又是最根本意义上的生活观，通过对生活世界体贴入微的考察，通过对社会矛盾切身性的考问，为人奔向更高的生活目标——实现人的全面自由发展——提供了一种能充分表达终极理想的价值原则。但马克思人的全面发展理论也是时代性的产物，它仍然需要不断摒弃自己的理论阈限而拓展新的自我生成视域，在全面、自由、可持续发展框架内增添新的时代内涵，并基于社会主义生态文明建设的当代进展而实现内生性的理论整合。马克思对人的本质作了全面性的规定，把人理解成具有无限丰富的社会关系及多方面能力的总体性的人，把人的发展归结为在各个层级上获得兼容并包、相互协调的全面发展，在劳动、社会关系和个体素质等各方面获得自由充分的发展，是人实现了与自然、与社会、与自身生态整合后的全体社会成员共同占有自由时间的一种理想生存状态。马克思人学所预设的这种价值取向、理想追求与奋斗目标，集中体现了其实践唯物主义历史观的人文情怀、发展理念与主体维度，也构成了社会主义—共产主义的本质规定、制度特色与最高价值。根据马克思关于未来社会"自由人的联合体"的科学推断，要实现人的全面自由发展，就需要联合起来的个人实现对全部生产力的共同占有，而要实现这种共同占有，就"必须带有同生产力和交往相适应的普遍性质"。① 人的自由个性的充分发展需要在社会生产力整体发展的基础上得以实现，唯此才能实现某种联合的个人，且"各个人必须占有现有的生产力总和，这不仅是为了实现他们的自主活动，而且从根本上说也是为了保证自己的生存"，② 才能消除自身的自发性、局限性；使自己的活动成为真正意义上"充分的、不再受限制的自主活动"，从而实现"对生产力总和的占有以及由此而来的才能总和的发挥"，使自主活动与物质生产内在统一，保证了"各个人向完全的个人的发展"，③ 即获得真正的解放和全面自由发展。而社会主义本质是解放生产力、发展生产力，消灭剥削和两极分化，最终达到共同富裕。对社会主义的这种本质规定，内在地与人的发展联系在一起，换言之，社会主义事业发展在价值上就是直接指向人的全面发展的。只有经过共同富裕这一阶段性目标的实现，才能实现终极意义上人的全面发展的理想，而为此必须解放并发展生产力，不断增加社会物质和精神财富的总量，推动社会发展的成果为全体人民共享，使得社会各方面发展与人的全面发展获得有机统一。努力实现社会主义的全面发展并以此推动人的全面发展，这是社会主义制度的本质规定，也是其制度优越性的集中表现，任何一个剥削制度绝不会提出人的全面发展的要求，更不会以实现人的全面发展为终极价值目标。同理，中国特色社会主义本质上要求促进人的全面发展，而人的全面发展也在价值取向上全面展现了中国特色社会主义的本质属性。在全面建设中国特色社会主义过程中，我们党历来都将人的全面发展理念纳入到社会主义本质中加以强调，认为人的全面发展是中国特色社会主义的价值主题与根本旨归，并将人的发展原则贯穿于社会运行机制的各个方面，"与社会全面发展构成一个有机整体"，④ 而它的每一步发展目标都自觉地指向了人的全面发展，而它的实际发展过程也离不开人的全面发

---

① 《马克思恩格斯选集》（第 1 卷），人民出版社 2012 年版，第 209 页。
② 《马克思恩格斯文集》（第 1 卷），人民出版社 2009 年版，第 580—581 页。
③ 《马克思恩格斯选集》（第 1 卷），人民出版社 2012 年版，第 210 页。
④ 陶德麟：《当代中国马克思主义若干重大理论与现实问题》，人民出版社 2012 年版，第 353 页。

展。无论是解放、发展生产力抑或消灭剥削及两极分化，都必须依靠人的全面发展。生产力的发展不是纯粹物质力量的发展，而实质上是人的本质力量的积极展现，人的现代化能力的全面发挥和发展，是人的综合素质的全面提高；而社会占有生产资料并在生产、管理过程中建立起公正合理的社会关系，切实保障人的各个方面的正当权益，铲除一切不利于人的全面发展的各种障碍，才能消灭剥削和两极分化，为人的全面发展构建一个公平正义的共同平台。另外，实现社会的共同富裕，也必须依靠人的全面发展，只有人民群众积极投身社会主义建设事业中才能创造日益丰富的物质和精神财富，人的能力与素质越是发展，人的本质力量与水平越高，就越能够创造更多的社会财富，社会在发展中就越能够走向共同富裕。

中国特色社会主义坚持生产力发展是社会发展决定力量的原理，强调发展是解决中国一切问题的关键。认为发展是硬道理、是执政兴国的第一要务、是解决中国一切问题的总钥匙，能不能实现发展、实现什么样的发展，直接关乎人心向背和事业兴衰，中国特色社会主义事业就是要靠发展来巩固和前进的。这种思想集中体现了马克思关于人的发展理论的辩证本性，是唯物辩证法在人和社会发展问题上的具体运用。当然中国特色社会主义所谋求的发展是"以人为中心"的发展，它在实现社会的全面发展以及人与自然协调发展中，处处体现了人民主体性的思想，强调一切发展都要以广大人民群众根本利益的发展作为出发点和落脚点，发展依靠人民、发展为了人民、发展成果惠及全体人民，一切发展都是为了实现人民愿望、满足人民需要、维护人民利益，总之，一切发展最终都是为了实现人的全面发展。而在当代中国，要真正实现人的全面发展，必须按照全心全意为人民服务的根本宗旨，树立立党为公、执政为民的理念，切实代表好、维护好、发展好、实现好广大人民群众的根本利益。

以人的全面发展为最终价值取向，把发展作为主题、作为核心，把人的发展和社会发展高度统一起来，立足实现社会全面、协调和可持续的发展，根本旨趣在于通过富裕人民、造福人民而促进人的全面发展。若没有社会的全面发展，没有政治—经济—文化—社会—生态的一体化全面发展，就谈不上社会的全面进步，也谈不上实现人的全面发展；若没有人与自然、人与社会、人与人、人与自身的协调发展，没有城乡之间、地区之间、经济与社会之间、国与国之间的协调发展，社会关系就达不到和谐，人的全面发展就没有任何保障，就不会实现人与自然的和合共生、人与人之间的美美与共；若没有可持续的发展，物质生产、精神生产与人口自身的生产不能实现协调发展，就会导致各种世界性问题与发展危机，人的永续发展将会受到严重威胁。

当前要实现党的十八届五中全会提出的创新发展、协调发展、绿色发展、开放发展、共享发展的最新发展理念，进而推动经济社会实现又好又快的发展并进而促进人的全面发展，必须按照"四个全面"的总要求，对中国特色社会主义事业进行整体规划、总体布局。"'四个全面'本质上是实现中国梦的战略布局"，[①] 就是实现国家富强、民族振兴、人民幸福之时代主题的中国式表达，这是对中国特色社会主义现代化的新认识、新进展，它确保了中国特色社会主义事业的合法基础与公正本质，凸显了中国社会主义制度的无比优越性和强大感召力，是对马克思关于人的全面发展理论的继承、丰富与发展，是马克思主义科学人本观与实践发展观的当代表述。在"四个全面"中，全面建成小康社会起着战略统领、目标牵引作用，而其余三项则是动力机制、保障机制与管控机制，四者内在整合所构成的理论体系，是新时期党和国家事业最新发展的宏伟蓝图和战略总纲，彰显了马克思主义人学思想中国化及其与时俱进的理论品质，是最新的科学社会主义关于人的发展理论一系列新思想、新观念的总结，是我党坚定不移地贯彻以人为本、执政为民原则的又一重大理论成果，它在总体上深化了我们对党的执政规律、社会主义建设规律及人类社会发展规律的认识，是推进社会发展与人的全面发展的共同思想基础。其基本逻辑构架是，全面建成小康社会这一价值目标所描绘的是人的发展问题，或者说在本质上讲的是社会发展和人的发展的关系问题，经济社会的发展进入新常态后，社会发展的主要内涵是如何提质增效、促

---

① 唐洲雁：《五中全会视野下的全面小康与现代化》，《东岳论丛》2015 年第 12 期，第 11—17 页。

进人的全面自由发展，提出全面建成小康社会这一价值目标与实现人的全面发展是内在统一的，这是社会发展和人的发展在方向上的选择、在性质上的定位。要做到这一点，就要以更大的政治勇气和智慧全面深化改革，不失时机地通过深化改革破除一切妨碍人的全面发展的旧思想、旧观念、旧机制，完善和发展中国特色社会主义制度体系，推进国家治理体系与治理能力的现代化，这是实现社会发展的现代化和人的全面发展的历史必由之路；而达到这一目标重要的政治依托就是全面依法治国，建设社会主义法治体系，建设社会主义法治国家，这既是解决党和国家事业最新发展所面临的一系列重大问题，解放和增强社会发展活力、促进社会公平正义、维护社会和谐稳定、确保长治久安的根本要求，也是不断开拓中国特色社会主义改革事业更加广阔的发展前景，在法治上为实现人的全面发展提供可靠的政治保障。而全面从严治党在"四个全面"战略布局中体现了党的建设与治国理政相统一的现代理念，党的领导作为"四个全面"之魂、战略中的军帐之帅，集中体现了社会发展和人的发展相统一的方向指引与领导保证，这是从社会主义领导核心层面所体现的"人本文本"、执政为民的原则。它的核心问题是保证党同人民的血肉联系，通过开展群众路线教育实践活动、保持党的先进性与纯洁性来自觉履行全心全意为人民服务的根本宗旨，通过从严治吏、正风反腐、严明党纪来达到自我净化与革新，这就把党自身的建设与发展同中国特色社会主义事业建设与发展内在统一起来，把不断提高党的执政能力、执政水平与实现人的全面发展的最终价值目标统一起来。因而，"四个全面"既承继了马克思科学社会主义关于人的全面发展的思想，又突破了中外人学思想中存在的各种局限性，结合了当代中国社会发展和人民祈福的具体实际，实现了马克思关于人的发展的基本原理与中国社会发展实际相结合的又一次重大创新。它是马克思主义实践人学思想中国化、时代化、大众化的新飞跃，是马克思人的全面发展理论的当代表述与具体运用。这种在探索当代人的发展问题过程中所形成的重要结论，内在构成了当代中国推进社会发展和人的发展辩证统一的"一种重要的举措"，也为当代人实现自我解放和全面自由发展激活了广阔的"发展空间"。① 目前，关于马克思人的全面发展理论及其当代实践价值问题的研究，虽然取得不少新的进展并产生了诸多理论成果，但也产生了一些"较大的争议与分歧"，② 阻碍了对它的深入探讨。本书试图将马克思人的全面发展理论与当代中国发展问题特别是与"四个全面"建设问题内在结合起来，致力于从现实的人及其实践活动出发，探究人与世界的互动性关系及人自身的发展与解放问题，使马克思主义实践人学从旧的理论束缚与困厄中挣脱出来，重振早已疲弱的人本精神及其自由价值，为破解当代人面临的诸多生存悖论与发展困境而提供全新的人学观念。

---

① 辛世俊：《马克思主义人学中国化新探》，人民出版社 2013 年版，第 153 页。
② 贾高建：《关于马克思主义哲学研究的几个重要问题》，《马克思主义与现实》2015 年第 6 期，第 7—14 页。

第一章 马克思人的全面发展
理论形成史研究

人的全面发展，显然包含着充分的、总体的、综合性的、有规模的、全方位的发展，但又不能具体地归结为某一点。从个人角度看，人的全面发展意味着人们有目的、有组织地联合起来，共同操控和利用社会资源及文明成果，并消除因自发性与盲目性而导致的人的片面发展的负效应，促使人在实践中达到劳动与享受一致、存在与发展的统一，使之天赋与潜能、兴趣与才能、个性与自由均达到全面而和谐的发展。就个人发展与社会发展关系上看，一个社会的全面改革、全面开放、全面进步、协调发展的过程，实际上就是人的全面自由发展的过程，二者共同统一于广大人民群众根本利益的内在一致性上。社会生活在各个方面的发展状况，都会对人的生活质量的全面提高产生巨大影响，社会制度是否公正、顶层设计是否合理、价值取向是否正当、终极目标能否实现，也对人能否获得全面自由发展产生巨大影响，在全面发展问题上，人与社会是高度一致的。本章通过描述马克思揭露人在神圣形象和非神圣形象中的异化，并通过实践的批判而实现人的本质的还原，从人的历史形态出发指出了马克思主义人学的根本使命就在于"把人从'物'的普遍统治中解放出来"、"从'资本'的普遍统治中解放出来"，① 实现对人的本质的完全占有。当今世界，资本逻辑主导下的金融化浪潮，既在推动历史变革中发挥着巨大作用，也成就了人的自由意志的全面展开，但又极易使人类陷入丛

---

① 孙正聿：《选择与标准：我们时代的哲学理念》，《黑龙江社会科学》2015 年第 6 期，第 7—11 页。

林法则的狼群撕咬状态，并招致人类精神世界的堕落和自我毁灭，这就需要反思资本逻辑所主导的价值取向是否正确。那么，怎样才能从资本逻辑普遍统治的金融化世界及其背反性、主观性、"脱域性"等负效应中解脱出来，怎样才能搭建一种把人民主体性与社会进步性、政党的先进性集于一体的制度框架，从而"辩证地引导资本发展的积极作用，使自由放任的资本历史进化到促进人类全面进步的自由历史"？① 对此，西方现代及后现代的人学体系，对资本逻辑下人的这种现代生存悖谬与发展困局，只是诉诸抽象的空想或者理性的反思，非但不能触及资本逻辑发展及人的全面发展的实践性本质，反而使马克思无产阶级社会革命的人学真义处于遮蔽状态。只有动态分析马克思人的全面发展思想的形成过程，弄清其特有的基本内涵、实践维度、价值原则，才能激活"多元动力"② 协调推进社会的全面进步和人的全面发展，使二者发展的全面性进展体现为遵循经济社会发展规律和现代化大生产自身发展规律的创新发展和协调发展，也使得人的全面发展体现为遵循自然界的发展规律和人与自然生态整合规律的绿色发展和可持续发展，更使得人的发展成为遵循社会发展的必然性和文化建设的现代性的开放发展和共享发展。为此，必须做到社会理想与艰苦实践相统一、人的发展与社会发展相一致、物质文明与精神文明相契合的协调、可持续的全面发展，国民素质的提升与人的全面发展的协调推进。这样人与社会就会形成一个良性的互动关系，"人越全面发展，社会的物质文化财富就会创造得越多，人民的生活就越能得到改善，而物质文化条件越充分，就越能推进人的自由全面发展"。③ 人与社会对全面发展的公共渴求，虽然带有乌托邦性质的理想形式，却也是一种"得到辩护的真信念"，④ 尽管它的最终实现是

---

① 张雄：《金融化世界与精神世界的二律背反》，《中国社会科学》2016年第1期，转载于《新华文摘》2016年第9期，第39—43页。
② 韩保江：《中国经济中高速增长的"多元动力"——论习近平经济发展思想的基本内核与逻辑框架》，《中共中央党校学报》2015年第6期，第7—14页。
③ 王伦光：《和谐社会的价值追求研究》，人民出版社2011年版，第78页。
④ 邵显侠：《荣辱思想的中西哲学基础研究——荣辱文丛》，人民出版社2010年版，第206页。

一个充满复杂矛盾与历史曲折的过程，但其发展的总体趋势与历史走向将永不改变。

第一节　马克思对人的全面发展问题的早期探索

一　马克思人的全面发展理论形成史总体概览

毫无疑问，凭其家境富裕的优越条件和卓越的个人才华，马克思定能跻身上流社会并赢得令人羡慕的个人前程，但他毅然决然地搁置了这种安逸舒适的幸福生活而选择了最能为全人类谋福利的革命生涯。在其中学毕业时写的《青年在选择职业时的思考》一文中它给出了这种选择的理由，在他看来，如果一个人很自私地选择了只是为自己而劳动，为了个人的幸福而努力奋斗，那他也许能成为名赫一时的著名学者、哲人或诗人，但他不可能成为永垂青史的"完美无疵的伟大人物"，[①] 相反，"如果我们选择了最能为人类福利而劳动的职业，那么，重担就不能把我们压倒，因为这是为大家而献身"，我们就不会仅仅陶醉于可怜的、有限的个人快乐中，因为"我们的幸福将属于千百万人"，[②] 我们的事业将会赢得时代与未来，会成为"永远的光荣"而长久地活在人们的心中。他生活于资本主义经济社会历史转折期，由于科技革命引发的工业革命，为资本主义发展找寻到了从手工劳动到机器大生产的强大动力机制，在生产力领域实现了一次伟大变革；又由于资产阶级政治革命的相继完成，为资产阶级发展资本主义在生产关系领域扫清了各种封建障碍，两大革命的完成并内在融合起来使得自由资本主义获得迅猛发展，它使生产工具，从而使生产关系和全部社会关系革命化，空前地提高了社会生产力。"资产阶级在它的不到一百年的阶级统治中所创造的生产力，比过去一切世代创造的全部生产力还要多，还要大"。[③] 然而，资本主义的发展在为人类聚集物质财富的同时，也造成了深重的社会灾难，由于其特殊的经

---

① 《马克思恩格斯全集》（第40卷），人民出版社1982年版，第7页。
② 《马克思恩格斯全集》（第40卷），人民出版社1982年版，第7页。
③ 《马克思恩格斯选集》（第1卷），人民出版社2012年版，第405页。

济发展模式及价值取向均执行"马太效应"（穷者越穷、富者越富），使得两极分化严重，劳资对立尖锐，工人们极端痛苦，成为机器的附庸，经济危机频发，阶级矛盾加剧，工人罢工和起义不断扩大，风起云涌、铺天盖地、波澜壮阔。资本主义的社会弊病和无产阶级渴求自身解放的呼声，三大工人起义及一系列有影响的起义均以失败告终，这使马克思立志要为劳苦大众立言、代言，为之创立科学的共产主义理论，并将之交给人民群众使之变成强大的物质力量，推翻这种不合理的人剥削人的旧制度，建立生产资料为全体人民共同占有的共产主义新社会。当时历史与时代的发展迫切要求建立一种新的世界观、人的发展观来对资本主义社会矛盾的尖锐冲突、社会发展的趋势、人类发展的规律作出科学说明。马克思可谓生逢其时，基于自己对资本主义剥削制度的憎恨和对贫苦的广大人民的同情，极力为政治经济上处于贫穷的人民群众的利益进行辩护，认为正是人民的劳动创造了宫殿，但是给工人自己创造的却是贫民窟，劳动创造了美，但却使工人变成畸形。他分析说，当然，资本主义在生产资料私人占有的情况下，也极大地推动了社会生产力的发展，但它是靠牺牲工人阶级的利益来提高社会劳动生产力的，"一切发展生产的手段都转变为统治和剥削生产者的手段，都使工人畸形发展，成为局部的人"，追求剩余价值的雇佣劳动者变成了机器的附件，在极端恶劣的劳动条件下，普遍地发生了异化，工人们备受折磨和摧残，失去了任何劳动的兴趣，变成了为资本家赚钱的廉价工具，而且被迫地使自己及家人都"在劳动过程中屈服于最卑鄙的可恶的专制"，①此时，人的生存温饱都成了问题，根本谈不上实现什么发展，更遑论实现全面发展了。

　　推动人的自由解放和全面发展的思想，作为核心内容与基本特征，内在地贯穿于整个马克思主义人学体系中，是其与一切资产阶级思想体系相区别的根本标志。人能否获得自由全面发展的问题，也是马克思倾其一生所关注和致力于要解决的重要问题之一，人的实践性的存在方式及其在社会劳动中不断获得全面发展的思想，构成了马克思主义人学体系的深层结构与根本归宿。马克思明确地阐述过人人都

---

① 《马克思恩格斯文集》（第5卷），人民出版社2009年版，第743页。

渴望摆脱机器对人的桎梏而获得全面发展的思想，认为工人阶级在日常生活中相信，正是由于资本主义不合理的分工及生产资料的私人占有形式，在很大程度上压抑并制约了工人阶级各方面能力的发挥与实现，因而才在自己的生活宣言上明确强调，"每一个人都无可争辩地有权全面发展自己的才能。"① 而且认为，"任何人的职责、使命、任务就是全面地发展自己的一切能力，其中也包括思维的能力。"② 而伴随着资本主义机器大工业的迅猛发展，在客观上也似乎为人获得全面发展提供了相应的社会条件，认为资本主义大工业的快速发展还使得工人们常常面临各种生死攸关的问题，技术进步使之不断接受失业的威胁，产业后备军的存在更是加大了工人们之间的生存竞争与承受更多的剥削的社会压力，资本逻辑成为随随便便置人于死地的物化逻辑，资本逻辑中社会生产，"用那种把不同社会职能当作互相交替的活动方式的全面发展的个人，来代替只是承担一种社会局部职能的局部个人"。③ 但是，而要真正实现全面发展的个人，需要一种制度上的选择。也就是说，能够使人积极地适应不同的劳动需求并做到得心应手的交替更换其劳动职能，使自己的先天和后天的各种能力均得到自由全面的发展，消除狭隘的生产形式对个人的发展的社会关系造成的各种限制，以社会个人的全面发展代替那种局部生产职能的痛苦的承担者——片面人，"在这里，人不是在某一种规定性上再生产自己，而是生产出他的全面性；不是力求停留在某种已经变成的东西上，而是处在变易的绝对运动之中"，④ 这不是在一切社会形态中都能够达到的，尤其不能够在资本主义那种狭隘的社会中得以实现的。显然，唯有在狭隘的资本主义生产方式被先进的社会形式取代后，并真正建立了以生产资料全民占有为特征的共产主义生产条件与社会制度，真正的社会财富才能显现为所有个人的发达的生产力，而这种全面发展的社会财富以及社会商品的普遍交换，势必也会相应地产生出个人的需要、才能、享用、生产力等等的普遍性发展，每个人都能够对自己

---

① 《马克思恩格斯全集》（第2卷），人民出版社1957年版，第614页。
② 《马克思恩格斯全集》（第3卷），人民出版社1960年版，第330页。
③ 《马克思恩格斯全集》（第20卷），人民出版社1971年版，第320页。
④ 《马克思恩格斯文集》（第8卷），人民出版社2009年版，第137页。

的自然力的统治获得充分的发展和全面的支配。只有在未来的共产主义社会，才能真正建立自由人的联合体，在那里每个人的全面自由发展都要以一切人的全面自由发展为条件。未来的共产主义社会将提倡每个人的独创的、全面的和自由发展的生产劳动，这种社会劳动成为每个人应尽的公平义务，只要自觉地完成它，就能够在社会劳动中享受到快乐；更重要的还在于，这种劳动能够给每一个人提供全面发展和充分表现自己全部能力的均等机会，使人的德智体美劳各方面的能力与素质都能获得公正的全面的发展，从而使个人能够全面地发挥他们各方面的才能与潜质，成为完整意义的社会化的个人。与之相反，"如果这个人的生活条件使他只能牺牲其他一切特性而单方面地发展某一种特性，如果生活条件只提供给他发展这一种特性的材料和时间，那么这个人就不能超出单方面的、畸形的发展"。①

可见，虽然资本主义的发展为人的全面发展奠定了必要的物质条件，使人从依附人或物的阶段转换为独立发展的自由阶段，但是并没有真的为每个人的全面发展提供现实的一切必备条件，它不可能为实现人的全面发展提供一种社会内在运行机制，换言之，在资本主义社会中，人的解放和全面发展的问题，始终没有也不可能获得真正的解决。只有到了共产主义才真正形成普遍的物质信息交换、全面发展的社会关系，人的多方面的需求以及全面的实践能力体系也会得到真正的全面锻造。但是，我们也要看到资本主义迫于内外压力所作的很多方面的改变，从主观方面看，显然是为了维护其资本主义统治，但从资本逻辑及其内在矛盾的必然结果上看，资本主义发展过程中也产生了大量的与现代社会化大生产和物质文明发展相适应的先进因素，譬如形成了普遍的社会交往与物质交换，生成了全面的日益复杂的社会关系，人的多方面的需求以及全面的能力体系也得以建立起来，从而"为人的'自由个性'的实现提供了必要的条件，而这也恰恰是资本为实现'每一个个人'的个性独立、自由而全面发展而发挥作用的

---

① 《马克思恩格斯全集》（第3卷），人民出版社1960年版，第295—296页。

鲜明写照"。① 但，毕竟资本主义的劳动生产了智慧，但是给工人生产了愚钝和痴呆。要消灭不平等、消灭发展的不均衡，实现人的全面发展，就必须要消灭资本主义私有制及其旧式分工，就必须有无产阶级的真正现实意义上的共产主义行动。从人类社会发展的总趋势上看，一切所有制形式都必然要经过不断的变革，资本主义作为一个最后的剥削制度自身也一而再地进行调整与变革，它在当今空前发展的生产力，形成了生产力发展、社会发展和人的发展的现代性，从而为人向全面自由发展创造了物质条件；但是由于雇佣劳动与私有财产，它在推进社会和人的发展中又产生了一系列新的对立与新的矛盾。当今世界已经具备了向新社会过渡的一切条件，在旧的资本主义社会中已经有了向新社会过渡的因素，不过这种过渡是一个漫长的、历史性、世界性的过渡，它的过渡点是：（1）股份制——对私有财产的扬弃；（2）合作制——资本与劳动的对立被扬弃；（3）再一个是国家垄断资本主义，国家政权与私人资本对立的被扬弃。

马克思人的全面发展理论的逻辑结构表现为四个方面的内在关联，即人的全面发展的现实境遇、理性内涵、实现路径与历史进程之间的紧密结合。（1）就其现实境遇来看，人的全面发展的现实处境是资本主义私有制及其旧式分工所造成的异化，即"人的内在本质的这种充分发挥，表现为完全的空虚，这种普遍的物化过程，表现为全面的异化，而一切既定的片面目的的废弃，则表现为为了某种纯粹外在的目的而牺牲自己的目的本身"。② 当劳动的个人与自己的劳动产品、与自己的劳动本身、与人的类本质、与社会的人等等都处在异化之中，当"他们的生产不是直接的社会的生产，不是本身实行分工的联合体的产物"③ 之时，就普遍发生了人为物役、人为人役、人为己役，商品拜物教、货币拜物教与资本拜物教对人就形成了精神桎梏，人就只能获得不平衡的发展、不平等的发展、不自由的发展、不协调的发展、不可持续的发展。唯有铲除产生异化的资本主义制度基础，

---

① 王盛辉：《"自由个性"及其历史生成研究——基于马克思恩格斯文本整体解读的新视角》，人民出版社 2011 年版，第 391 页。

② 《马克思恩格斯全集》（第 46 卷上），人民出版社 1979 年版，第 486 页。

③ 《马克思恩格斯文集》（第 8 卷），人民出版社 2009 年版，第 53 页。

才能为实现人的全面发展创造条件。（2）就其理性内涵来看，马克思所说的人的全面发展，是指作为一个总体的、完整的人，在自己的创造性劳动中全面占有自己的本质。包括人的劳动能力全面发展，"由整个社会共同地和有计划地来经营的工业，更加需要才能得到全面发展、能够通晓整个生产系统的人"；① 人的"现实关系和观念关系的全面性"②，社会交往的普遍性与社会关系的丰富性；人的素质的全面提高及自由个性的真正形成，确立自己的主体地位、实现个人价值最大化、达到自我的全面实现，保证主体的自主活动与自由生存，实现个人发展与社会发展的和谐统一。（3）就其实现路径来看，通过生产力、生产关系的发展，"给每一个人提供全面发展"③ 和表现自己全面本质力量的均等机会。生产力是人的生命活动的积极彰显、本质力量对象化的外在表现、人的潜能、个性与素质发展的客观尺度，它既是人全面发展的物质前提、根本动力，也是消除人的片面发展、改变劳动性质的根本力量。它能够为人的全面发展赢得充足的自由时间，为人的积极生存、自觉生存，在一切方面获得自由发展提供条件。社会的全面生产与人的全面发展是一个过程的两个方面，二者是相互推动、辩证统一的。而人的全面发展既依赖于一定社会生产关系的发展，其中特别是社会制度的根本保障，也能够突破社会关系及其制度的狭隘限制，创造新的生产关系、交往关系和其他社会关系，促进人的全面发展。（4）就人的全面发展的历史过程来看，人的发展经过了三个历史阶段即"人的依赖性阶段"—"物的依赖性阶段"—"自由个性阶段"，④ 在前两个阶段人都不能获得全面发展，唯有在第三阶段才能获得全面发展，"全面发展的个人……不是自然的产物，而是历史的产物"。⑤ 马克思的这种分析，显现了人的发展的历史过程与现实过程的内在统一，总体上说明了人从对人的依赖、人对物的依赖中挣脱出来，不断实现自觉自由发展的过程，全面彰显

① 《马克思恩格斯文集》（第1卷），人民出版社2009年版，第688—689页。
② 《马克思恩格斯全集》（第46卷下），人民出版社1980年版，第36页。
③ 《马克思恩格斯全集》（第20卷），人民出版社1971年版，第318页。
④ 《马克思恩格斯全集》（第46卷上），人民出版社1979年版，第104页。
⑤ 《马克思恩格斯全集》（第30卷），人民出版社1995年版，第112页。

了人的实践性的社会本质与存在方式。人是在社会生产中打造出自己的主体性即历史的主体性的，人是一种实践性的存在物，实践人学是马克思人的全面发展理论的出发点与落脚点，"马克思一生思想发展的脉络始终是围绕社会主体——人这一问题，始终是围绕社会主体——人与历史的关系展开的"。①

对人的全面发展问题的研究，如同其他问题的研究一样，也需要方法论上的自觉。因为从不同的研究视角、采用不同的研究范式来考察人的发展问题，往往会突出各个不同方面的内容甚至还会得出完全不同的结论。马克思在其人的全面发展问题理论的形成过程中，其考察视角与维度几经转换，自然也会在不同方面、不同程度上呈现出各有侧重、多向发展的格局。但是，随着马克思科学实践观及在此基础上生成的唯物史观的确立，马克思对人的全面发展问题的认识也逐步获得了方法论上的自觉。② 早年马克思深受黑格尔唯心主义人性论和费尔巴哈抽象的人道主义思想的影响，在考察人的发展问题时，形成了一种根深蒂固的人性论研究范式与思想维度，从人共同具有的类特性、从抽象的人道主义视角来分析人的发展的动机、愿望、目的与方向，要么把人的全面发展直接等同于人的类特性的全面实现、彻底复归，要么则把人的全面发展说成是人道主义的完成和向自然人性的归并。从人性、人道的角度研究人的发展，虽然是从抽象意义上，然而也是从最根本的意义上肯认了人之为人的内在根据与固有本性，确立了有别于物且高于物而存在的人所共有的自然本性与价值旨归，是对作为万物之灵的人类的高贵性、优越性的一种当然认定。这种认定，不仅是从终极宿命上对人的关怀和尊重，也是从生存与发展的相互关系上对人的价值与权利的维护与张扬。这是从个体主体，当然也是从整体的"类主体"角度，对人的全面发展问题的一种理解，试图探索与回答什么是人的全面发展即为什么人要实现全面发展的问题，毕竟从理论上弄清楚人的发展的动机、目的、意义与方向，对确保人的

---

① 李云峰：《马克思学说中的人的概念》，人民出版社 2007 年版，第 208 页。
② 陈新夏：《人的发展研究的理论范式》，《马克思主义与现实》2016 年第 1 期，第 58—64 页。

全面发展的真正实现是非常必要的。

　　在《马克思传》的作者麦克莱伦看来，早年的马克思身受法国大革命及德国启蒙思想的熏陶，在家庭生活中更是沉浸在言论自由、立宪自由、宗教自由、生活自由、艺术自由的思想范围里，接受了父母及岳父母崇尚自由理想、坚定人生信念的影响，也深受中学老师所教导的那种典型而纯粹的人道主义教育的启发，所以在中学时期所写的《青年在选择职业时的考虑》一文中，马克思就对人类的天性大加赞美，并立志为了人类的幸福和我们自身的完美而工作，甚至为了人类的利益可以不惜牺牲自己的生命。麦克莱伦认为"在主题和结构上，马克思的这篇文章和他同学的一样，基本理念是德国启蒙运动和古典时期的人道主义者的理想观念——个人的全面发展和相互依赖的人群共同体的全面发展"。① 这表明马克思在青少年时期就把人道主义与人的全面发展内在关联起来，认为实现人的全面发展实际上就是人道主义的实现，就是为了人、尊重人、肯定人、关怀人的人性论、人道主义的彰显，人的全面发展的价值取向与人道主义的完成具有内在一致性，并在此基础上克服了旧唯物主义和唯心主义人性论的理论局限性、不彻底性，并通过对资本主义异化劳动的深入分析而逐步形成了关于无产阶级和人类解放的科学构想及关于人的全面自由发展的价值理想。后来，在德法年鉴时期，马克思在与卢格的通信中就曾经批判了专制制度的非人性，认为人性与兽性是截然对立的，人性是人作为人的内在依据，是高于兽性的根本区别。而专制制度因背离了人性，因而必然具有兽性即非人性，它不可能捍卫人的权利与尊严。专制制度的唯一原则就是轻视人类，使人不成其为人，哪里有专制的存在，哪里就根本没有人，"专制制度必然具有兽性，并且和人性是不相容的"。② 在《1844 年经济学哲学手稿》中马克思比较详尽地分析了未来的共产主义是如何积极扬弃资本主义异化而复归人性的。在他看来，唯有通过人并且为了人而对人的本质的全面占有，才能最终实现

---

① ［英］戴维·麦克莱伦：《马克思传》，王珍译，中国人民大学出版社 2008 年版，第 56 页。

② 《马克思恩格斯全集》（第 1 卷），人民出版社 1956 年版，第 414 页。

人的全面自由发展，这实际上就是在合乎人性、合乎人道的意义上对人自身的彻底复归。所以自然主义与人道主义的一体化，就是人类在最符合人性的方向上为实现共产主义而作出的努力。资本主义社会里，雇佣劳动与资本对人性的蹂躏，从根本上背离了人道主义精神原则，唯有扬弃私有财产及其造成的人的自我异化，自由发展的人性才能得以全面展现，才能在最合乎人性的意义与方向上结成社会性的联合体，个人才能向社会生成。在马恩合写的《神圣家族》中，马克思认为，在资本主义社会里，资本逻辑对无产阶级的压榨完全丧失了一切合乎人性的东西，甚至连人性的外观都荡然无存了。如果不铲除无产阶级遭遇到的非人性的生活条件，它就不能解放自己，而如果不推翻资本主义的制度基础，造成全面异化的生活条件还会源源不断地重新生产出来。无产阶级唯有彻底颠覆那种背离人性的社会生活基础，消灭了资本与剥削，才能认识和领会什么是合乎人性的东西，也才能认识到自己是人。马克思说，"既然人是从感性世界和感性世界中的经验中汲取自己的一切知识、感觉等等，那就必须这样安排周围的世界，使人在其中能认识和领会真正合乎人性的东西，使他能认识到自己是人"，还说，"既然正确理解的利益是整个道德的基础，那就必须使个别人的私人利益符合于全人类的利益。既然人的性格是由环境造成的，那就必须使环境成为合乎人性的环境。既然人天生就是社会的生物，那他就只有在社会中才能发展自己的真正的天性，而对于他的天性的力量的判断，也不应当以单个个人的力量为准绳，而应当以整个社会的力量为准绳。"[①] 这种用人性论、人道主义的研究范式来诠释人的全面发展，一致延续到《资本论》的写作。马克思在《资本论》中分析说，社会化了的、联合起来的生产者将组建成一种自由人联合体，它会合理地协调人与自然、人与社会的物质变换关系，将把异己性的自然的、社会的、人自身的各种因素置于人类的共同控制之下，而不是受制于异化因素的统治。从批判资本主义人性异化中可逻辑地推论出实现复归人性本性的理论依据，这就是，人类可以依靠消耗最小的力量而获得最大的收益，这样就会在最无愧于、最

---

① 《马克思恩格斯全集》（第 2 卷），人民出版社 1957 年版，第 166—167 页。

适合于人的类本性的条件下，来进行这种物质变换、来从事各种生产活动。换言之，在未来的自由人联合体中，之所以要消灭异化劳动及其社会根源，就是因为人只有在真正的共同体的条件下，各个人在自己的联合中并通过这种联合才能获得自己的真正自由。

以上马克思从人学、人道的角度对人的全面发展的分析，是一以贯之的一条主线。这种人性论的分析，确有一定道理，但很明显只具有片面性的真理权。如果停留于此，就会认为马克思与黑格尔和费尔巴哈一样，也是一种抽象的人性论和人道主义者，认定实现自由人性就是人的全面发展的所有内涵和全部目标，这就会对他的人学思想产生重大误读。毕竟，用人性论来诠释人的全面发展问题，只是马克思研究人的发展问题的一个端点，而且是借用费尔巴哈等旧唯物主义者的术语来表述的，深刻打上了旧哲学的印记。不能因为从人性论角度分析人的发展，的确能够说明人为什么要追求全面自由发展，即能够说明人追求全面发展的动机、愿望、目标与取向，就把马克思的人性论与唯心主义和旧唯物主义的人性论混为一谈，甚至把马克思也说成是一种抽象的人道主义者，这实际上是对马克思人的发展理论的退行性理解。马克思分析人的发展的人性维度，的确与旧哲学的人性立场具有内在相通的地方，但是，可贵的是，马克思没有停留在人性或人道的抽象分析层面，而只是以之作为进一步分析的逻辑起点、理论支点。马克思所说的人性的真正复归、最合乎人性的人的全面发展，不是从单个人所固有的抽象意义上来分析的，而是从现实的、从事着各种社会物质生产活动的、社会共同体的意义上讲的，这种社会意义上的人性，是有阶级的人性，它既是抽象的又是具体的，既是应然的又是实然的，既是理性的又是实践的，合乎与复归人类本性与实现人的全面自由发展，就是在无产阶级发动的人类社会重大变革的历史过程中完成的，就是在推翻资本主义统治而建立社会主义、共产主义的历史进程中实现的。

显而易见的是，马克思分析人的全面发展的人性论范式与其唯物史观的科学认识范式不是相互对立而是相互补充的，不能离开社会生产力的发展、人民群众根本利益的实现、无产阶级和人类的解放来抽象地谈人性自由，人性不是孤立存在的，它与社会性、阶级性、人民性是内在统一的，或者说它总是通过社会性、阶级性、人民性而体现出来。唯有将二者结合起来才能科学正确地把握人的发展问题，也才能与唯心主义和旧唯物主义人性论划清界限。事实上，马克思就是从唯物史观角度来进一步诠释人性论与人的发展的一致性问题的，马克思所理解的人的发展不是孤独个体的人的发展，也不是抽象人性的自我实现，而是现实的人在物质生产活动中所实现的在一定社会关系中、在一定阶级立场上的发展，在社会物质生产中生成的"生产力和社会关系——这二者是社会个人的发展的不同方面"。① 必须从特定的社会关系、阶级关系来理解马克思人的全面发展的科学内涵与价值取向，每个人所实现的自由全面发展不再是一句空话，而是在社会联合体意义上、在物质生产及其社会基本矛盾中所发生的真实结果，自由人性的实现离不开人的全面发展，而人的全面发展"正是取决于个人间的联系，而这种个人间的联系则表现在下列三个方面，即经济前提，一切人的自由发展的必要的团结一致以及在现有生产力基础上的个人的共同活动方式。"② 社会历史的进步给人性的自我实现提供了实际的客观条件与现实途径，没有一定的物质生产力的发展、没有无产阶级的彻底觉醒、没有成千上万劳动群众的艰苦努力，没有剩余劳动时间的不断扩大，自由人性的复归只能是无法兑现的空头支票。人的全面发展不是自然而然的结果，而是社会历史的产物，是在人的自由自主的创造中、在特定的社会联合形式中实现的。生产力与科技是推动社会发展的强大动力，是社会的人能够获得全面发展的基础与前提，也是实现自由而完美人性的根本依据，它客观上决定着人的发展的状况、人性自由实现的程度、人的价值与意义实现的标准，"唯有借助于这些生产力，才有可能实现这样一种社会状态，在这里不再有任何阶级差别，不再有任何对个人生活资料的忧虑，并且第一次能够谈到真正的人的自由，谈到那种同已被认识的自然规律和谐一致的生活。"③ 若离开社会物质生产力的发展而抽象地谈人性、人道的现实，

---

① 《马克思恩格斯选集》（第 2 卷），人民出版社 2012 年版，第 784 页。
② 《马克思恩格斯全集》（第 3 卷），人民出版社 1960 年版，第 516 页。
③ 《马克思恩格斯选集》（第 3 卷），人民出版社 2012 年版，第 492 页。

就不能从自由时间或闲暇时间的意义上谈人的幸福与完美，就不能达到人性的富足和能力的全面展开。社会的人抑或人的社会，其发展的全面性（社会享用和社会活动的全面性以及其人的自由个性、多种能力的全面性），都毫无例外地"取决于时间的节省"，① 取决于在物质生产力发展基础上的剩余劳动时间的大大延长，人全面发展的自由王国只存在于物质生产领域的彼岸和必要劳动终止的地方，没有社会财富的极大丰富、充分涌流，无论如何不可能实现人的全面发展。

另外，在马克思看来，人的全面发展就是完全个人的充分发展。这种意义上的发展必须摆脱片面畸形的异化劳动所导致的片面的、单向度的发展，必须摆脱对物的依赖、对人的依赖而获得独立自主的自由发展，必须消灭旧式分工而能够在一切社会领域自由地展示自己的多方面才能。单个人的人性自由的全面发展决不能脱离社会关系的合理化，单个人的存在与发展受制于社会联合体特别是阶级的制约。社会关系特别是阶级关系，从根本上决定着一个人能够发展到什么程度以及如何实现这种发展，不能离开社会共同体和阶级关系来谈人性的完满与否。唯有通过无产阶级的革命行动铲除资本主义私有制对人的社会关系的种种束缚，才能在自由人联合体中充分发展自己的自由个性与能力。全面发展的人是在一定的社会条件和现实基础上历史地造就的，不能离开社会关系的合理化、阶级性、人民性等内涵而孤立地谈人性的完满问题。

二 马克思参加青年黑格尔派活动时期的思想

少年马克思受学校及家庭进步思想的影响，就曾经追求真理、向往自由，满怀悲愤地站在受苦受难的人民大众立场上，与专制势力进行斗争，立志为全人类的解放和人的全面发展而奋斗终生。在其中学时期的作文《青年选择职业时的考虑》中，就表达了要一生一世为全人类的普遍发展和人民幸福、为每个人的全面自由发展的崇高志向而奋斗，"在选择职业时，我们应该遵循的主要指针是人类的幸福和我们自身的完美"；"人们只有为同时代人的完美、为他们的幸福而

---

① 《马克思恩格斯文集》（第 8 卷），人民出版社 2009 年版，第 67 页。

工作，才能使自己也达到完美"；读大学时创作的文学作品中，马克思反对脱离人民大众的虚幻的幸福期许和自由意志，反对将"应有"与"现有"对立起来，而必须从现实社会矛盾及其自我展开中，"在自身求得自身的统一"，① 必须"深入全面地领悟在地面上遇到的日常事务"，② 并把"应有"与"现有"自觉地统一在现实的自由斗争中，这就初步表达了通过与封建专制的斗争而获得自由与解放的思想。

在其博士论文中，他依据分析德谟克利特和伊壁鸠鲁二人在自然哲学上的区别与联系为入口，分析了原子偏斜运动所蕴含的对机械决定论和盲目必然性及其破解的人学意义，为人获得自由全面发展提供了理性支撑，认为人的自由意志就像原子偏离直线一样，人的自由既在于思想的自由，更在于通过自己的行动而获得现实性的自由，因而不同意将人的自由看做是摆脱外在必然性的心灵宁静。人的自由与人的发展内在一致，人民需要的不是什么心灵上的慰藉，而是在现实生活中的真正的全面发展。在这篇论文的序言中，马克思写到人民不只是需要自由的权力，更需要为实现自由而获得必要的生活保障，更需要在民主政治上保障人民为实现全面发展而奋斗。人民不愿意用自己的痛苦去换取奴隶的服役，他们宁肯被缚在岩石上也不愿作宙斯的忠实奴仆。马克思认为，"在自身中变得自由的理论精神成为实践力量，作为意志走出阿门塞斯冥国，面向那存在于理论精神之外的尘世的现实，——这是一条心理学规律"。③ 而人应该在某种抽象性的概念化活动中才能达到自由，唯有克服个别性而实现普遍性，精神自由才能在自我意识的解放中摆脱限制获得独立。人的自由只有在自我解放中才能实现，在纯粹的观念中人不能够实现什么真正的发展，"而事实上，直接存在的个别性，只有当它同他物发生关系，而这个他物就是它本身时，才按照它的概念得到实现，即使这个他物是以直接存在的形式同它相对立的。"④ 这里，马克思对人的自由发展分析得似乎很

---

① 《马克思恩格斯全集》（第 40 卷），人民出版社 1982 年版，第 11 页。
② 《马克思恩格斯全集》（第 40 卷），人民出版社 1982 年版，第 652 页。
③ 《马克思恩格斯全集》（第 1 卷），人民出版社 1995 年版，第 75 页。
④ 《马克思恩格斯全集》（第 1 卷），人民出版社 1995 年版，第 37 页。

费解，但是，只要认真品味还是能够领悟到马克思对人的全面发展意义的解析的。在他看来，人不可能摆脱与自然和社会关系获得全面发展，恰恰相反，人需要借助自然与社会实现自我的全面发展，但是在资本主义制度下人却不能够按照自己的真实意愿来支配自然与社会，而要受到自然及社会的制约，从而失去自由和发展的机会。一些哲学家幻想在自我意识中实现人的发展，马克思认识到这纯粹是一种乌托邦的空想，只有积极行动起来消灭现存的社会制度才能获得真正的解放。

在《莱茵报》时期，马克思跳出了过分专业化、技术化、纯粹化的思维陷阱，摆脱了研究的小众化和只在小圈子中秘密传递的书生意趣，开始投身到为广大无产阶级争取现实利益的火热斗争中，通过批判当时的书报检查令而把矛头指向了资产阶级反动统治，认为自由是人类的精神特权，只有实现出版的自由才能在言论上代表人民的自由呼声，彰显人民大众的自由意志和神圣权利，而反对人民出版的自由，实际上就是违反了黑格尔所主张的国家和法的自由本性，唯有废除这一维护资产阶级的旧制度才能还人民以自由权利与全面发展的机会。尽管当时马克思受黑格尔思辨哲学的影响，把自由理解成无产阶级实现自我解放的类本性，"全部精神存在的类本质，因而也就是新闻出版的类本质"，[①] 但已经认识到人民的自由与政治等级相对立的事实，人民对自由的向往不是个别人的战斗而是整个等级的战斗。在此时写成的其他文章中，马克思进一步分析了社会物质方面的发展对人的全面发展的基础性作用，公开站在人民大众的立场上，为那些在政治上、社会上备受迫害的劳苦群众的权益进行辩护，尖锐地揭露了封建贵族和地主阶级对人民利益的侵害，及资产阶级国家政权呵护特权阶层的利益的本质。本来国家和法应该是自由精神、自由意志的最高体现，理应维护所有人的共同利益，而当时的普鲁士政府却践踏了这种自由精神的类本质，将之演变成了维护剥削阶级的统治工具。这样就把人的发展问题与现实的政治斗争内在联系起来，认为要实现人民的解放和自由，必须把批判和斗争的矛头直接指向现存的政治制度

---

① 《马克思恩格斯全集》（第1卷），人民出版社1995年版，第37页。

本身。此时，马克思在《第 179 号"科隆日报"社论》中强调了真正的哲学对人的发展的重要作用，认为哲学对人民、对时代具有强烈的依赖性，哲学是时代性的、人民性的智慧，它是自己时代精神之精华、社会文明之活的灵魂，人民群众中最精致、最珍贵和看不见的思想精髓都集中在自己时代的哲学思想里，有社会良知的哲学家，"是自己的时代、自己的人民的产物"，① 它是推动世界前进的理性精神和伟大动力，它随时随地要与自己的时代和人民的需要相联系，与人民和时代相脱离的哲学是最没有发展前途的东西。哲学不能成为玩弄词句的自我欣赏、不着边际的空谈或议论，正确的理论必须与自己是时代相接触并根据现在的条件加以发挥和阐明。总之，在《莱茵报》时期的青年马克思，因为接触到了大量的不平等的社会矛盾与阶级冲突，特别是对经济利益的发展、物质利益满足对一个社会的全面发展和人实现自我的全面发展来说意义极大的认识得到提高，虽然从黑格尔普遍理性的善的本质出发，力图用理性的普遍法则战胜私人利益，但私人利益还是处处占据首要地位，使马克思对黑格尔的抽象理性感到不满，在随后受到费尔巴哈哲学影响后，开始与之决裂。另外，马克思看到了国家与法的实质不是捍卫普遍理性，而是成为欺压人民、维护私有财产的工具，君主政体无论其形式如何，都是在压制人，"君主政体的原则总的说来就是轻视人，蔑视人，使人非人化"，② 使世界不成其为世界。而法国大革命才是真正能够"使人复活"的革命，其目的是"实现民主的人类世界"，要建立真正的属于人民的国家制度，就要经过真正的革命，唯有"人民使前进成为国家制度的原则"，③ 人民才能实现真正的全面发展。后来在《黑格尔法哲学批判》中，马克思借助费尔巴哈哲学开始认识到了到处寻找普遍逻辑的努力是徒劳的，重要的是"把握特殊事物的特殊逻辑"，但又受其人本学唯物主义的负面影响，在谈论国家、市民社会等对人的发展的影响时，又"把人的这些社会存在方式看作人的本质的实现，看作人的本

① 《马克思恩格斯全集》（第 1 卷），人民出版社 1995 年版，第 219 页。
② 《马克思恩格斯全集》（第 47 卷），人民出版社 2004 年版，第 59 页。
③ 《马克思恩格斯全集》（第 3 卷），人民出版社 2002 年版，第 72 页。

质的客体化"，① 而私有财产制度则导致了人的本质的异化，从而对人的发展问题的研究开始转向了对现存国家制度本身的批判上，由此走上了历史唯物主义人学道路。

在《德法年鉴》时期，马克思以费尔巴哈哲学的"人是人的最高本质"出发，批判了当时流行的教条主义和空想主义，认为自己"新思潮的优点就恰恰在于我们不想教条式地预料未来，而只是希望在批判旧世界中发现新世界"，② 唯有把理论批判与现实斗争结合起来，才能探索出实现人全面发展的真正路径。此时发表的《论犹太人问题》和《〈黑格尔法哲学批判〉导言》，明确指出不能把人的发展这种世俗问题神学化或宗教化。马克思分析说，是人根据自己的精神需要而创造了自己的宗教，而不是上帝依据神意而创造了人，因为"人不是抽象的蛰居于世界之外的存在物。人就是人的世界，就是国家，社会"。③ 正是这种颠倒了的国家与社会，才产生了颠倒的世界意识；也正是这种颠倒的世界观，才把人实现发展的希望与幸福寄托于幻想的世界，要克服这种颠倒的世界观及人学思想，就必须首先推翻这种颠倒的世俗基础。资产阶级倡导的"政治解放"只是本阶级的解放，它所推动的人的自由和发展仅仅限于本阶级，所以它不是人类的彻底解放，要实现这一点必须推翻私有制这种制度基础。而无产阶级的革命特质及历史地位决定了它只有通过社会革命而彻底解放全人类，才能获得自身的阶级解放和全面发展，因为"形成了这样一个领域，它表明了人的完全丧失，并因而只有通过人的完全回复才能回复自己本身"。④ 马克思还说，对资产阶级私有制的批判不能仅仅依靠理论上的批判，而必须有无产阶级的物质批判。哲学唯有把无产阶级当作自己的物质武器，彻底击中素朴的"人民园地"，才能使精神力量转化为强大的物质力量，使人真正"解放成为人"。这种对人的解放，虽然"是以宣布人是人的最高本质这个理论为立足点的解放"，却是人的真正的解放，"这个解放的头脑是哲学，它的心脏是

---

① 《马克思恩格斯全集》（第3卷），人民出版社2002年版，第51—52页。
② 《马克思恩格斯全集》（第1卷），人民出版社1956年版，第416页。
③ 《马克思恩格斯选集》（第1卷），人民出版社2012年版，第1页。
④ 《马克思恩格斯选集》（第1卷），人民出版社2012年版，第15页。

无产阶级。哲学不消灭无产阶级，就不能成为现实；无产阶级不把哲学变成现实，就不能消灭自身"。①

三　马克思在《1844 年经济学哲学手稿》中的阐述

在《1844 年经济学哲学手稿》中，费尔巴哈的人本学唯物主义虽然还是马克思分析人的发展观的基本理路，认为人类自身的发展史，其实就是在社会实践中人的类本质不断出现异化而丧失，并通过不断地社会革命而克服异化、消除异化获得复归的过程。但是认为这不是费尔巴哈所说的纯粹自然的、生物的过程，而是在人的自由自觉的实践活动中特别是在改造世界的物质性生产活动中予以实现的，人的类本质不是什么生物性、生理性的东西，而是实实在在的人的生产劳动。"正是在改造对象世界中，人才真正证明自己是类存在物。……劳动的对象是人的类生活的对象化：人不仅象在意识中那样理智地复现自己，而且能动地、现实地复现自己，从而在他所创造的世界中直观自身"。② 换言之，人不是在自我意识或者神秘的自我直观中才实现自己的全面发展的，相反，人是在能动地改变外部世界的活动过程并依凭这一活动而获得全面发展的，合目的合规律的实践活动正是人的类本性，离开实践活动无法理解人的发展观的社会存在意义。通过改造对象世界的物质的生产劳动，人不仅能动地、现实地实现了发展，而且使自己实现了双重化的发展，即通过实践活动将自己内在的本质力量物化、外化、对象化到对象上面，使物为人而存在、使人为人而存在，以此可通过他所创造的价值世界来直观自身的物质力量与主体性程度。

共产主义则是一种使得私有财产和一切异化都能够获得积极扬弃的社会形态，它才真正保证了人的全面发展的真正实现，共产主义从人的终极发展的意义上说其实就是最大意义上的人本学或人道主义。因此，共产主义不是别的什么主义，它恰恰是实现了人的全面自由的实践唯物主义，是对资本主义私有制和在此基础上产生的人的自我异

---

① 《马克思恩格斯选集》（第 1 卷），人民出版社 2012 年版，第 16 页。
② 《马克思恩格斯全集》（第 42 卷），人民出版社 1979 年版，第 97 页。

化、自我矛盾、自我生存悖论实现积极扬弃的人学体系，共产主义运动与纯粹的思想活动不同，它完全是通过人的实践活动并且为了人的全面发展而对人的全面本质的真正占有的过程。因此，共产主义就是人通过自己的阶级解放运动而向人自身全面本性的真正复归，也是人向社会意义的、全面自由可持续的人的真正复归，而且人所实现的这种双重意义上的复归，是在完全的、自觉的活动中实现的，是作为内在目的与规律时时处处起着决定性引导作用的。这种全面意义上实现了人的本质复归的共产主义，实际上是真正实现了的自然主义，是人与自然高度统一的社会，当然也是人与社会相统一的真正完成了的人道主义，在人类实践活动中达到了全面发展的自然主义与全面发展的人道主义的真正结合，"它是人和自然界之间、人和人之间的矛盾的真正解决，是存在和本质、对象化和自我确证、自由和必然、个体和类之间的斗争的真正解决"。① 马克思在这里把人的本质规定为自由自觉的实践活动，并以此说明社会的全面发展和人的全面发展，以实践活动来说明克服异化实现人的本质的真正占有，这实际上是力图把人的发展问题归结为实践的发展，把人的全面而自由的发展视作在生产劳动中产生异化并消除异化的历史辩证运动，因而在某种意义上赋予了历史辩证法以实践性的本质，赋予了人的全面发展理论以唯物辩证的意涵。当然，在这里马克思只是谈到了要将人的发展理解成人的自由自觉的活动，而未能指出在改造对象的实践活动对人的发展所具有的基础性意义，未能明确指出实践活动的首要目的乃在于生产满足人的物质生活资料这一基本事实，未能指出实践活动对于人的全面发展的本体论意义及终极性价值。在《1844 年经济学哲学手稿》中，对人的、生活的实践本质及其发展意涵，理解得还很不完备、很是片面，人的发展及人的本质，实际上被视作一种一成不变的理想性的东西，是某种抽象性的人性在支配着人的发展，抽象的人性既是人的原初的类本质，又是历史预设中的乌托邦幻想。

在《1844 年经济学哲学手稿》中马克思分析说，人的以物质生产劳动为基本形式的实践活动是人特殊的存在方式，是发展自我、确

---

① 《马克思恩格斯全集》（第 42 卷），人民出版社 1979 年版，第 120 页。

证自我之类本质的"生命的活动",是"证明自己是有意识的类存在物"的重要手段,劳动是人的类生活。但是,在资本主义社会却发生了重大变化即劳动异化了,这主要表现在:

1. 劳动者跟自己活动的结果即劳动产品相异化。作为劳动成果的劳动产品,本来是人劳动智慧的结晶,是人的本质的对象化,确证并表现着自己的本质和类特性。但在资本主义条件下,劳动产品作为不依赖于劳动者的异己力量,与人相脱离,甚至与劳动相对立,工人生产的产品越多、越丰富,自己就越贫穷、越廉价,就越受制于它,"物的世界的增值同人的世界的贬值成正比",① 劳动的现实化即在生产劳动的产品中,表现的仅仅是物的现实化,是资本家资本积聚的实现,而非工人自身价值的真正实现。工人在劳动中发生的对象化,表现为工人被自己的劳动对象无情地占有,使得工人阶级的人性全面丧失,工人完全受自己的劳动对象奴役和支配,工人对物的占有和改造,恰恰表现为工人被自己创造的物所异化或外化。而且,劳动的非人化、异己化竟发展到如此的严重地步,以至于工人创造了一切财富,却连自己也养活不起;人的劳动的对象化,竟如此表现为人在对象化中的全面丧失,以至于工人连必要的生活对象都被剥夺一空;工人对对象的占有,竟如此表现为人与人的异化,以至于工人生产得愈多自己占有的就愈少,自己受自己生产的产品即资本的统治就愈强烈、愈明显。工人与自己劳动的产品相异化,劳动的产品成为支配工人的异化物,一个捆绑工人自由发展的锁链。人非但不能在自己的劳动中获得发展,恰恰相反,却在自己的劳动中创造了一种否定自己的异己力量。

2. 劳动者与自己的劳动行为本身相异化。"异化不仅表现在结果上,而且表现在生产行为中,表现在生产活动本身中"。② 为何劳动产品能够与工人相异化,原因就在于劳动者与自己的劳动行为本身相异化了。劳动对人的发展来说意义重大,它显现的是人的本质力量不断实现的过程,是人的自由自觉的类生活,是肯定自我、发展自我的一种自觉自愿的活动,通过自由地发挥自己的各种能力与素质而满足

---

① 《马克思恩格斯选集》(第1卷),人民出版社2012年版,第51页。
② 《马克思恩格斯选集》(第1卷),人民出版社2012年版,第53页。

自己各种不同的需要，这种劳动是实现人的全面发展的属于人自己的劳动。但在异化劳动中，劳动对人来说成为了远离自己全面发展的异己性的魔鬼，不是全面地肯定自己而是彻底地否定自己，不是使之感到幸福而是使之感到不幸，不是全面自由地发挥自己的聪明才智而是使自己的身心备受异己力量的严重摧残。私有制下产生的异化劳动，使工人们感到唯有在劳动之余才感到真正的自在与思想舒畅，而在奴役般的劳动中却丧失了一切，艰苦的劳动不是什么积极的享受而是极不情愿的被迫劳作，不是在劳动中满足了人的全面发展的需要，而是成为满足劳动之外的那些人的需要的一种手段。工人总是像逃避瘟疫一样逃避这种非人的、自我折磨的、自我牺牲的外在性劳动，因为这种劳动不属于他自己而属于别人，不仅不能发展自己反而导致了自身的丧失，其结果是：人徒然发展了自己的动物的机能（吃、喝、生殖等），并被视作是人的最后的唯一的目的，而属于人的机能——劳动的机能，却异化成为与人相对立的东西，总之，人完全是自我异化的。

3. 人的类本质与人相异化。无论在理论上抑或实践上，"人把自身当做现有的、有生命的类来对待，因为人把自身当做普遍的因而也是自由的存在物来对待。"① 人是一种以自己的自由自觉的劳动而彰显出自己内在本质的类存在物，能动性的劳动是人区别于动物的类生活和类属性，这种类本质通过人能动地改造自然界并使之发生结构或性能的变化而确证和表现出来。在实践中，人把整个自然界"变成人的无机的身体"，是一本打开了的、能够显现人的本质力量的心理学，通过劳动的对象化使人的生命本质及其物质力量物化在了对象中，成为人的生命活动的对象。但在异化劳动中，由于人与自然、人与人本身、人与人的劳动相异化，也使得人与自己的类本质相异化了，纯粹外在性的异化劳动，把人的类生活变成了仅仅维持个人生存的外在手段，从而使类生活与人的全面发展相异化，本来作为表现人的生命本质的合理性的实践活动，现在却变成了维持自己肉体生存的、只具有片面生存意义的动物性的活动。正是由于人从事一种有意识有目的的

---

① 《马克思恩格斯选集》（第1卷），人民出版社2012年版，第55页。

类生活，才显现了人的类本质，反过来也一样。而异化劳动却扭曲了这种关系，把人的有意识有目的的劳动——生产生命的生活——变成了生物本能的生活，丧失了生命的意义，这样人与自己的类本质相异化，人的类生活变成了异己性的生物生活（吃、喝、生殖等），人变成了丧失自己的类本质的生物个体。本来，作为类生活的劳动生产，使自然界表现为人的作品和现实，使自己的类生活实现对象化，并且能动地、现实地使自己的人性意义全面化了，并在自己创造的对象世界中直观自身、浮现自身、发展自身。但私有制下的异化劳动夺去了这一切，夺去了人的生产对象和类生活，使人的自由自主的劳动丧失了生存命义，以至于使得原初意义上的类生活，变成了仅仅维持人的生物生存的消极手段，"异化劳动使人自己的身体同人相异化，同样也使在人之外的自然界同人相异化，使他的精神本质、他的人的本质同人相异化"。①

4. 人与人相异化。这是人与自己的产品相异化、与劳动本身相异化、与类本质相异化的"直接结果"，② 当一个人同自身相异化、相对立时，也就是和社会中的其他人发生了矛盾与对立。因为，人同自身的全面性的关系，只有通过与他人的彼此关联，才能成为对象性的、现实性的、全面发展的社会关系，人与自己的产品、与劳动本身、与类本质相异化的过程，必然导致人与社会、人与他人的全面异化。人同他的类本质相异化，既是一个人同他人相异化，也是同社会中的每一个人相异化，是他全面丧失做人的本质和类生活，导致这一切的不是别的什么原因，正是由于资本主义的私人占有制。劳动者同自己的产品相异化，对自己造成了不幸和痛苦，势必会对他人带来幸福与快乐；人和自己劳动产品的关系之所以会变成异己性的敌对关系，那一定是有一个主宰自己的他人存在，如果人把自己的劳动看作不自由的强迫劳动，人的获得感就会丧失，"通过异化劳动，人不仅生产出他对作为异己的、敌对的力量的生产对象和生产行为的关系，而且还生产出他人对他的生产和他的产品的关系，以及他对这些他人

---

① 《马克思恩格斯选集》（第1卷），人民出版社2012年版，第57—58页。
② 《马克思恩格斯选集》（第1卷），人民出版社2012年版，第58页。

的关系"。① 对人来说是异己性的对象，对他人说来却是自己的成果，资本主义的异化劳动，不仅导致了畸形发展的个体而且还导致了畸形发展的社会关系，畸形的社会生产了不生产的人对产品的无偿占有，也生产了与他相异的他人来占有非自身的劳动，通过异化的、外化的劳动，工人生产出了站在劳动之外却能够支配这种劳动他人——资本家，这种在异化劳动中所导致的人与人相异化，都根源于资本主义私有制。劳动的对象化并不直接是异化，也不必然导致异化，相反，劳动是人的本质力量的表现，是实现人全面发展的根本途径。但在资本主义私有制下，劳动才导致了异化，要消除异化及其消极后果，就必然要首先消除资本主义不合理的私人占有制。异化是客观的、现实的存在着的，异化借以实现的手段本身是实践的，消除异化必然也要诉诸革命性的实践，"自我异化的扬弃同自我异化走的是一条道路"，②正是自我异化的发展为消除自我异化铺平了道路。而异化及自我异化的扬弃，也就是人的本质的自我复归，他自觉地保存了以往发展的全部财富，并在此基础上实现辩证发展，从对象化走向异化再走向异化的扬弃，这就是人的全部发展历史。劳动是人存在与发展的全部基础，不仅因为自由自觉的劳动是人的类本质，而且由于人的发展历史就是劳动对象化—异化—扬弃异化的过程，人的全面发展的历史实际上也就是人凭借自己劳动不断获得自我生成与自我超越的历史，是外部的自然界对人说来生成全面发展的社会与人的社会史、人类史，同时也是人类社会形成与发展的自然历史过程史。"整个所谓世界历史不外是人通过人的劳动而诞生的过程，是自然界对人说来的生成过程。"③ 私有制导致了异化劳动，扬弃异化实现了人的本质复归并进入真正属于人的全面发展社会；异化劳动的发展，改造了人的生活，也制约了人的全面发展，异化却又为人的全面发展、实现终极解放创造了必备条件。自然的人化与人的自然化也是在劳动中实现双向对象化的，这唯有在消除了异化的共产主义社会才能全面实现。共产主义

---

① 《马克思恩格斯选集》（第 1 卷），人民出版社 2012 年版，第 59—60 页。
② 《马克思恩格斯全集》（第 3 卷），人民出版社 2002 年版，第 294 页。
③ 《马克思恩格斯全集》（第 42 卷），人民出版社 1979 年版，第 131 页。

理论是全部历史运动的产物，也只有通过实践才能变成实现，"要消灭私有财产的思想，有共产主义思想就完全够了。而要消灭现实的私有财产，则必须有现实的共产主义行动"。① 共产主义要扬弃私有制及其异化，但又要承继以往发展的一切积极成果为人所用，它要实现人的本质的复归，但不是退回到野蛮的原始状态，而是在原有基础上实现更高的发展，马克思认为，共产主义所实现的人的全面自由发展恰恰是在劳动过程中获得的对自己各方面能力与本质的历史回复，是人的自然史与社会史的高度整合与辩证统一。是"人以一种全面的方式，也就是说，作为一个完整的人，占有自己的全面的本质"。② 这里就明确指出了在人的劳动中，人必然实现自己的全面自由发展的基本意涵。

四 马克思在《神圣家族》中的批判分析

在《神圣家族》中马克思敏锐地觉察到《1844 年经济学哲学手稿》中所导致的自相矛盾，既然普遍的抽象人性支配人的发展，如何又产生了异化现象呢？如果在《1844 年经济学哲学手稿》中马克思依据费尔巴哈的人本学，改造了黑格尔唯心主义的抽象人性论，对人的发展问题进行了唯物主义的解决并为共产主义提供理论论证的话，那么，在《神圣家族》中马克思扭转了前一段在理论上遇到的困惑，暂时搁置了异化劳动理论的研究而力图将唯物主义引向辩证法的方向上，试图对人的发展问题进行唯物而辩证的解决。从此，马克思十分关注物质利益在人类生活中的意义及它对人的本质的规定作用，藉此对人的全面发展问题获得了新的理解，在他看来，"正是自然必然性、人的本质特性（不管它们是以怎样的异化形式表现出来）、利益把市民社会的成员联合起来。……因此，把市民社会的原子联合起来的不是国家，而是如下的事实：他们只是在观念中、在自己想象的天堂中才是原子，而实际上他们是和原子截然不同的存在物，就是说，他们

---

① 《马克思恩格斯全集》（第 42 卷），人民出版社 1979 年版，第 140 页。
② 《马克思恩格斯全集》（第 42 卷），人民出版社 1979 年版，第 123 页。

不是超凡入圣的利己主义者，而是利己主义的人。"①

　　如果在《手稿》中马克思是借助异化劳动理论而在此后的《提纲》与《形态》中则是借助唯物史观的有关思想来阐释自己对人的发展问题的理解的话，那么在介乎二者之间的《神圣家族》中，马克思则是通过批判青年黑格尔派的自我意识理论来完成对人的发展思想的进一步分析的。马克思在此时虽然还在沿用费尔巴哈以往的用法，把社会主义—共产主义理解为"真正的人道主义"，把人的全面发展理解成异化的扬弃和对人的本质的完全占有，但通过对思辨唯心主义在抽象人性论的批判，马克思也对费尔巴哈的人本学进行了革命性的改造。在马克思看来，"对真正的人道主义说来，没有比唯灵论即思辨唯心主义更危险的敌人了"，所以要将之提到首位进行一次总清算，以便为自己阐释无产阶级的历史使命及人的全面发展理论奠定理论基础。以鲍威尔为首的青年黑格尔哲学是一种把自我意识吹胀的"批判哲学"，它用无限的自我意识代替黑格尔的绝对理性，从客观唯心主义走向彻底的主观唯心主义。它把自我意识夸大为支配一切、创造一切、实现一切的万能的上帝（"超验的存在物"或"创造众生的神"），是决定世界发展和人的发展的最高原则和创造动力，一切具体的东西包括人本身就是自我意识的表现。自我意识是恒在的主，是人所固有的唯一本质。它又通过理性批判来实现对人与世界的创造，理性批判是自我意识的内在本性，通过批判来推动人与世界的发展。但，这种批判精神不是一般人能够拥有的，唯有青年黑格尔派的哲学家才是批判精神的化身，才是创化一切并拯救人类的"神圣家族"，而人民群众或者普通的人，他们是消极的存在，只是作为批判的对立物才有意义，能够实现发展的正是自我意识及其代表——批判者，一般人不用指望实现任何积极意义上的发展。

　　我们知道黑格尔在阐述人的发展理论时，是把三种因素结合起来进行论证的，即改装了的脱离了人的自然（斯宾诺莎的实体）、远离了人的纯粹的人学精神（费希特的自我）及二者的统一（黑格尔的绝对理念），认为是三种因素的内在互动决定着人与世界的发展，人

───────

① 《马克思恩格斯文集》（第1卷），人民出版社2009年版，第322页。

的发展实际上表现的是人与自然、人与社会、人与自身在精神世界中的辩证统一，用精神支配世界的唯心主义体系描述了现实的人的发展观，内容极其丰富而全面。但青年黑格尔派的哲学家们只将其中的自我意识独立出来，把它推向了极端和创造主的地位，将之变成了与自然和社会对立起来的绝对性的东西，不仅与存在于人之外的自然相脱离，而且与作为自然存在物的人本身相对立。把自我意识视作超乎自然和人类之上的造物主，主宰人与万物的存在与发展，自我意识是推动并决定人的发展的唯一因素与根本动力。这样，社会历史的发展与人的发展，本质上不过是自我意识的发展罢了，当然，不是所有人的自我意识在发展，而只是"神圣家族"——批判者的自我意识在发展，一般的人根本没有什么自我意识，更遑论什么发展了。这样一来，通过采用神秘的、诡辩的方法，鲍威尔等人将概念变成了主宰人的上帝，并把它视作一切感性事物包括人本身实现发展的原动力。概念不仅实体化了，而且主体化了，变成了创造并支配一切的神圣力量，变成现实事物发生、发展的基础与前提，变成了人实现发展的内在目的与归宿。这样，自我意识就成为世界万物的本质、自然和人的本质。人与世界的发展不是别的什么，正是自我意识本身的发展。所谓自然史和人类史，其实就是自我意识的发展史。以此看来，人的一切实践活动、人的一切发展、人的所有价值，实际上就是自我意识的"批判的批判"思维活动，"把存在于我身外的现实的、客观的链条转变成纯观念的、纯主观的、只存在于我身内的链条，因而也就把一切外在的感性的斗争都转变成纯粹的思想斗争"。① 譬如，在资本主义社会里，一切异化和灾难都存在于工人的头脑中，唯有从工人的头脑中消除资本、雇佣劳动、剥削等等观念，就能够医治好资本主义的所有弊病，工人们不必苛求什么在资本面前的平等发展，只要有了平等发展的观念，具有了自我的批判意识，也就"得着了一切"，就可以实现人人公平发展、人人求得全福的"社会主义"了。自我意识就是推动人与世界发展的动力，人类历史除了显现自我意识的发展以外，没有任何积极的意义，人的存在与发展不过是自我意识的外在显

---

① 《马克思恩格斯文集》（第1卷），人民出版社2009年版，第288页。

现而已，或者说，就是主观意识实现自我发展、自我完善的一种方式。世界发展史归根到底是人的自我意识的发展史，人的全面发展不是在物质领域的全面发展，不是什么物质生产的全面化和文明成果的全面化，而是自我意识及其批判力的极致化、全面化。在自我意识中就能实现人谋求发展的一切方面，在思想领域而不是在现实的生产领域就能实现人的全面发展，"正像批判的批判把思维和感觉、灵魂和肉体、自身和世界分开一样，它也把历史同自然科学和工业分开，认为历史的发源地不在尘世的粗糙的物质生产中，而是在天上的云雾中"，① 人的本质力量的最大化恰恰就是自我意识的神圣化和纯粹化。

马克思批判了以自我意识的极度膨胀泯灭人的现实发展的错误思想，认为物质生产才是实现世界发展特别是人类历史发展的唯一基础，唯有在物质生产方式的发展中才能真正把握人的发展和社会历史的发展。相反，如果我们排除掉人与自然的理论关系与现实关系、剔除掉自然科学与工业对人的发展的实际影响，不从特定历史时期社会生活的生产方式入手去研究人，对人的发展问题就不能获得现实的、历史的把握。既然劳动是人的本质的真正来源，那么唯有从生产方式出发才能对人的生存与发展获得正确的把握，要认识人的发展问题就必须认识市民社会中的社会生产方式与生活方式。人是社会的人，人的发展也是在社会关系中实现的。市民社会即人的现实的社会关系，它是人在现实的物质生产过程中必然要发生的相互关系。在物质生产中产生的社会财富，是人的生存与发展所必需的物质基础，社会生产就是人的社会存在本身，换言之，人存在于、发展于自己的社会生产中。但在资产阶级的市民社会中，资产阶级利益总是与国家内在统一，资产阶级国家维护的不是人民群众的根本利益而只是资产阶级的独特利益，市民社会与人的本质发生了异化，国家和法不过是资产阶级的意志表示，国家不是"致力于挽救世界和达到全人类的目的，相反地，他们把这个国家看做自己的排他的权力的官方表现，看做自己的特殊利益的政治上的确认"，② 他谋求实现的不是什么普遍的人权，

---

① 《马克思恩格斯全集》（第 2 卷），人民出版社 1957 年版，第 191 页。
② 《马克思恩格斯全集》（第 2 卷），人民出版社 1957 年版，第 158 页。

也不可能为人的全面发展创造的社会基础。

青年黑格尔派的批判者们把人的发展理解为自我意识和精神实体的对立与统一的过程，实际上就是把人的发展归结为精神主体与人民群众之间对立及其消除的过程，推动社会历史发展的主体不是现实的人或者群众，而是自我意识及其批判者的批判。在鲍威尔看来，历史上的很多伟大活动之所以归于失败并陷于悲惨的结局，关键的原因就在于引起了群众的真正关心。他们认为人民群众才是一堆消极无用的沙石，不会对社会发展产生任何积极的行动，只能导致社会的严重混乱与倒退，他们什么也不能创造，简直是一无所有。而自我意识及其批判才是积极的、能动的、主导的因素，人的一切历史及其所实现的任何发展都是它引发的。自我意识实现了社会改造并推进人的全面发展，说到底，是所谓批评者的思维活动——自我意识批判，才是历史发展与人的发展的推动力。而马克思主张物质生产是历史的发端与实现人的发展的基础，由此而认为人民群众才是历史的真正创造者，是推动历史前进和社会进步的根本动力，而"批判的批判什么都没有创造，工人才创造一切，甚至就以他们的精神创造来说，也会使得整个批判感到羞愧"，① 历史活动说到底是人民群众自己解放自己、自己发展自己的事业，随着历史活动和社会进步的不断深入而全面，毕竟是人民群众队伍的不断扩大和活动质量的不断提升。马克思在这里还深刻分析了阶级斗争、社会革命与人的发展的相互推动作用及其辩证关系，认为人的思想一旦离开物质利益就会使自己出丑，以往的革命之所以没有取得成功并陷入一种"表面的热情"或者一时的热闹，不是因为人民群众参与其中并激发了他们的创造热情，而是由于旧的革命没有代表人民群众的根本利益，没有将革命的目标指向人的全面发展。马克思说："如果说革命是不成功的，那么，并不是因为革命'唤起了'群众的'热情'，并不是因为它引起了群众的'关怀'，而是因为对不同于资产阶级的绝大多数群众来说，革命的原则并不代表他们的实际利益，不是他们自己的革命原则，而仅仅是一种'观

---

① 《马克思恩格斯全集》（第2卷），人民出版社1957年版，第22页。

念'，因而也仅仅是暂时的热情和表面的热潮之类的东西"。① 无产阶级革命的目标与任务，早就由其历史地位与生存状况决定了，早就由资产阶级市民社会的"整个结构最明显地无可辩驳地预示出来了"，资本主义私有制必将在自己的历史运动中将自己推向灭亡，当然，这离不开作为先进社会力量的无产阶级开展真实的阶级斗争而不是空喊一些震撼世界的词句。昭示资本主义必然被社会主义所取代，"全面把握人类达到自由而全面发展的那种社会形态的规律与趋势，为人和社会的彻底解放指明道路"，② 这是马克思历史解读模式的核心思想。对此马克思曾经有过两种设想，一种是主导模式，即高起点的西欧成熟资本主义向社会主义过渡的模式，由于生产力和商品经济获得了历史的巨大积累，通过社会革命建立起来的社会主义就可以批判地继承资本主义的一切肯定成果并实现对其局限性（陈腐的东西）的克服；一种是附属模式，即东方落后的低起点国家如何利用自己原有制度中的"新生的支点"并利用资本主义制度所创造的一切积极成果，率先发动革命并作为导火线将西方资本主义世界的革命引爆，在双方相互补充并在后者的帮助与示范下，有可能不通过卡夫丁峡谷（绕过资本主义制度带来的可怕的波折）缩短向社会主义发展的历程而"达到在保证社会劳动生产力极高度发展的同时又保证每个生产者个人最全面的发展这样一种经济形态"。③ 否则，若不能或达不到利用资本主义的一切积极成果就强行过渡到社会主义，就不能克服资本主义制度的弊病和腐朽的东西，就会造成制度的倒退。其实，笔者不敢苟同这种观点，在社会主义制度及无产阶级政权保护下，难道不能充分利用自己的制度优势来解决生产力历史积累不足的问题吗？为什么非要等待资本主义历史发展到一定阶段才能进行社会主义革命与建设呢？我们不能将马克思当年设想的发展模式教条化，而应像当年列宁那样创造性地运用与发展，否则就不能对中国特色社会主义道路进行科学定位，会产生诸多不必要的误读与误判甚至还会产生怀疑和否定我们

---

① 《马克思恩格斯全集》（第 2 卷），人民出版社 1957 年版，第 104 页。
② 叶险明：《马克思历史认识模式的复杂性及实践解读》，《中国社会科学》2016 年第 4 期，第 4—24 页。
③ 《马克思恩格斯文集》（第 3 卷），人民出版社 2009 年版，第 466 页。

制度优越性的错误认识。

而在论及无产阶级颠覆资本主义社会的历史地位与使命问题时，马克思认为，无产阶级与资产阶级之间的矛盾是资本主义社会的基本矛盾，二者构成了一个矛盾统一体即私有制的保守与无产者的破坏之间的矛盾。离开无产阶级和资产阶级的矛盾运动及两大阶级之间的斗争，仅仅依靠"比工人的意识更强有力的意识"，[①] 是不会导致资本主义的自动灭亡的。换言之，资本主义私有制的被颠覆、被消灭，靠的不是批判者进行意识领域中的观念革命，而是资本主义自身矛盾运动的自酿苦酒——无产阶级的社会革命，是"私有制在自己的经济运动中自己把自己推向灭亡"。[②] 当然，唯有无产阶级发展壮大并不断成熟起来之后，即意识到了自己的历史地位、明确了自己要争取人类解放并最终解放它自己的历史使命之后，它才作为一个先进的社会力量——革命的阶级而完成消灭旧世界建立新世界的历史任务。这实际上就以经济分析和阶级分析相结合的方法，把无产阶级与资产阶级的矛盾运动提高到了推翻资本主义私有制、建立社会主义公有制的高度，认为资本主义的灭亡与社会主义的胜利是一种不可抗拒的客观规律。同时，把无产阶级从自发到自觉的历史转变，视作人类解放和实现自身解放的重要步骤，认为无产阶级只有作为政治上成熟的革命阶级的产生，唯有把人类解放和自身的解放上升到政治斗争的高度，"无产阶级才能发挥自己进行革命冲击的全部威力"，[③] 才能实现人类社会的根本变革、不断推进人类解放并实现人的全面自由的发展。以上分析可见，马克思人学思想一以贯之，并没有出现阿尔都塞所说的什么"认识论断裂"，[④] 虽然此时仍然沿用了费尔巴哈的"类本质"观念，但已对之做了实践理解，不是什么抽象的人类之爱。作为现代人学形态的马克思人的发展理论，之所以拥有"活在今天的过去"的经典意义，就在于它对资本逻辑与现代科技内在联姻的现代性依

---

① 《马克思恩格斯全集》（第 2 卷），人民出版社 1957 年版，第 21 页。
② 《马克思恩格斯全集》（第 2 卷），人民出版社 1957 年版，第 44 页。
③ 《列宁选集》（第 4 卷），人民出版社 2012 年版，第 237 页。
④ 安启念：《阿尔都塞马克思哲学思想"认识论断裂说"批判》，《北京大学学报》2016 年第 1 期，第 18—25 页。

据，进行了有原则高度的实践批判，从而能深入到人的发展的历史性维度中去把握生活的本质和人的发展规律。

第二节　马克思人的全面发展理论的系统展开

一　马克思在《提纲》、《形态》中的论述

在解决人的本质、人的发展问题上，为什么唯物主义思想能够直接成为社会主义和共产主义的财产，为什么能够对人的发展问题作唯物主义的求解，在马克思看来那是因为"并不需要多么敏锐的洞察力就可以看出，唯物主义关于人性本善和人们天资平等，关于经验、习惯、教育的万能，关于外部环境对人的影响，关于工业的重大意义，关于享乐的合理性等等学说，同共产主义和社会主义有着必然的联系"。① 这表明马克思对人的全面发展问题的研究，采取了科学唯物主义的无产阶级立场，摒弃了旧唯物主义的消极因素，也主动地从黑格尔唯心主义抽象人性论的中脱身，从而找到了物质利益这个研究人的发展问题的出发点，共产主义的必要性和不可避免性则在于"既然人的性格是由环境造成的，那就必须使环境成为合乎人性的环境"，这样就必须将实践唯物主义人的发展观，当做无产阶级的人道主义和科学共产主义的逻辑基础加以发展，要求从经济状况和工业状况的不同，去理解古代国家和现代国家的不同，从工商业发展的历史去理解人的发展的历史，从物质利益的基础性作用看待对人的发展的影响。这里，马克思尚没有指出物质生产方式的历史意义及人学价值，还没有从社会物质利益的发展来说明人的全面自由可持续发展的哲学基础，未能归根到底从物质生产活动去说明历史发展和人的发展，未能进一步用社会实践活动来说明人的全面发展及共产主义的历史必然性。可以看到，在前两个阶段，马克思对人的发展问题的理解，陷入了辩证的与唯物的对立的两难情形，唯有将二者内在统一起来才能对人的本质、人的发展问题作出科学解析，才有可能克服以往人的发展理论的各自的局限性，真正合理地说明人类历史的发展和人自身的发

---

① 《马克思恩格斯文集》（第 1 卷），人民出版社 2009 年版，第 334 页。

展。而这是在《关于费尔巴哈的提纲》及《德意志意识形态》中完成的。恰如马克思所说："从前的一切唯物主义（包括费尔巴哈的唯物主义）的主要缺点是：对对象、现实、感性，只是从客体的或者直观的形式去理解，而不是把它们当做感性的人的活动，当做实践去理解，不是从主体方面去理解"。① 马克思科学解读了实践对于人的发展的意义，把实践看做是马克思主义哲学与一切旧哲学区别开来的基本特征，赋予人的发展观以实践本体，或者说把人的发展问题提到了实践的高度予以解决。

黑格尔曾经强调了实践对于人的发展的意义，认为实践高于理论，因为实践不仅具有普遍性的品格而且具有现实性的品格，并因此把人的劳动看做是人类历史发展的动力，但遗憾的是他把劳动仅仅归结为精神活动。"和唯物主义相反，唯心主义却把能动的方面抽象地发展了，当然，唯心主义是不知道现实的、感性的活动本身的"；②费尔巴哈也看到了劳动对于人的发展的意义，认为理论不能给你解决的，实践能够给你解决，但是，"他在《基督教的本质》中仅仅把理论的活动看做是真正人的活动，而对于实践则只是从它的卑污的犹太人的表现形式去理解和确定。因此，他不了解'革命的'、'实践批判的'活动的意义"。③ 只有马克思哲学才第一次科学解读了实践对于人的发展的科学内涵，明确了改造世界的实践活动体现了人的主体性、能动性，对于人的发展具有基础性的决定作用，以此表明：是否以人的实践来理解人与世界的关系、是否以实践来把握人的发展，这是马克思哲学与一切旧哲学的分水岭，科学实践观是理解人的发展观的核心，它既看到了物质世界的客观性，又看到了人的实践活动对物质性世界的能动改造，既看到了人的受动性又看到了人的能动性，人是环境的产物但是环境又是由人来改变的。"环境的改变和人的活动或自我改变的一致，只能被看做是并合理地理解为革命的实践"。④

可见，马克思科学实践观是人的全面发展学说的立足点与关键

---

① 《马克思恩格斯选集》（第1卷），人民出版社2012年版，第133页。
② 《马克思恩格斯选集》（第1卷），人民出版社2012年版，第133页。
③ 《马克思恩格斯选集》（第1卷），人民出版社2012年版，第133页。
④ 《马克思恩格斯选集》（第1卷），人民出版社2012年版，第134页。

点，它不仅实现了对人的全面发展问题考察方式的根本变革，而且也是马克思人学思想获得重大历史突破的关键一环。在《关于费尔巴哈的提纲》中，马克思还把实践视作理解人的本质和社会的本质的关键环节。费尔巴哈人本学认为，人和作为人的基础的自然，是把握人的发展的唯一出发点，但是这种"人"不是在现实性、社会性的活动中存在的人，而是抽象的纯粹生物学意义上的人，而人的本质就是每个人所共有的基本属性，人的发展就是向着自然的靠拢，就是对自然界的本能性的复归。费尔巴哈也看到了自我异化和世界的二重化，但是他不能从这个世界本身的自我分裂和自我矛盾来说明，更不能在实践中使之发生革命，而是将人生存与发展的世俗基础固定化、独立化、永恒化，不了解革命性实践活动对人的社会积极的改造意义。离开人的改造世界的实践、离开人的社会关系，把人的本质归结为抽象性、永恒性的类本质，把人的发展理解为普遍人性的自我完善及终极关怀，这样就把宗教的本质归结为人的本质，把人的现实性的发展归结为远离实践活动的大写的"人"的发展，不懂得"人的本质不是单个人所固有的抽象物，在其现实性上，它是一切社会关系的总和"。①

　　同样，费尔巴哈也不懂得人是社会性的人，人类社会的发展也离不开实践活动，社会历史也是人的实践的能动创造，实践的社会存在区别于自然存在，正是在实践中自然对人的生成，唯有从实践出发来理解社会生活的本质，实践是人的自然存在、自发存在与社会存在、自觉存在分化与整合的基础，唯有真正理解了全部社会生活的实践性本质，才能真正把握人的全面自由发展的思想真谛，才能把人类社会的发展看做是一个自然历史的过程、一个合目的与合规律相统一的过程。旧唯物主义立足点是市民社会，因离开实践抽象地谈人的综合本质和全面发展，它至多也只能直观单个人的畸形发展和市民社会的单向度发展，而新唯物主义的立足点则是社会化了的人类，它不仅要解释世界更要积极的改变世界，使现存的感性世界发生革命性的改造，使之为人而存在、为人而发展。这种思想的提出，就将马克思实践人

① 《马克思恩格斯选集》（第 1 卷），人民出版社 2012 年版，第 135 页。

学与旧哲学严格区别开来了，就为世界观的产生做了纲领性的准备。

在《德意志意识形态》中，马克思首先批判了施蒂纳的极端个人主义和无政府主义，反对将人视作纯粹的利己主义者，反对将人的发展视作无拘无束的我行我素。在施蒂纳看来，我就是我的一切，这个我就是唯一者，整个世界不过是我的产物，我就是世界的中心，是世界发展的唯一动力，我就是世界发展的历史本身，我不受任何约束，我是万物的主宰与尺度，世界的发展其实就是我的发展，我对世界只有权利而没有义务，只能承认我在发展而不能承认他人、他物的发展。故而，他主张一种极端利己主义，试图建立专属于人的、无政府主义的、绝对自由的理想制度即利己主义联盟。马克思认为，施蒂纳也强调要摆脱现存的东西，摆脱一切不利于自己发展的各种障碍，但他不是诉诸实践，不是在实践中并随着实践的改变来营造有利于自己发展的一切，相反，而是直接不加改变地力图据为己有。还批判了真正的社会主义者，认为它是一种伪科学。因为，它主张把费尔巴哈的人本学与社会主义结合起来，宣传一种符合人的本质的解放全人类的和平幻想，反对无产阶级的共产主义运动，只要依靠一些有教养的人和知识分子建立一种爱的宗教，用纯粹和平的手段就能彻底改造资本主义，使之成为最符合人类发展要求、最符合人类本性的社会制度，渴望用资产阶级的人道主义代替共产主义。

还深入批判了费尔巴哈人本学唯物主义，着重揭示了其历史观上的唯心主义实质。在马克思看来，抽象的类本质实际上是不存在的，因为人都是社会性的人，人的本质不是由活动的对象决定的，而是取决于他的物质生活条件，人与人之间最本质的关系不是爱和友情，而是在生产过程中所结成的生产关系，资本主义异化劳动走向了人的本质的反面，唯有通过社会革命才能改变现存的不合理世界，实现人的真正全面的发展，复归人的完全的本质。在马恩合写的《德意志意识形态》中他们强调，要从现实的人的活动——社会实践——出发，来理解人的全面发展与社会的全面发展相统一的问题，认为这样的人，是通过自己活动来确证自己主体地位的人，是积极地通过生产改变世界的现实的人，他不用依据任何非自身的社会因素就能够通过自己的能动性的实践来实现全面自由的发展。这种基于实践而为了实现自己全面发展的主体性的人，不再是唯心主义所理解的那种纯粹能动性的抽象人，也不是旧唯物主义者所理解的那种纯粹受动性的生物人，人的活动是能动与受动的统一，是受动性制约中的能动，是能动地改变自己受动性的活动，是对其受动性条件的能动改造，正是在这种物质性的生产活动中人获得了人的本质、人获得了全面发展的内涵。

当然，马克思看到了实践活动是主客体相互作用、相互规定的历史活动。前者构成生产力、后者构成生产关系，二者的结合形成生产方式。而作为其相互联结之中介形式的就是分工，它既是生产力发展的结果又是生产力发展的条件。资本主义大工业首次开创了世界历史，使整个世界获得了一体化的发展，它创造了大量的生产力，私有制对于它的发展来说成为了一种限制，导致一种片面的生产力的发展。唯有通过无产阶级革命及共产主义运动，才能打破这种桎梏促使社会生产力得到全面生产和社会关系的全面发展，在共同体中获得个人全面发展的真正自由，这必然将人的发展问题的解决置于现实性的基础之上，从而获得科学的论证，在真正的共同体的条件下，各个人在自己的联合体中并通过这种联合体获得自己的自由。

马克思在《德意志意识形态》中进一步分析说，对人的全面发展的考察必须从"有生命的个人的存在"出发，从其实际生活过程出发，从分析其"用以生产自己的生活资料的方式"① 即生产方式入手。人是什么样的，这与其生产什么及怎样生产是内在统一的，人所从事的物质生产及生产方式如何，决定了人能否实现及在何种程度实现全面发展。"现实中的个人"以一定方式从事生产活动，势必结成以生产关系为基础的一定的社会关系并反过来又受制于自己创造的各种关系。人所获得的发展程度显然取决于自己的物质生产及其社会交往发展的程度，取决于人们改变自己的社会现实的广度与深度。人在发展和改变生产力及其交往关系的同时，也使人自身获得了发展和改变；人现实的真正的解放，不是从"反对'词句'而斗争"的观念革命中实现的，而是在现实世界中并使用现实手段而实现的；人的解放是一种现实性的历史变革活动，而非纯粹的思想活动过程，人的解

---

① 《马克思恩格斯选集》（第 1 卷），人民出版社 2012 年版，第 147 页。

放程度是由历史的现实关系、由工商业及其交往形式发展的情况决定的,而不是由"自我意识"、"类"、"唯一者"等抽象观念决定的;唯有使现存的生活世界发生革命性变化,并用社会革命活动颠覆旧社会的一切,才能确保人的解放的真正实现与人的发展全面自由可持续。相比之下,费尔巴哈没有也不可能真正理解人的解放与人的发展,因为他不是从人的实际生活过程及其物质交往状况出发的,相反,而是从感性世界及其抽象性的人出发的。他所理解的人及其社会关系是"理想化了的爱与友情",他没有看到"他周围的感性世界决不是某种开天辟地以来就直接存在的、始终如一的东西,而是工业和社会状况的产物",是人们世世代代劳动的结果;他也没有看到正是人的感性的生产活动才是现实世界存在与发展的基础,每一代人都立足于前人所奠定的物质基础,继续发展前一代人的工业与交往,随着人的生产活动及其交往的发展,人也从根本上改变着自己的生产与生活的交往方式及其社会制度,从而也实现了人自身的真正解放和全面发展。

人们的一定的生产方式与其一定的共同活动方式相联系,在共同的物质生产活动中所结成了共同的社会关系,这种共同活动及其方式本身就是社会的生产力及其交往关系。一方面,这种关系是一种为我性的即"为我自身而存在的"现实的社会关系,人的全面发展根本不能离开这种现实性的关系。另一方面,人又受制于这种关系,人的"自由存在"总是"同现存的生产方式相矛盾",人的生活及生产方式"就在这些束缚和界限的范围内运动着"。① 而这是由社会分工的发展状况决定的,分工使得人的特殊利益与社会的共同利益相矛盾,也使阶级及其相互争斗得以发生。每一个力图获得统治地位的阶级,都要通过发动社会革命夺取政权,从而把自己阶级的特殊利益说成是广大人民群众的普遍利益,并以国家形式借以维护这种虚幻的普遍利益,这样才使得自己进行的任何干涉和政治约束名正言顺,也自然使人的全面发展受制于这种异在的政治形式。只要社会还存在分裂还有利益之争,只要社会分工还不是出于自觉自愿,人的活动就不能成为

① 《马克思恩格斯选集》(第 1 卷),人民出版社 2012 年版,第 163 页。

确证和完善自己本质力量的活动，相反，而成为了一种异己的即与自己相对立的力量，这种异己的力量支配着人而不是相反，人只能在特殊的范围内活动，社会的固化也使之只能得到片面的甚至畸形的发展。唯有在共产主义社会里，人人都可基于自己的兴趣而自由选择自己的活动，"今天干这事，明天干那事，上午打猎，下午捕鱼，傍晚从事畜牧，晚饭后从事批判"，①而人终于可以作为人而存在，而不再仅仅作为某种人而存在。另外，使无产阶级的存在与"世界历史意义"相联系，即实现世界历史性的生产与交往，以克服地域性共产主义的各种限制和极端贫困的普遍化。共产主义要以世界历史的普遍生产与交往为基础，它不是应当确立的状况或者某种乌托邦性的理想，而"是那种消灭现存状况的现实的运动"。但是，唯有消灭私有制，消灭资本对人的剥夺，消灭旧式分工对人的限制，"对生产实现共产主义的调节"，才能真正摆脱异化与隔绝，"使交换、生产及他们发生的相互关系的方式重新受自己支配"，从而获得真正解放与全面自由发展。

在资本主义私有制下，个人的解放与全面发展，取决于历史向世界历史的转变。随着单个人的活动逐步扩大为世界历史性的活动，人也越来越受制于这种世界市场的异己性力量，这完全是一种物质的、可验证的经验事实。唯有以共产主义制度取缔这种现在制度，消灭私有制及其日益扩大的世界市场的外在支配力量，人在现实关系中的丰富性及其在精神上的现实丰富性，"各个人的全面的依存关系"及其"世界历史性的共同活动"才有可能获得全面发展，"单个人才能摆脱种种民族局限和地域局限而同整个世界的生产（也同精神生产）发生实际联系，才能获得利用全球的这种全面的生产（人们的创造）的能力"。②可见，资本主义大工业消灭了各个民族的闭关自守状态，首次开创了世界历史的文明进程，并使每个文明国家及这些国家中的每一个人的需要的满足都依赖于整个世界，使人的一切都从属于资本化运动或商品货币关系。大工业造就了大量的生产力，并使之与私有

---

① 《马克思恩格斯选集》（第1卷），人民出版社2012年版，第165页。
② 《马克思恩格斯选集》（第1卷），人民出版社2012年版，第169页。

制形成严重对抗，私有制成为生产力进一步发展的桎梏。在私有制下，不仅生产力只能获得片面发展和有限运用，而且，对大多数人来说，生产力的发展不是自己的肯定力量而是否定力量。生产力与生产方式的这种矛盾，只有通过联合起来的无产阶级革命才能获得真正解决。人是隶属于特定阶级的，人的发展也是由阶级决定的，只有通过无产阶级消灭私有制、消灭异化劳动才能实现人的全面发展。在私有制下，社会的发展与人的发展是相背离的，资本家的资本力量的积聚与发展，只是从抽象的意义上使"人"这个类得到了发展，资本主义社会的全面发展并不直接意味着个人的全面发展，若认为资本家"这些个人发展了人"，这是对人的全面发展的最大误解，也是对历史的最大嘲讽。因为，在私有制下，个人的力量由于分工而"转化为物的力量"，唯有消灭分工才能重新驾驭这种力量。唯有在真正的共同体中，"个人才能获得全面发展其才能的手段"，把实现真正的自由全面发展，若在国家这样的虚假共同体中，只能成为个人全面自由发展的新的桎梏。在私有制下，有个性的个人是作为阶级中的个人出现的，在资本与雇佣劳动中的个人，看似更自由一些，实际上更加的不自由，因为他们更加的受制于物的力量，甚至被异化为物。的确，资产阶级也追求过挣脱阶级枷锁的人的解放，但那是在等级制度范围内的斗争，"不是作为一个阶级解放出来的"。无产阶级要实现自由个性的全面发展和个人自由，就必须消灭社会的生存条件即分工和私有制。唯有当无产者不是作为个人而是作为阶级的成员并处于这种共同体中，通过普遍的阶级联合和革命行动，才能以自主活动占有社会生产力总和，并使得为实现这种占有所必需的人的"才能总和"获得充分发展，唯此，社会发展与人的全面发展才获得真正统一，物质生产与人的自主活动获得一致，每个人才能发展成"完全的个人"。①

二 马克思在《共产党宣言》中的分析

作为实践的唯物主义，马克思主义哲学在研究人的发展问题时，公开表明自己的阶级立场、阶级实质，它不像唯心主义者那样只是在

---

① 《马克思恩格斯选集》（第 1 卷），人民出版社 2012 年版，第 210 页。

抽象的理论中空喊"改变世界"的口号，而是将自己的理论诉诸社会实践，交给最先进的阶级——无产阶级去完成现实的革命，把实现人的全面自由可持续的协调发展作为自己的永恒主题。在《共产党宣言》中马克思对这一主题的确立，表明了马克思主义人学的最鲜明特质即阶级性，公开表明自己是为无产阶级服务的、是为全人类的解放事业服务的。这种通过无产阶级革命所实现的"革命性的解放"，根本不同于资产阶级革命所实现的"政治意义的解放"。资产阶级的所谓政治解放只是在法律的名义上要求实现人人平等，认为"人民的每一成员都是人民主权的平等享有者"，[①] 每个公民在政治上、法律上都是平等的。这显然只是一种抽象意义上的、很有限、很不彻底的解放，它对人所实现的发展也是一种片面的发展。虽然它在一定意义上解除了人对人的依赖性，人身依附关系在政治的解放中有所松动，对人保障了在形式上的平等，但是，由于这种抽象意义上的解放根本没有触动资本主义的私有制，并以一种新的奴役方式——资本奴役，强化了人对私有财产的依附关系，以经济上的平等交换原则作掩护，掩盖了资本主义社会中人对人剥削、人对人压迫的阶级本质，因而它对人实现的平等、发展与解放都是有限的、不彻底的，不可能实现那种真正意义上的平等自由与全面发展，它所实现的人的解放只是一部分人——资产者的解放，而非所有人的彻底解放，更不是无产阶级的解放。所以，马克思说，资产阶级革命所实现的"政治解放本身并不就是人的解放"，[②] 唯有从资产阶级所开展的这种抽象而片面的政治解放、形式平等，进展到人类社会的彻底解放与实质平等，才能使每一个人都能从旧社会的全部奴役中解放出来，在广大人民共同占有社会物质生产资料和社会财富的情情形之下，实现人类解放与无产阶级解放、社会劳动与个人劳动、社会发展与个人发展的统一。马克思人学思想的立足点与旧哲学根本不同，它不是立足于资产阶级的"市民"社会及其抽象意义上的政治解放，不是要求在等价交换中实现什么形式上的平等，不是在自由贸易中实现什么公正的发展，而认为抽象的

---

① 《马克思恩格斯全集》（第 3 卷），人民出版社 2002 年版，第 172 页。
② 《马克思恩格斯全集》（第 3 卷），人民出版社 2002 年版，第 180 页。

个人及其解放不是在资本名义下的解放，而是社会发展的产物，必然具有一定的社会形式并通过社会解放来完成；而且认为"全部社会生活在本质上是实践的"，"新唯物主义的立足点则是人类社会或社会化的人类"，它不再一味地用不同方式去"解释世界"而是毅然决然地要求"改变世界"，① 并将社会意义上的根本变革与全人类的彻底解放都诉诸无产阶级的革命行动，通过彻底铲除资本主义社会的经济政治基础，来最终实现人人公正自由的全面发展。

这在资本主义社会里尤其明显，资本主义经济发展的每一步都有其政治上的发展，资产阶级本身也是生产方式和交换方式历史发展的产物，"资产阶级在这种发展的每一阶段，都伴随着相应的政治上的进展"，② 资产阶级在经济上占统治地位必然也要求在政治上占统治地位。实际情况就是如此，随着工场手工业对封建行会生产方式的取代，它就日益成为与旧封建势力相对抗的一种政治力量，进而，随着机器大生产的普遍采用和对世界市场的不断开拓，资产阶级逐渐在议会民主制的斗争中夺取了独立的政治统治，现代国家政权及其法律等等的一切政治统治机构，实质上"不过是管理整个资产阶级的共同事务的委员会罢了"，③ 资产阶级的政治统治执行的不过是资本增值的职能，它所实现的社会发展不是全体社会成员的发展，其实不过是资产阶级利益的根本实现，是有钱人的全面发展，资本主义国家政权、法律制度在本质上维护的是资产阶级的根本利益，它所诉求的政治解放也是一部分的解放，广大人民群众没有也不可能在这种政治解放中获得自由全面的发展。所以，马克思说，"劳动阶级解放的条件就是消灭一切阶级"，只有在消灭一切阶级对立和差别的无阶级社会中，才能建立自由人联合体，才能取缔原来市民社会意义上的政治和政权，在没有阶级对抗的社会中，"社会进化将不再是政治革命"，④ 才能实现真正的人人平等和自由全面发展。而在这以前的一切社会里，阶级对抗及阶级斗争不可避免，而阶级斗争的最高表现就是全面革

---

① 《马克思恩格斯选集》（第 1 卷），人民出版社 2012 年版，第 135—136 页。
② 《马克思恩格斯选集》（第 1 卷），人民出版社 2012 年版，第 402 页。
③ 《马克思恩格斯选集》（第 1 卷），人民出版社 2012 年版，第 402 页。
④ 《马克思恩格斯选集》（第 1 卷），人民出版社 2012 年版，第 275 页。

命，唯此才能超越政治解放的狭隘视界，实现人类社会的全面进步和人的全面发展。

马克思在《共产党宣言》中指出，社会的发展及人的发展都根源于一个社会的最基本的矛盾运动，现代资产阶级及其市民社会也是这一矛盾的历史产物，它是在封建社会中生成的，又是在打破封建桎梏中获得发展的，这在历史上曾经起到了"非常革命的作用"：推动了生产力的快速发展，积累了庞大的为实现人的全面发展所需的各种物质基础；变革了生产方式及生产关系，使人从封建依附关系变成了物的依附关系，一切都服从于资本增值的需要，人们之间的各种社会关系日益简单化了，变成了赤裸裸的金钱关系，人的发展实际上表现为资本的不断扩大；打破了封建等级制度却建立了资本等级体系，以抽象的政治平等代替了真实意义的自由平等，"把一切封建的、宗法的和田园诗般的关系都破坏了"，① 代之而起的是资本主义的利益关系，人不能获得全面意义上的发展，只能资本的人格化得到片面意义上的畸形发展，甚至把人的都资本化了，社会的一切都金钱化了，物的繁荣发展和自由贸易代替了人与人之间的公平发展，用商品货币关系代替了一切社会关系，用宗教幻想或政治幻想的所谓自由、平等与博爱代替了人的真正发展；促进了民族国家的出现和世界历史的形成，它使得一切生产要素从分散实现了集中，生产集中、资本积聚必然产生政治的集中，原来各自独立的、有着不同利益的法律、政府都不断实现了统一，资本的对外输出也打破了落后民族和国家封闭的大门，把全部民族都卷到现代文明中了，并迫使所有民族都采取资本主义的生产方式，资本在全球的扩展实现了统一的民族国家，物质的生产是这样，精神的生产也是这样，统一的世界文学也会产生。民族史向世界史的转变，对人的发展来说意义也很大，它不断生产出普遍性、全面性的人的需要，也不断生成与实现着这种需要，换言之，资本主义生产的全面性、全球化为实现人的全面发展创造了先决条件。

当然，资本主义的生产关系毕竟太狭隘了，在其迅猛发展中也将变成生产力进一步发展的严重桎梏，其导致的周期性的经济危机造成

---

① 《马克思恩格斯选集》（第1卷），人民出版社2012年版，第402—403页。

了生产力的巨大破坏，"资产阶级用来推翻封建制度的武器，现在却对准资产阶级自己了"。① 资本主义社会的基本矛盾运动必然导致无产阶级革命，推翻资本主义制度建立共产主义的制度，"资产阶级的灭亡和无产阶级的胜利同样是不可避免的"。② 马克思认为，无产阶级既是推翻资本主义统治的掘墓人，也是实现人类解放和人的全面发展的物质力量。虽然全部历史（人类进入文明史以来）都是阶级斗争的历史，但阶级斗争在不同时代对人的发展具有不同的意义。在资本主义以前，阶级斗争的结局往往是革命阶级与统治阶级同归于尽，不能取得人剥削人的旧制度，只能在形式上有所变化，人的发展问题不能达到根本解决。在资本主义社会阶级斗争不同了，无产阶级反对资产阶级的斗争具有了崭新的特点，它不再是为极少数人谋利益的斗争，而是为广大人民群众谋福利的社会运动，无产阶级要求消灭全部私有制的制度基础，要求整个社会的统治机构统统炸毁，使每一个人都抬起头来、挺起胸来，获得全社会和人的全面发展。在《共产党宣言》中，马克思分析了无产阶级是随着现代大工业一步步发展起来的，它在资本主义全面发展的现代社会里，没有获得同样的全面发展，相反，而是被剥夺了作为社会成员的资格与权利，是"一个被戴上彻底的锁链的阶级"，是一个被置于社会最底层的、只能被资本不断蚕食其灵与肉的被压迫阶级，只能为适应资本增值的需要而获得片面的、异己性的畸形发展，它若"不从其他一切社会领域解放出来并同时解放其他一切社会领域，就不能解放自己的领域"，③ 在旧社会的各个领域，完全表现的是人的本性与能力的全面丧失，它只有通过颠覆不合理的社会基础才能实现人的本质、关系和能力的全面恢复。可见，无产阶级具有最彻底、最激进的革命愿望，它只有解放全人类才能最后解放它自己，它的庄严的历史使命不是消灭某一个特殊的社会阶级，而是要消灭一切阶级和阶级对立本身。在《共产党宣言》中，马克思还分析了无产阶级革命对实现人的全面发展的历史意义。

---

① 《马克思恩格斯选集》（第1卷），人民出版社2012年版，第406页。
② 《马克思恩格斯选集》（第1卷），人民出版社2012年版，第413页。
③ 《马克思恩格斯全集》（第1卷），人民出版社1956年版，第466页。

在他看来，无产阶级革命的第一步就是要夺取政权、争得民主，然后利用自己的政治统治尽可能增加生产力的总量，为实现人的全面发展创造一切必要条件；但，无产阶级建立自己的统治并不是要实现这种统治的永恒化，而是要借助这种统治消灭一切阶级并进入无阶级的共产主义社会，代替那阶级对立和阶级统治的将是一个能够实现人的全面自由发展的崭新社会，将会产生真正意义上的自由人联合体，"在那里，每个人的自由发展是一切人的自由发展的条件"。①

三　马克思在《资本论》中的整体剖解

在此，马克思对此前形成的关于人的全面发展理论进行了全面的科学验证和深入描述，进一步丰富发展了这一理论。在《资本论》中马克思不像唯心主义者那样，把社会的发展和人的发展视作由某种精神或者意识决定的，人的全面发展实际上是纯粹思想自我发展的一个具体环节，将人的发展归结为精神的自我发展；也不像庸俗的自然主义者那样，把人的发展看成是纯粹自然的发展，抹煞了人与自然的本质区分。相反，而是将社会的全面发展归结为社会关系的普遍发展，又将生产关系的发展归结为生产力的充分发展，并从社会关系的生产与再生产中引出了资本主义必然灭亡的历史结论，从社会历史形态的演进中引出了人的全面发展问题，从而证明了人的全面发展是一个不以人的意志为转移的自然历史过程。

马克思从生产力与生产关系及其相互关系的论证中分析了人的全面发展问题。在马克思看来，资本主义生产关系是历史发展的必然产物，它对社会发展和人的发展曾经起到了巨大的历史作用，不仅生产了全面发展的现代社会，而且也生产出了全面发展的人。因为，以资本为基础的生产，它追求剩余价值的最大化，这种唯利是图的一切努力，全面扩大了资本生产和流通的范围，使原来所有的旧生产部门和旧的分工都成为了为实现资本增值而进行的生产；资本的生产与再生产，也使资本主义生产关系和社会制度获得全面确立；人支配与改造自然，使物为人存在与发展的能力发挥到极点，使自然界对人的有用

---

① 《马克思恩格斯选集》（第1卷），人民出版社2012年版，第422页。

性全面揭示出来，从一切方面去探索自然人化的可能性，这样自然科学的发展也达到了它的极致；资本生产也在最大意义上发现、创造和满足着社会产生的新的需要，培养并激发出了人的全面发展中的一切社会属性和全面需要，并且把社会中的人"作为具有尽可能丰富的属性和联系的人，因而具有尽可能广泛需要的人生产出来"；① 资本主义关系下的人也要获得全面的发展，这也是资本主义生产进行的一个必备条件。因为，资本主义社会中的人，必须是高度文明的人（满足资本增值需要的），他们的现代需要及享受能力也必须相应地被培养起来，唯有作为"尽可能完整的和全面的社会产品"得以生产出来，才能满足资本主义不断扩大的社会生产的需要。以资本为基础的现代生产，创造出了普遍化的社会生产及其生产的、需要的现代社会体系，也创造出了"一个普遍利用自然属性和人的属性的体系，创造出一个普遍有用性的体系"，换言之，在资本统治的一切生产和交换关系中，一切神圣性的外衣都被无情地剥去，甚至一切科学也都成为了这种普遍有用性关系的体现者，没有什么东西具有更高的合理性与崇高性，一切皆被资本同化了，社会的人及人的社会当然也随着资本的普遍化、全面化而形成了资产阶级社会，正是这种社会创造了人对自然界和社会联系本身的普遍占有。"由此产生了资本的伟大的文明作用；它创造了这样一个社会阶段，与这个社会阶段相比，一切以前的社会阶段都只表现为人类的地方性发展和对自然的崇拜"。② 并解释说，在资本主义制度下，对剩余价值的追求，使自然界成为人一味索取的对象，渴望一切都成为有用之物，盲目地使自然服从人的需要，人与物的关系全面资本化了。而且，资本按照自己发展的趋势，既要克服狭隘的民族界限和民族偏见，又要克服自然经济中闭关自守的生产关系及生活方式，"资本破坏这一切并使之不断革命化，摧毁一切阻碍发展生产力、扩大需要、使生产多样化、利用和交换自然力量和精神力量的限制"。③ 随着资本主义基本矛盾、阶级矛盾的日益

①《马克思恩格斯选集》（第2卷），人民出版社2012年版，第715页。
②《马克思恩格斯选集》（第2卷），人民出版社2012年版，第715页。
③《马克思恩格斯选集》（第2卷），人民出版社2012年版，第716页。

尖锐，社会的全面发展反而成为了人的全面发展的桎梏，唯有炸毁这个外壳，剥夺剥夺者，才能为实现人的全面发展创造条件。而资本生产的发展，不仅创造了置资本主义于死地的物质条件，而且还培育了埋葬资本主义的现代掘墓人——强大的无产阶级。可见，共产主义及其人的全面发展的愿望，不是纯粹的乌托邦幻想，而是马克思依据从资本主义历史发展的逻辑中得出的科学结论，"是从资本主义中产生出来的，它是历史地从资本主义中发展出来的，它是资本主义所产生的那种社会力量发生作用的结果"，① 共产主义下的人的全面发展完全是一种历史的必然趋势。

马克思还从经济基础与上层建筑、社会存在与社会意识的关系入手论证了人的全面发展的问题。在列宁看来，马克思不仅从生产力、生产关系的发展出发来分析人的全面发展问题，而且还从与生产关系相适应的上层建筑的角度分析这一问题，"但又随时随地探究与这种生产关系相适应的上层建筑，使骨骼有血有肉"，② 使资本主义社会下的人的发展问题呈现出活生生的形态，既有生产力、生产关系的制约，又有上层建筑方面的、资产阶级思想方面的严重桎梏。马克思分析说，资产阶级意识形态表现的是资产阶级的利益诉求，它的基本职能就是直接参与社会生活，从意识领域并以精神生产的方式巩固资本生产关系与制度，其宣扬的天赋人权、自由、平等、博爱实际上是对资产阶级来说的，是掩饰资本剥削、压迫人民的遮羞布而已，不是对人民群众的平等自由，而是对抽象人的崇拜，实质上是对资本拜物教和最卑鄙的人生观的一种美化。资本家根本不关心工人们的健康与寿命，因过度劳动的折磨会造成他们的体力与智力的衰退乃至夭折，资本家根本不会因此而感到烦恼，因为工人们的痛苦能够增加资本的累积和资本家的快乐。这是资本的本性使然，"人们为体力和智力的衰退、夭折、过度劳动的折磨而愤愤不平，资本却回答说：既然这种痛苦会增加我们的快乐（利润），我们又何必为此苦恼呢？不过总的说

① 《列宁全集》（第 31 卷），人民出版社 1985 年版，第 81 页。
② 《列宁全集》（第 1 卷），人民出版社 1984 年版，第 111 页。

来，这也并不取决于个别资本家的善意或恶意"，① 自由竞争这一外在的强制规律使每一个资本家都成为毫无血性的资本化的人，他们只关心增加更多的剩余价值，至于每个人能否得到平等自由的全面发展，这对资本家来说没有任何实际意义。同样，资本主义的法权关系、国家权力等等，实际上也是资本力量、资本关系的抽象表达，是资本主义生产关系的政治外壳和表现形式而已，它捍卫的不是一切人而是有钱人的全面发展、自由平等。在资本主义社会发生的各种拜物教和其他各种虚幻的思想观念，实际上都根源于资本主义不合理的生产关系而产生的，其实质是把人的劳动中获得的全面性、社会性表现为商品的特性，把生产劳动中形成的社会关系表现为处于他们之外的物与物的关系，或者是把资本主义生产关系予以美化、永恒化。可见，各种拜物教及其他各种虚假观念，实际上是对颠倒的社会现实的颠倒的反映，而不是对人的全面发展实际诉求的反映。相反，它恰恰掩盖了或者说误导了人们对真正全面发展的利益诉求，在各种情况下，都充当了参与资本的力量来对人进行的全面压制，成为巩固资本剥削制度的一种帮凶。唯有铲除产生虚幻幸福期许、颠倒的世界观的资本主义的制度基础，这些颠倒的思想表达才能被彻底铲除。马克思还以唯物史观为理论基础从社会基本矛盾关系出发，揭示了人类社会发展的三种形态及历史发展的基本规律，人的全面发展和自由个性的全面实现的历史必然性问题。马克思认为在共产主义社会社会发展与人的发展高度一致、个人的劳动作为社会劳动的一部分而存在，人类全部力量的全面发展成为目的本身。而要使人的自由个性获得全面发展，人的能力与素质的全面发展就要同时达到相当高的程度，这只有以资本主义的普遍生产及其全面异化为物质基础，但又要超越这个阶段，在全社会共同占有生产资料的社会中，在人与社会的发展高度一致的情况下，真正"产生出个人关系和个人能力的普遍性和全面性"，② 为人的全面发展创造了自由时间与发展空间。马克思在《资本论》中以实践的把握方式全方位地揭示了人的全面发展的历史过程

---

① 《马克思恩格斯文集》（第5卷），人民出版社2009年版，第311—312页。

② 《马克思恩格斯文集》（第8卷），人民出版社2009年版，第56页。

与历史形态，为深入考察马克思人的全面协调可持续发展的内在关系提供了一个全新的理论视域与实践基础。

马克思在分析人的全面发展的历史过程时，始终把以下序列视作同步进行的过程：在人的发展形态上依次经过了"人为人役"—"人为物役"—自由个性的三个发展阶段，在经济发展形式上依次经过了自然经济—商品经济—产品经济三种发展形式，在社会生活组织形式上依次经过了自然共同体—经济政治共同体—自由人联合体三种形式，在所有制形式上则依次经过了小私有制—资本主义私有制—共产主义公有制三种形式。揭示出这种从低级走向高级、从无序走向有序、从必然走向自由的历史过程，就全方位地阐明了人类社会发展的一般趋势与规律。在这种对人的发展作自然历史过程的考察中，马克思虽然主要着眼于对人的发展状况的分析，但并没有远离社会形态及其所有制的考察，而恰恰是以此为基础的。在马克思看来，在协作和对土地及靠劳动本身生产的生产资料的共同占有的基础上，"重新建立个人所有制"。① 这种"个人所有制"不是回到原来个人的私有制，也不是传统意义上的集体或全民占有，而是一个更高的发展阶段，是能够确保实现自由个性和全面自由发展的占有形式，是自由人联合体的直接占有——一种体现公共价值的自由安排。②

第三节　马克思人的全面发展理论的创新发展

一　列宁对人的全面发展理论的丰富发展

早在俄国革命时期，作为伟大的马克思主义理论家、实践家的列宁，就曾经在传播、运用马克思主义人学理论批判各种错误思想的过程中，捍卫、丰富并发展了马克思的人的全面发展理论。他善于结合自己对马克思主义人学理论的创新理解并诉诸领导俄国人民进行革命的政治实践，创造性地把马克思人的全面发展理论的立场、观点和方

---

① 《马克思恩格斯全集》（第 32 卷），人民出版社 1974 年版，第 684 页。
② 周世兴：《个人的历史与历史的个人——马克思个人理论研究》，人民出版社 2013 年版，第 169 页。

法与俄国革命的具体实际相结合，捍卫并拓展了马克思人学思想的意义视界，使之在逐步俄国化的过程中发展到了列宁主义阶段，从各个方面丰富发展了马克思人的全面发展理论。针对当时俄国以米海洛夫斯基为首的民粹主义在人学思想上的错误观点，列宁明确指出他们宣扬的都是资产阶级唯心主义的人性论，完全背离了马克思的唯物史观及其人的全面发展思想。俄国的民粹主义者认为，研究人的发展的问题应该"把'一般社会'当作自己的研究对象"，应该围绕"'一般社会是什么，一般社会的目的和实质是什么'这一类的问题"① 展开分析，进而弄清楚"一般社会"中永恒不变的人性是什么，这样才能寻找到实现人的全面发展的各种一般性的因素与条件。譬如，米海洛夫斯基认为，"社会关系不是随着生产力的变化而变化，而是由于人的本性的需要才发生变化"的，② 相反，列宁指出马克思的唯物主义人学与之截然不同，在历史上活动的人，在本质上不过是处于各种社会联系中进行历史创造活动的个人，这些人所结成的社会关系无论其形式如何，都是其物质生产及其交互活动的产物，研究人的本质及人的发展问题，不能离开这些社会关系，而应该从这些人的社会联系的总和及其变化中去发现，说到底，是生产力决定着社会关系及其人性的变化，而不是人性决定生产力及其社会关系的改变。可见，俄国民粹主义的人学思想纯粹是主观的、唯心主义的，其关于人的发展的理论"不过是历史上英雄史观和抽象人性论的混合物"。③ 因为，在民粹主义者那里，根本不存在什么客观的人学，一种"主观社会学"即研究人的发展的科学的根本任务，不是去探寻什么客观的历史发展规律，也不是去考察什么人民群众的盲目活动及其阶级激情，而是为了"阐明那些使人的本性的这种或那种需要得到满足的社会条件"，④ 唯有在各个方面具备了这些抽象人性发展的条件，才能够确保实现人

---

① 本书编写组：《马克思主义历史理论经典著作导读》，人民出版社 2013 年版，第195 页。

② ［苏联］马拉霍夫：《唯物辩证法》（第四卷 社会发展的辩证法），单志澄、胡慧琴译，东方出版社 1988 年版，第 211 页。

③ 黄楠森：《马克思主义哲学史》，高等教育出版社 1998 年版，第 158 页。

④ 《列宁选集》（第 1 卷），人民出版社 2012 年版，第 5 页。

的全面自由发展。在他们看来，真正推动历史前进和社会发展的不是群氓的喧嚣或阶级的争斗，而是少数杰出人物的历史性活动，叱咤风云的杰出人物体现并充当着历史理性的精神指引，活跃在历史的前台，在政治经济文化上都掌握着生杀予夺的权力，高高在上而且随心所欲地主宰着历史的变迁，从而能够在历史事件与社会发展中留下独特印记，是决定历史发展和人的发展进程的最终动因。而人民群众不过是消极的、被动的、非历史的群氓，其在历史上的作用往往是被遮蔽、被忽视的，他们只是杰出人物的盲目追随者，是一连串的零和任人雕刻的石块。而在列宁看来，只有把社会关系归结于生产关系，把生产关系归结于生产力的水平，才能有可靠的根据"把社会形态的发展理解为一种自然历史过程"，① 也只有从群众史观和人民群众是历史创造者思想出发，才能真正说明人的全面发展的社会历史条件。的确，米海洛夫斯基关于历史发展和人的发展必然性的抽象说教并非都是乏味的，他至少暴露了其唯心主义人性论的"真正的思想行囊"。在人的发展问题上，承认社会存在决定社会意识这个前提，承认人民群众创造历史的主体作用，并没有否定个人在历史发展中的作用，相反，在列宁看来，承认"历史必然性的思想也丝毫不损害个人在历史上的作用：全部历史正是由那些无疑是活动家的个人的行动构成的"。② 人类社会是由一个个活着的个人构成的，社会发展史也总是表现为他们的个体发展史，但是在历史上起决定作用的绝不是少数的个人或者他们的机械总和，个人的活动只有在社会中才能存在与发展，因为，这些个人只是作为一般化的个人隶属于这种共同体，只是由于他们还处在本阶级的生存条件下才隶属于这种共同体；他们不是作为个人而是作为阶级的成员处于这种共同关系中的。所以，个人活动及个人的发展归根结底还是要受到人民群众活动规律及社会发展规律的支配，个人的发展只有与社会历史的发展保持一致、与人民群众的活动保持一致，才能发挥应有的作用，也才能实现全面自由的发展。

---

① 《列宁选集》（第1卷），人民出版社2012年版，第4页。
② 《列宁选集》（第1卷），人民出版社2012年版，第26页。

针对当时俄国"经济主义"者（又称"经济派"）对经济斗争自发性和经济利益高于一切的错误观点也进行了深刻批判。在俄国的"经济主义"者看来，既然经济发展和经济利益决定人的一切，人的全面发展实际上就是人在经济利益上获得满足，或者说，只要人的经济利益得到了实现也就是在全面性上实现了人的发展，革命的首要任务不是进行什么政治上的斗争，而是为了实现经济利益而斗争。因为，在他们看来，根据马克思恩格斯关于人的发展的学说，各个阶级的经济利益而非政治斗争，自始至终在历史发展过程中才起着决定性作用，因而，无产阶级为自己的经济利益而进行的斗争对它的阶级发展和解放斗争也应当有首要的意义；还说什么，"每个卢布工资增加一戈比，要比任何社会主义和任何政治都更加实惠和可贵；工人要进行'斗争，是因为他们知道，斗争不是为了什么未来的后代，而是为了自己本人和自己的儿女'"。① 这种以经济发展归结人的全面发展的思想，对当时俄国的社会主义革命与无产阶级斗争起着思想阻力的负面影响。列宁认为"根据经济利益起决定作用这一点决不应当作出经济斗争（等于工会斗争）具有首要意义的结论，因为总的说来，各阶级最重大的'决定性的'利益只能通过根本的政治改造来满足"，如果不能从政治角度看待经济问题的解决，而只就经济谈经济，或把经济发展视作人的全面发展和社会的全面进步，就会陷入唯经济主义的泥潭而不能自拔。列宁认为，"'经济派'崇拜'纯粹工人运动'的自发性"，② 不懂得无产阶级发动的政治革命、它制定的一切政治策略与方针，其根本目的却不在于政治本身，而在于以政治的方式、从根本上解决人民群众的经济利益能否及在何种程度上实现的问题，无产阶级政治领导的一切成果也都是为了解放和发展生产力，促进社会的全面进步和人的全面发展。决不能像"经济派"那样割裂政治与经济的辩证统一关系，而以经济发展替代政治目标，以经济斗争取代政治斗争。如果看不到无产阶级争取经济利益斗争的政治蕴含及其重大意义，而只是跟着自发性的工人运动跑，跟着眼前的经济利益

---

① 《列宁全集》（第6卷），人民出版社1986年版，第35页。
② 《列宁全集》（第6卷），人民出版社1986年版，第72页。

跑，试图通过经济斗争、经济利益的暂时满足来解决人民群众根本利益的实现问题，进而来解决社会全面进步及人的全面发展问题，这只能导致唯心主义的改良主义、机会主义和"工联主义"，而不可能走向马克思科学的人的全面发展理论，这是列宁留给我们的"政治忠告"。① 所以，列宁提出在解决发展社会主义经济生产并以此实现人的全面发展问题时，要善于从政治角度或高度看待人的发展问题，"因为问题只在于（从马克思主义的观点来看，也只能在于）：一个阶级如果不从政治上正确地看问题，就不能维持它的统治，因而也就不能完成它的生产任务"，② 而且"政治同经济相比不能不占首位"。③ 这实际上就是要求我们不能仅仅从经济上而应从政治上看待社会经济发展和人的全面发展问题，即从巩固国家政权、建设社会主义政治的高度看待提高劳动生产力、发展社会主义经济的问题，这是社会主义制度战胜资本主义制度所必需的，也是实现人的全面发展所必需的。从政治上看待经济建设并实现社会的全面进步和人民群众生活的不断提高，这是压倒一切的、最大的政治问题，正如邓小平后来所说的，这是治国理政的"大道理"，"要管许多小道理"。④

在社会主义革命和建设时期，列宁还从无产阶级专政与社会主义新型民主的角度分析实现人的全面发展问题，在他看来，"社会主义就是消灭阶级"，⑤ 唯有消灭阶级剥削和工农差别，才谈得上实现人的全面发展问题。而要解决这个高难度的历史任务，就必须推翻地主、资本家这些剥削阶级的统治，建立无产阶级专政，而且要利用这种专政"把整个社会经济在组织上加以改造，只有从个体的、单独的小商品经济过渡到公共的大经济"。⑥ 更要利用这种专政加强工农联盟，引导包括农民在内的社会各阶级走向社会主义道路，无产阶级专

① 朱荣英：《列宁考察社会主义经济问题的政治视角与政治忠告》，《郑州轻工业学院学报》2015 年第 3 期，第 5—13 页。

② 《列宁选集》（第 4 卷），人民出版社 2012 年版，第 408 页。

③ 《列宁选集》（第 4 卷），人民出版社 2012 年版，第 407 页。

④ 《邓小平文选》（第 3 卷），人民出版社 1993 年版，第 124 页。

⑤ 《列宁选集》（第 4 卷），人民出版社 2012 年版，第 64 页。

⑥ 《列宁选集》（第 4 卷），人民出版社 2012 年版，第 64 页。

政与农民的联盟是它的最高原则，也是消灭阶级、消灭剥削，实现每一个人自由全面发展的支柱力量。可见，"无产阶级专政的实质不仅在于暴力，而且主要不在于暴力，它的主要实质在于劳动者的先进部队、先锋队、唯一领导者即无产阶级的组织性和纪律性"，[①] 其根本目的是建成、巩固、发展社会主义，消灭阶级差别与剥削，使社会全体成员都变成劳动者，在共同占有生产资料和社会财富基础上实现全面性的发展。而这就必须强调党对无产阶级专政的领导作用，唯有凭借共产党这个先锋队组织，才能团结、教育和组织无产阶级和劳动群众，抵制社会各个阶层中的各种动摇、狭隘性、偏见和恶习的复发，在政治上领导全体无产阶级的一切联合行动并通过它领导全体劳动群众，否则就不可能实现无产阶级专政，更谈不上实现每个人自由全面的发展了。这样的专政既是新型的专政又是新型的民主，是二者的内在一致，是对无产阶级和广大人民的民主与对资产阶级专政的有机统一。社会主义新型国家和新型专政的实质，就在于实现了广大人民群众的广泛团结、自我管理国家事务，"广大群众的民主自由得到了确实的物质上的保证"，[②] 为实现国家消亡、阶级消亡的共产主义铺就了各种条件。考茨基认为无产阶级专政既然消灭了阶级对立，也就消灭了民主，无产阶级不可能有民主，只有资产阶级才能实现"纯粹民主"。针对这种错误观点，列宁认为，"谢德曼和考茨基之流高谈'纯粹民主'或一般'民主'，企图欺骗群众，掩盖现代民主的资产阶级性质"，[③] 不过是自由主义者欺骗工人阶级的谎言，资产阶级民主制取代封建制的确是一个历史的进步，但仍然是"狭隘的、残缺不全的、虚伪的、骗人的民主"，"对富人是天堂，对被剥削者、对穷人是陷阱和骗局"。[④] 只要有阶级的存在就不可能有纯粹的民主，民主都是阶级的、历史的，民主是统治阶级进行阶级统治的一种手段，无产阶级的民主是对人民的民主与对敌人的专政相结合的新型民主。即使是这种在最广泛意义上、在最大程度和最大范围内实现的最高类

---

① 《列宁选集》（第3卷），人民出版社2012年版，第835页。
② 顾海良：《马克思主义发展史》，中国人民大学出版社2009年版，第287页。
③ 《列宁选集》（第3卷），人民出版社2012年版，第683页。
④ 《列宁选集》（第3卷），人民出版社2012年版，第601页。

型的民主，到了共产主义它仍然要走向消亡。

另外，列宁还结合经济落后国家如何向社会主义过渡问题的分析，来阐明社会主义是如何实现人的全面发展问题的。马克思在《哥达纲领批判》中明确指出了通过无产阶级专政向共产主义过渡问题，在资本主义充分发展的高起点上建立起来的社会制度，必须运用无产阶级专政的手段"剥夺剥夺者"、① 确立公有制，使社会有计划、按比例、高速度地发展，在低级阶段以按劳分配取缔按资分配，在高级阶段实现各尽所能、按需分配，从而实现人的自由全面发展。尽管当时列宁认为马恩设想的高起点的过渡方式显然并不适合苏联实际，但还是通过"对资本采取'赤卫队式的'进攻"② 的直接过渡办法迅速完成了"剥夺剥夺者"的任务。此后，当国家和人民处在危难中，为了保卫新生的苏维埃政权又不得不采取"战时共产主义政策"。这种政策里显然就包含着直接过渡的痕迹，藉此虽赢得了战争的胜利，但也使其政治经济文化均陷入重大危机，国民经济面临崩溃，人民生活一度受到严重影响。列宁眼光敏锐，及时觉察到了高度集中制的弊端，认为设想"用无产阶级国家直接下命令的办法在一个小农国家里按共产主义原则来调整国家的产品生产和分配"，"现实生活说明我们错了"。③ 在试运行的短短的几个月内，就迅速调整为"新经济政策"，以间接迂回的方式实现向社会主义的过渡。按照列宁的分析，"新经济政策"的确在"实质上，它比我们先前的经济政策包含着更多的旧东西"，④ 如用粮食税代替余粮收集制，大力发展商业，允许私营经济存在，以租赁的方式发展国家资本主义等等。其核心点和关键点，不是立即消灭资本主义而实现"兴社灭资"，而是利用资本主义"作为小生产和社会主义之间的中间环节"，⑤ "有可能通过私人资本主义（更不用说国家资本主义）来促进社会主义"的大发展。⑥ 事

---

① 《马克思恩格斯文集》（第3卷），人民出版社2009年版，第158页。
② 《列宁选集》（第3卷），人民出版社2012年版，第481页。
③ 《列宁选集》（第4卷），人民出版社2012年版，第570页。
④ 《列宁选集》（第4卷），人民出版社2012年版，第573页。
⑤ 《列宁选集》（第4卷），人民出版社2012年版，第510页。
⑥ 《列宁选集》（第4卷），人民出版社2012年版，第514页。

实证明，这种"以资兴社"或"凭资兴社"① 的间接迂回是必要的，多种经济发展方式及分配方式的并存，极大地促进了生产力的迅速发展，工农业劳动生产率得到提高，人民生活得到明显改善，克服了先前社会和人的片面、畸形的发展弊病而初步实现了全面进步和协调发展。将私人经济纳入国家资本主义的轨道，既在一切方面巩固了工农苏维埃领导权和社会主义经济政治基础，又学习到了发展社会主义经济的工商业生产管理经验，既促进了社会生产力的快速发展，又为实现社会全面进步及人的全面发展奠定了一定的物质基础。新经济政策的确是全面发展社会主义事业并实现人的全面发展的切实可行的政策，而非什么"从共产主义过渡到资产阶级制度"② 的政策。私人资本可以作为社会主义的帮手发挥重要的作用，将它立即消灭"就是在干蠢事、就是自杀"。③ 其中，以合作社的形式来发展资本主义并壮大社会主义经济，就是比较好的过渡形式（这也是马克思晚年设想的低起点国家向社会主义过渡的"过渡点"之一）。

惜乎，由于列宁逝世过早，斯大林及其以后的苏共领导人放弃了这种必要的"迂回"举措，而试图通过高度中央集权加强无产阶级专政，而忽视了社会主义民主和法治建设。靠单一的公有制经济（全民所有制是最高形式并占据绝对优势）和指令性计划（以国家政权下命令的方式自上而下地）来配置资源，完全排斥价值规律与市场调节的作用，不允许非公有制经济因素的存在和发展。取缔一切有差别的不同分配方式，大搞平均主义的所谓公平分配，不顾苏联实际、人民生活和经济效益而大力发展重工业（尤其是军事重工业）、造成农轻重比例严重失调。这些背离马克思人的全面自由发展价值原则和社会主义共同富裕思想的发展路线，以至于使人民群众长期生活在贫困线以下，为了国家和民族的强大，人民时时刻刻要忍受一切，人民再也不能容忍这种剥夺或变相剥夺了广大人民群众的利益的行径。加之权力高度集中、党政不分、终身制、家长制、个人迷信、个人崇拜、

---

① 朱荣英：《考察社会主义理论支点的历史演进与"三个代表"》，《涪陵师范学院学报》2004 年第 3 期，第 93—96 页。

② 《列宁选集》（第 4 卷），人民出版社 2012 年版，第 501 页。

③ 《列宁选集》（第 4 卷），人民出版社 2012 年版，第 504 页。

监督的无效性，这一切造成了严重的腐败，干群、党群对立，人民疏离情绪高涨，失去了人民的信赖、拥护与支持，把社会主义事业引向了片面、畸形发展的死胡同。对这种非但不代表人民群众利益反而剥夺人民利益的畸形发展的制度模式，人民当然愿意为之举行一个平静的葬礼而愤然地抛弃它。事实上，发展社会主义的这种"苏联模式"，在早期的确曾经促进了社会主义制度的巩固与发展、推进了社会生产力的快速发展，奠定了实现全面发展的坚实的物质基础，人民群众生活也得到一定提高。但在以后的发展中这种集中过多、管得过死的弊病不断显现，严重挫伤了人民群众建设社会主义的积极性、能动性，严重束缚了社会主义事业、特别是人的全面发展的历史进程。而苏共没有及时汲取经验教训，更没有开展以人民为中心、以实现广大人民群众根本利益为目的内部改革，反而放弃了社会主义道路和实现人的全面发展的价值理想，结果使得已经处在严重危机中的各种矛盾日益尖锐，最终酿成了国家解体、社会主义被葬送的历史悲剧。正如邓小平所说：只要"不坚持社会主义，不改革开放，不发展经济，不改善人民生活，只能是死路一条"。①

二　毛泽东对人的全面发展理论的突出贡献

作为马克思主义中国化第一个重大理论成果的毛泽东思想，是被中国革命与实践反复证明了的、关于人的全面发展理论原则和经验的高度概括与总结，它不是在个别方面而是在诸多方面都以其独特性的理论创造，提出了一系列相互联系的重要理论观点且构成了一个思想深邃的科学体系，极大地丰富并拓展了马克思人的全面发展的理论宝库。毛泽东的一生是"时时刻刻想着人，为了人，为了人的解放、人的自由、人的幸福和人的发展"②而奋斗的伟大的一生。"利归群众"、情系万民，人民万岁、兵民为本，是他一生的真实写照。在其青年时期就曾经立誓要改变那种人压迫人、人剥削人的旧世界、旧制

---

① 《邓小平文选》（第3卷），人民出版社1993年版，第370页。
② 张忠良：《毛泽东人学思想》，湖南人民出版社2006年版，第2页。

度，通过革命使广大受苦的人民都变成幸福的人，① 要让他们抬头挺胸真正成为社会的主人。毛泽东人的全面发展理论可谓博大精深，具体说来，主要包括以下几个方面：首先，他的人的全面发展思想集中体现在人民主体性上。毛泽东所说的人的发展，实际上是指人民群众的全面发展，他特别重视社会主义革命与建设的人民性和主体性，认为人是起决定性作用的因素，在"世间一切事物中，人是第一个可宝贵的。在共产党领导下，只要有了人，什么人间奇迹也可以创造出来"。② 人民群众才是革命的真正英雄和主人翁，"真正的铜墙铁壁是什么？是群众，是千百万真心实意拥护革命的群众，这是真正的铜墙铁壁，什么力量都打不破的，完全打不破的"。③ 人民群众才是真正可以依靠的革命力量和决定力量，也是我们取得一切胜利的根本，战争的伟力之最深厚的根源，存在于民众之中，兵民是胜利之本，战争的胜利最终取决于人民群众的衷心拥护与广泛参与。武器当然是战胜敌人的很重要的因素，但是"决定的因素是人不是物"。④ 就连美国的原子弹，也不过是吓唬人民的纸老虎。历史是人民创造的，人民群众是创造历史的主体和从事物质文化生产的直接承担者，历史说到底是人民群众的事业，决定历史重大变迁的是人民群众，"人民，只有人民，才是创造世界历史的动力"，⑤ 所有的物质财富和精神财富都是人民自己创造的，只要人民群众自己掌握了自己的命运，就能够在马克思主义路线指引下、在共产党领导下战胜任何艰难险阻。而且认为，人民群众中蕴藏了极大的建设社会主义热情与动力，人民群众一旦成为历史主体和国家主人，就能自己支配自己的命运、自己创造自己的历史。依据人民群众是历史创造者原理，他提出了无产阶级政党的群众观点即坚信人民群众自己解放自己、全心全意为人民服务、一切向人民群众负责、虚心向人民群众学习的观点，并要求坚持党的一

---

① 彭国普：《毛泽东邓小平行政管理思想研究》，人民出版社 2008 年版，第 251 页。
② 《毛泽东选集》（第 4 卷），人民出版社 1991 年版，第 1512 页。
③ 中共中央文献研究室：《毛泽东年谱：1893—1949》（上），中央文献出版社 1993 年版，第 423 页。
④ 《毛泽东选集》（第 2 卷），人民出版社 1991 年版，第 469 页。
⑤ 《毛泽东选集》（第 3 卷），人民出版社 1991 年版，第 1031 页。

切为了群众、一切依靠群众，"从群众中来，到群众中去"① 的群众路线。他强调要打好人民战争并赢得战争的胜利，就必须高度重视满足人民群众物质文化需要，我党的根本路线或根本政策就是要关心人民群众的生活疾苦，党的宗旨就是全心全意的为人民谋利益，因为人民群众干革命的直接目的就是物质利益的满足于实现，社会主义革命的一切都同他们自身的物质利益直接相关。若人民群众的根本利益不能满足或落实不好，就不能使广大群众和整个阶级行动起来干革命、搞建设。他在革命时期就曾经多次告诫全党，"我们应该深刻地注意群众生活问题，从土地、劳动问题，到柴米油盐问题"，② 我们制定的一切政策都要建立在对人民利益的关心之上；"一切空话都是无用的，必须给人们以看得见的物质福利"，③ 这样才能调动人民群众的积极性、主动性，才能团结奋斗、夺取胜利；如果不发展生产并逐步提高其物质生活水平，人民也会逐渐"感觉疲劳"，④ 参与革命的积极性就会降低。所以，为了源源不断地获得新的革命力量，"为着改善人民群众的生活，由此更加激发人民群众参与革命战争的积极性"，⑤ 就必须在经济战线上把他们组织起来，进行各个方面的经济建设以减轻人民的负担，向生产的广度与深度进军以满足人民的各种不同需要。在社会主义建设时期更是强调满足人民群众物质文化需要的重要性，毛泽东认为人民群众的利益有正当利益与不正当利益、个人利益与公共利益之分，"为了实现社会主义工业化，全国人民必须使当前利益和个人利益服从于长远利益和集体利益"，⑥ 只有维护了人民群众长远的、集体的根本利益，其眼前的、个人的利益才能根本上得到解决，应当对全国人民进行教育，对他们讲清楚，"使他们懂得，决不可只看到眼前的片面的福利而忘记了工人阶级的远大利

---

① 《毛泽东选集》（第3卷），人民出版社1991年版，第899页。
② 《毛泽东选集》（第1卷），人民出版社1991年版，第138页。
③ 《毛泽东文集》（第2卷），人民出版社1993年版，第467页。
④ 《毛泽东选集》（第1卷），人民出版社1991年版，第120页。
⑤ 《毛泽东选集》（第1卷），人民出版社1991年版，第119页。
⑥ 中共中央文献研究室：《建国以来重要文献选编》（第9册），中央文献出版社1994年版，第346页。

益"，①必须兼顾国家、集体与个人三个方面的利益，这是实现个人利益与公共利益、个人发展与社会发展辩证统一的基本准则。还说，我们搞社会主义建设的目的就是为了让广大人民群众不断"增加收入，共同富裕起来"，不断获得新的物质文化利益，摆脱贫困和落后，如果人民老是贫穷与挨饿，就会"不相信我们"，"会觉得跟共产党走没有意思"。②但是，毛泽东也强调要注意不能把人民群众的物质利益绝对化、个人主义化，否则，就一定要出毛病，单纯的物质刺激一定会走向自己的反面。不能只强调物质刺激而忽视精神激励，只有政治挂帅、思想领先、物质富足、社会发展，才能实现人和社会的全面和谐的发展。

其次，毛泽东人的全面发展思想还表现在人的其他一些理论上。在他看来，应该从共同人性论基础上看待做人的基本立场，我们进行革命与建设，都必须在最适合并最无愧于人性的全面发展的意义上谋取，而不能违背人性或反人性，实现人的全面发展是无产阶级最大的人性。而那些革命和建设过程中新滋生的败类，如黄克功等，之所以会干出"如此卑鄙的，残忍的，失掉党的立场的，失掉革命立场的，失掉人的立场的行为"，③就因为他们丧失了人之为人的共同人性。当然，毛泽东认为，无产阶级的"共同人性"不能等同于那种抽象人性，而是无产阶级的共同的阶级属性，"在阶级社会里就是只有带着阶级性的人性，而没有什么超阶级的人性"。④我们共产党人也讲人性，但讲的是人全面发展这个最大意义上的先进性、阶级性。但我们所讲的不是一般意义上的人的爱与恨，我们主张的是在根本利益一致基础上的"无产阶级的人性，人民大众的人性"。⑤这种人民的、带着阶级色彩的人性，才是符合人类的共同"类本质"的、与人类社会发展规律相一致的，它体现了人类社会全面进步和人的自由全面

① 《毛泽东选集》（第4卷），人民出版社1991年版，第1285页。
② 中共中央文献研究室：《毛泽东著作专题摘编》（上），中央文献出版社2003年版，第838页。
③ 《毛泽东文集》（第2卷），人民出版社1993年版，第39页。
④ 《毛泽东选集》（第3卷），人民出版社1991年版，第870页。
⑤ 《毛泽东选集》（第3卷），人民出版社1991年版，第870页。

发展的未来取向与终极理想。在阶级社会中由于人民群众与各种剥削者、压迫者根本利益的冲突，自然不会与之形成什么共同的人性，只有在全世界消灭了阶级之后，才可能产生整个的"人类之爱"。① 人的自觉能动性是人与物区别的、认识和改造世界的能力与特性，也是人的自由的类本质，它不可能凭空产生，而人的自由是"对必然的认识和对客观世界的改造"② 中形成与发展，只有重视社会实践、生产力和经济基础的决定作用，在自觉尊重客观规律的前提下充分发挥人的自觉能动性，才能在改造客观世界的同时也达到主观世界的改造，实现人的自由全面发展。他分析说，人最根本的质就是实践性的社会本质，不能离开人民群众的社会实践活动来谈论人的本质问题，"人是制造工具的动物，人是从事社会生产的动物，人是阶级斗争的动物（一定历史时期）。一句话，人是社会的动物。"③ 考察人的本质及其实现的全面性问题，必须从社会实践活动入手，而不能根据什么别的方面来区别人与动物，人的实践活动是许多人的共同活动，人们之间的社会关系也是在劳动中结成的"关系的总和"，分析人的现实本质当然必须从这种社会关系的总和中归结。因为，"人，它只有一种基本特性——社会性"，④ 毛泽东认为，若撇开社会发展的历史进程而把人抽象为孤立的个人，或者，若撇开人的实践性、社会性这种本质属性，而"只能把人的本质理解为'类'，理解为一种内在的、无声的、把许多个人纯粹自然地联系起来的普遍性"，⑤ 对人、人的全面发展问题的解答，就是不正确的，"只待马克思才正确地答复了这个问题"。⑥ 在考察人的价值及其目标实现的全面性问题上，毛泽东认为，在社会主义建设中如果能够做到了不断消除体脑差别，实现"劳动人民的知识化与知识分子劳动化"及其二者的内在结合，将每一个社会成员都培育成为全面发展的"社会多面手"，就是在最根本的意

---

① 《毛泽东选集》（第3卷），人民出版社1991年版，第871页。
② 《毛泽东文集》（第8卷），人民出版社1999年版，第306页。
③ 《毛泽东文集》（第3卷），人民出版社1996年版，第81页。
④ 《毛泽东文集》（第3卷），人民出版社1996年版，第83页。
⑤ 《马克思恩格斯选集》（第1卷），人民出版社2012年版，第139页。
⑥ 《毛泽东文集》（第3卷），人民出版社1996年版，第83页。

义上实现了人的价值。为了做到这一点，我们的教育方针就应该"使受教育者在德育、智育、体育几方面都得到发展，成为有社会主义觉悟的有文化的劳动者"。① 培育在各个方面都得到发展的"社会主义新人"，将社会生活中的每一个成员都发展成为"又红又专"、全面发展的"社会多面手"，使之能够亦工亦农、亦文亦武，兼学别样、精通多门，拿起锄头能下地干活，拿起枪杆子能上战场打仗、拿起笔杆子能读书作文，在社会主实践中培育出千百万个全面发展的领军人物，这是中国现代化事业进一步发展的客观需要。我们党办的各级各类学校教育，应将我们的青年学生都培育成为具有很高的科学文化知识水平、具备共产主义思想道德品质、拥有体魄健壮的身体的全面发展的社会主义新人，"我们所主张的全面发展，是要使学生得到比较完全的和比较广博的知识，发展健全的身体，发展共产主义的道德"。② 而要达到这样全面发展的价值目标，就必须不断地进行实践改造，客观现实世界的变化运动永远不会停止，人们在实践中对真理的认识也不可能完结，人在实践—认识活动中实现对客观世界的改造及对自我的主观世界的改造也不会完结，人正是在这种认识被认识、改造被改造过程中实现了全面自由发展。毛泽东认为人人都需要改造，既要改造外在世界、提高自己的实践能力与水平，又要"改造自己的认识能力、改造主观世界同客观世界的关系"，③ 改造那些反对我们改造他们的人、改造那些阻碍人类进步和全面发展的一切旧东西，唯有"世界到了全人类都自觉地改造自己和自觉地改造世界的时候，那就是世界的共产主义时代"，④ 共产主义时代就是人人自觉改造、人人自我革新的时代，唯有在全面性的改造中才能产生自由人联合体、实现人的全面自由发展。

再次，毛泽东人的全面发展思想还体现在人的自由、人的解放、人的理想等全面实现问题上。在毛泽东看来，人的全面发展既包括人

---

① 《毛泽东文集》（第7卷），人民出版社1999年版，第226页。
② 中共中央文献研究室：《毛泽东著作专题摘编》（下），中央文献出版社2003年版，第1634页。
③ 《毛泽东选集》（第1卷），人民出版社1991年版，第296页。
④ 《毛泽东选集》（第1卷），人民出版社1991年版，第296页。

对客观规律认识和对世界的改造，也包括人在实践活动中对自己本质力量的全面确证，还包括社会关系的全面发展和人的自由时间较多的获得。人的全面发展是人通过自己的实践活动来实现的，这一过程是人从自然、社会及人自身的盲目必然性的束缚中不断挣脱出来，并成为自然、社会和人自身的主人的过程，也是人与自然、与社会、与自身的矛盾获得和解并在社会联合的名义下实现互相生成、互相整合的过程。人的自由不在于摆脱必然的限制而独立发展，也不可能独处于世外桃源，外在盲目的必然性往往是人的"自由的祖宗"，人对自然、社会和人自身"都是永远认识不完全的"，① 人类社会发展到今天，我们仍然在很大程度上受制于必然性，仍然是必然性的奴隶，只有在现实世界中并利用现实的物质手段去认识、利用并克服必然，才是获得自由、实现人的全面发展的关键。人对必然性把握越是深刻和全面，人在自然中的地位就越是得到提高，就能够不断从自然的必然性中获得解放，人的全面生产和再生产的能力也就获得了极大提升。人从自己创造的社会关系的束缚中不断解放出来的过程，也是人类社会不断从专制走向民主、从盲目走向自觉的过程，随着私有制被公有制取缔、人民民主专政的确立、社会主义事业全面协调的整体推进，社会日益成为属人的社会，而人也日益成为社会化的人，人压迫人、人奴役人的现象将会被消除，人民群众将以特有的方式即以联合起来的方式共同占有生产资料，从自己与社会的结合中、组建真正的自由人联合体并通过这种联合实现自由全面的发展，成为自然的、社会的、自身的主人。毛泽东认为，人的自由、人的民主，也不是抽象的、绝对的，而是具体的、历史的，"世界上只有具体的自由"和民主，只有"在历史上发生和发展的"② 自由和民主，而根本不存在什么永恒的和绝对的自由民主，"在阶级斗争的社会里，有了剥削阶级剥削劳动人民的自由，就没有劳动人民不受剥削的自由"，③ 唯有在公有制下才能获得实现人人平等、公正和谐、全面发展的政治自由。

---

① 《毛泽东文集》（第 8 卷），人民出版社 1999 年版，第 326 页。
② 《毛泽东文集》（第 7 卷），人民出版社 1999 年版，第 209 页。
③ 《毛泽东文集》（第 7 卷），人民出版社 1999 年版，第 208 页。

从具体层面看来，毛泽东分析说，人的全面发展首先是人的实践活动的全面发展。"人类的生产活动是最基本的实践活动，是决定其他一切活动的东西"，① 人类主要依赖于自己的物质生产活动不断实现确证自己的社会本质、实现自己的全面价值并获得真正的自由的，人的生产劳动转化为自由自觉的活动是实现人的全面发展的基础与前提，也是人的各方面能力、素质获得全面展现与发展的中介与桥梁，人在劳动中获得的全面发展与自由发展，在根本性意义上，不再表现为外在的强制性的劳动，"而表现为活动本身的充分发展"，② 也就是说，表现为人的能力的全面展现和人的价值的全面实现，表现为人的先天潜能与后天技能的全面自由发展。人能适应不同的劳动环境和挑战，在相互变换的劳动技能、劳动方式中，人的能力与素质获得充分的发展，使劳动不是成为谋生的手段而是成为第一需要，这是实现人的全面自由发展的关键与本质。由人的劳动的全面性带来了社会关系的全面性，由社会的全面生产推动了社会关系的高度和谐，"经过生产劳动，也在各种不同程度上逐渐地认识了人和人的一定的相互关系"，③并从相互隔离的小国寡民的状态逐步发展到广泛交往的高级阶段，到共产主义社会使每个人的全面发展都与社会的所有人的全面发展相关联，给每个人腾出了更多的、充分的闲暇时间和从事自由创造的各种手段，使每一个人都能在各个方面获得最实际的发展，使人的能力、素质、本质、自由个性及人自身都能获得全面自由的发展。毛泽东认为，"人类的历史，就是一个不断地从必然王国向自由王国发展的历史"。④ 这个历史发展过程永远不会停留在某一点，它是阶段性与过程性统一。而每一个具体阶段和历史过程的实现，都使人向全面自由发展迈上了新的高度，使得人在物质生产、精神生产、人自身的生产等一切方面均获得全面发展。在社会意义上的全面生产中也产生了人的社会关系的高度和谐、人的能力体系全面构建、人的自由个性的全面拓展，使得全面性的社会生产能力及其社会财富为一切人共同占

---

① 《毛泽东选集》（第 1 卷），人民出版社 1991 年版，第 282 页。
② 《马克思恩格斯文集》（第 8 卷），人民出版社 2009 年版，第 69 页。
③ 《毛泽东选集》（第 1 卷），人民出版社 1991 年版，第 283 页。
④ 《毛泽东文集》（第 8 卷），人民出版社 1999 年版，第 325 页。

有、共同享受。这样，人每时每刻都在创立着日益全面而和谐的社会关系，人类和自然界总是不断发展的，不会永远停止在一个水平上，"人类总得不断地总结经验，有所发现，有所发明，有所创造，有所前进"，[①] 经过由低到高发展的各个阶段与过程，人就会获得多方面的社会规定性，日益成为普遍交往、密切合作、自主创新的全面自由发展的社会主义新人。

三 中国改革开放新时期对人的全面发展理论的创新表述

进入改革开放新时期，党的几代领导集体都把马克思实践人学思想与中国改革开放的具体实际相结合，形成了包括邓小平理论、"三个代表"重要思想、科学发展观等内容在内的中国特色理论体系，在这一体系中蕴含了丰富的关于人的全面发展的理论，在共同富裕、人民主体、群众本位、人的本质和价值、人的素质和改造等各个方面丰富发展了马克思的人学思想，实现了马克思人的全面发展理论中国化、时代化、大众化的第二次重大历史性飞跃。首先，人的全面发展思想是贯穿在邓小平理论体系中的一条主线，既是它的核心内容又是它的基本特征，这集中体现在他的共同富裕的思想上。"共同富裕"一词，其实就是结合当代中国发展的具体实际，用中国老百姓喜闻乐见的语言所表达的渴望每个人全面自由发展的共同理想。因为，唯有走共同富裕的道路才是坚持了社会主义发展方向，这也是对马克思人的全面自由发展思想的中国化拓展。他把实现共同富裕视作社会主义的根本目标和目的，认为"我们坚持走社会主义道路，根本目标是实现共同富裕"；[②] 否则，如果不坚持社会主义的共同富裕道路，而是在社会主义发展中产生了贫富悬殊和两极分化，那就不能说明我们的社会主义事业是全面协调可持续的发展的。如果又产生了新的剥削阶级即"新的资产阶级，那我们就真是走了邪路了"。[③] 他分析说，如果我们放弃社会主义共同富裕而真的走了资本主义道路，也可能会使

---

① 《毛泽东文集》（第8卷），人民出版社1999年版，第325页。
② 《邓小平文选》（第3卷），人民出版社1993年版，第155页。
③ 《邓小平文选》（第3卷），人民出版社1993年版，第111页。

一些人、一些地区先富裕起来，甚至会形成新的资产阶级、产生不少百万富翁，"但顶多也不会达到人口的百分之一，而大量的人仍然摆脱不了贫穷，甚至连温饱问题都不可能解决。"① 所以，强调走共同富裕道路、实现人的全面发展是硬道理、硬任务。之所以我们要选择公有制，解放、发展生产力，多种所有制形式并存、多种分配方式并用，说到底，还是为了人民生活得到不断改善，实现共同富裕，除此之外没有其他任何目的。我们采取的一切建设社会主义的举措都是为了人民的幸福，都是以发展好、落实好人民群众的根本利益为中心，实现人民群众共同富裕和人的全面发展是党和政府制定政策的出发点与落脚点。此后，又将共同富裕提高到社会主义本质中加以强调，认为对于什么是社会主义、它的根本任务是什么的问题，"过去我们并没有完全搞清楚"，② 其实"社会主义有两个非常重要的方面，一是以公有制为主体，二是不搞两极分化"。③ 不快速发展生产力、不实现"四个现代化"，不消灭贫穷、不极大地提高人民生活，怎能显现社会主义优越性，又怎能战胜资本主义呢？而解放发展生产力、促进社会主义全面发展，其"成果是属于人民的"，因我们的分配原则当然是按劳分配，会产生些差别，"但我们的目的是共同富裕"，④ 即通过解决温饱、走向小康再达到中等发达水平，只有到那时我们才算是合格的社会主义，才真正用事实证明我们比资本主义优越，也才真正实现了人的全面发展和社会的全面进步。邓小平分析说，让人民尽快富裕起来，由先富带动后富，逐步实现共同富裕和人的全面发展，"这是大局"，⑤ "一切都要服从这个大局"，⑥ 也是最大的政治问题，全党要多讲，要善于从政治角度或高度看待共同富裕的本质内涵与重要意义。因为，"社会主义的本质，是解放生产力，发展生产力，消

---

① 《邓小平文选》（第3卷），人民出版社1993年版，第208页。
② 《邓小平文选》（第3卷），人民出版社1993年版，第137页。
③ 《邓小平文选》（第3卷），人民出版社1993年版，第138页。
④ 《邓小平文选》（第3卷），人民出版社1993年版，第255页。
⑤ 《邓小平文选》（第3卷），人民出版社1993年版，第109页。
⑥ 《邓小平文选》（第3卷），人民出版社1993年版，第129页。

灭剥削，消除两极分化，最终达到共同富裕"。①

邓小平人的全面自由发展理论还体现在其人民主体和群众本位思想上。邓小平认为人民是社会主义建设的实践主体，群众是实现共同富裕的依靠力量。他时刻牢记马克思关于个人的力量"是微弱的"、"整体就是力量"的思想，认为生产劳动者（其中知识分子是无产阶级的一部分，也是社会主义的劳动者）是社会主义建设与发展的主体或主力军，广大的人民群众是推动历史前进、实现社会发展和人类进步的根本动力，归根到底社会发展、人的全面发展以及历史前进的方向都是由人民群众创造历史的主动性决定的。人民群众是社会先进生产力的体现者，也是推动社会主义建设事业全面发展及人的全面发展的客观的物质力量，其中，工人阶级"在现时代的经济进步和社会政治进步中起领导作用"，② 我们在改革开放的任何时候都必须依靠它。人类社会所实现的每一步重大发展，都离不开人民群众艰苦的创造、"被压迫阶级的静悄悄的劳动"。③ 马克思主义的基本原则就是要解放发展生产力，创造更多的社会财富以不断满足人民群众日益增长的物质文化需要。"马克思主义的最高目的就是要实现共产主义，而共产主义是建立在生产力高度发展的基础上的"，④ 这就需要依靠几代中国人民的艰苦奋斗，依靠工农知识分子的伟大创造。为此，他提出了一系列重要思想，如，在社会主义建设中要尊重人民实践的首创精神、尊重群众的艰苦劳动；尊重知识、尊重人才，要注意发挥知识分子尤其是科技知识分子的重要作用，他们是先进生产力的开拓者，在中国特色社会主义建设中发挥不可替代的作用。还提出"办什么事也得走群众路线"，⑤ 我们的一切工作都是为了人民，当然更要依靠人民。他认为，在毛泽东为首的党的第一代领导集体所开创的优良传统与作风中，"群众路线和实事求这两条是最根本的东西"，⑥ "群众是

① 《邓小平文选》（第3卷），人民出版社1993年版，第373页。
② 《邓小平文选》（第2卷），人民出版社1994年版，第136页。
③ 《马克思恩格斯文集》（第4卷），人民出版社2009年版，第215页。
④ 《邓小平文选》（第3卷），人民出版社1993年版，第116页。
⑤ 《邓小平文选》（第2卷），人民出版社1994年版，第110页。
⑥ 《邓小平文选》（第2卷），人民出版社1994年版，第45页。

我们力量的源泉，群众路线与群众观点是我们的传家宝"。① 因为人民利益是根本的落脚点，人民拥护不拥护、赞成不赞成、高兴不高兴、答应不答应是我们制定路线方针政策的出发点与归宿，人民群众根本利益的实现与发展、人民生活水平的不断提高是检验一切工作得失成败的价值标准。衡量我们走的道路究竟是姓社姓资的判断标准，只能看它"是否有利于发展社会主义社会的生产力，是否有利于增强社会主义国家的综合国力，是否有利于提高人民的生活水平"。②

其次，我党提出并论证的"三个代表"重要思想也对马克思人的全面发展理论作出了重大创新，在其系统的构建与发展过程中，人的全面发展理论始终是其一以贯之的内在灵魂与根本立场。人的全面发展与"三个代表"之间是既"互为前提和基础"，又"相互促进、共同发展"的③内在统一关系。江泽民分析说，在社会主义革命和建设史上，我们党之所以能够带领全国各族人民夺取了民族独立、人民解放、国家富强、人民幸福的一次又一次重大胜利，之所以党的政治主张能够赢得广大人民的衷心拥护与广泛支持，关键在于我们"总是代表着中国先进生产力的发展要求，代表着中国先进文化的前进方向，代表着中国最广大人民的根本利益"。④"三个代表"重要思想是对马克思人的全面发展理论的继承与发展，内在反映了新时期党和国家事业全面发展的新要求，是巩固、完善社会主义事业全面发展并实现人的全面发展的强大思想武器。它是我们在面临当代世界政治多极化、经济全球化、科技与信息网络化情况下作出的重大抉择，也是在当今国内全面协调推进"四个全面"建设的历史抉择。"三个代表"重要思想紧密结合着国内外形势的重大新变化、人民群众对物质文化生活提出更高要求、党内建设和队伍发展产生的新变化。"三个代表"重要思想所体现的与时俱进的精神，既体现了社会主义事业全面发展的内在需要，也体现了在党的任务依然发生重大转变后如何进一步坚持党的先进性的改变要求，在本质上就是要求我们在治国理政中必须坚

---

① 《邓小平文选》（第 2 卷），人民出版社 1994 年版，第 368 页。
② 《邓小平文选》（第 3 卷），人民出版社 1993 年版，第 372 页。
③ 刘明君：《民主政治与和谐发展》，人民出版社 2010 年版，第 300—301 页。
④ 《江泽民文选》（第 3 卷），人民出版社 2006 年版，第 2 页。

持执政为民、以人为本。它从更深的层次上体现出了我们党对人民主体性、群众本位性、人民价值观的尊重与弘扬，其中蕴含着丰富的马克思主义人学思想，或者说是在当代中国以另一种方式所表达出的人的全面自由发展理念。它把人的全面发展与社会经济政治文化生态的协调发展辩证统一起来，把人的全面发展与社会主义的价值追寻、党的服务宗旨和宏大目标结合起来，使之"已从真理的神圣殿堂上走下来并直接化为了中国人民的现实实践"。①

敏锐地把握世界上发达生产力发展的未来走势，根据现代化大生产发展的客观规律，努力全面促进我国先进生产力的迅猛发展，并基于此而实现人的全面发展，这是充分体现我党先进性和时代性发展要求而必须履行的神圣职责与庄严使命。增强综合国力、提高人民群众生活水平、满足人的各方面需要，必须大力提高科技创新能力、改变落后的生产方式，不断增强人民群众建设现代化国家的自觉性、能动性，不断解放发展生产力、促进社会的全面进步。始终代表中国先进文化的前进方向，使党的各项方针政策努力体现现代思想文化发展的内在规律，为我国经济政治的全面发展、人与自然的生态整合、社会事业的协调推进提供精神动力与智力支撑，这也是在当代中国实现人的全面发展的一个重要方面的内容。"社会主义社会是全面发展、全面进步的社会"。② 只有具备世界眼光、锐意创新，增强感召力、凝聚力、向心力，使物质文明与精神文明、物质生产与精神生产协调发展，以具有中国特色、中国风格的先进文化满足人民群众日益增长的精神文化需要，培养一代又一代的"四有新人"，"以科学的理论武装人，以正确的舆论引导人，以高尚的精神塑造人，以优秀的作品鼓舞人"，③ 才能真正促进整个社会和人的全面发展。而始终代表中国最广大人民的根本利益，把党的各项政策和工作都以之作为考量尺度，这实质上就是用另一种方式所表达的人的全面发展，"提出'人的全面发展'现实任务，并把它作为实践'三个代表'重要思想和

---

① 陈小鸿：《论人的自由全面发展》，人民出版社 2004 年版，第 438 页。
② 《江泽民文选》（第 3 卷），人民出版社 2006 年版，第 276 页。
③ 《江泽民文选》（第 3 卷），人民出版社 2006 年版，第 277 页。

体现当代历史唯物主义价值观的一个根本性问题，是江泽民对马克思主义哲学中国化创新的一个重大理论成果"。① "三个代表"是从人民价值观、人民主体性、人民利益上体现出的执政为民、服务为民的最高宗旨，极大地调动了人民群众参与建设社会主义的高度热情，在全面推进社会主义政治—经济—文化—生态—社会全面协调发展的同时，也使得人民群众的根本利益得到落实与发展，从而为实现人的全面自由发展创造强大的物质文化基础，这本身就是对马克思人的全面发展理论中国化、大众化、时代化"三化合一"的创新表述。② "三个代表"的社会实践启示我们，"人民群众是历史的主人，是创造先进生产力和先进文化的主体，理所当然地享用这种创造的成果与利益"。③ 而紧紧依靠群众，诚心诚意为之谋取利益，与之保持血肉联系、从中汲取不竭动力，立党为公、执政为民，才能使我党始终成为坚强领导核心并永远立于不败之地。唯有坚持尊重社会发展规律与尊重人民主体地位的一致性，坚持实现人民群众根本利益与实现人的全面发展的一致性，坚持人民的利益高于一切，坚持党性与人民性的内在统一，才能使社会主义事业充满生机活力、促进社会和人的全面发展。所以，"三个代表"重要思想是我们必须长期坚持的指导思想，"始终做到'三个代表'，是我们党的立党之本、执政之基、力量之源"。④

再次，科学发展观的提出与论证也对马克思人的全面自由发展理论作出了重大创新与发展，其二者也是相辅相成、辩证统一的，是马克思人的发展观的又一次质的推进。科学发展观在坚持继承马克思关于人的全面发展原理的基础上，结合中国社会主义初级阶段的新特点、新变化、新要求，概括与总结了几代领导集体在努力协调推进中国社会全面进步和人的全面发展的实践经验，并对之进行了创造性运用与中国式拓展，"科学发展观是中国特色社会主义理论体系最新成

① 毕国明、许鲁洲：《中国哲学与马克思主义哲学中国化》，人民出版社 2010 年版，第 325 页。

② 朱荣英：《马克思主义哲学的当代取向与创新》，河南人民出版社 2007 年版，第 44 页。

③ 本书编写组：《江泽民同志重要论述研究》，人民出版社 2002 年版，第 115 页。

④ 《江泽民文选》（第 3 卷），人民出版社 2006 年版，第 15 页。

果，是指导党和国家全部工作的强大思想武器，是党必须长期坚持的指导思想"。① 进入新世纪以来，随着我国经济政治文化体制的深刻变革，"五位一体"的社会发展结构及人民利益发展格局的巨大调整，为我们解决人的全面发展问题带来了一系列新变化、新要求：社会和人的全面发展的总体实力增强、成就显著，但自主创新能力不足、深层次矛盾不断涌现；现代化的社会生产力得到极大解放与迅猛发展，但总体发展水平不高且极不平衡；全面改革向深层推进、"五位一体"协调发展格局基本形成，但结构性调整与战略性升级的任务加重；市场经济初步建立，但粗放发展方式的约束力加大，影响人和社会全面发展的体制性障碍依然存在；人民生活总体已达小康，但两极分化严重、城乡差距和体脑倒挂凸显，各种利益兼顾和实现公平发展的难度增多；民主政治及依法治国得以全面贯彻，但与扩大民主权利和实现人的全面自由发展的要求还不完全适应；文化日益繁荣，人民对先进文化自主选择、快速多变的需求增强，各种文明协调发展的压力与困难增多；全方位开放和国际间合作收效明显，但竞争日趋激励、风险增多，统筹国内外发展的要求更高。为破解片面追求经济增长而忽视人与社会的全面发展、忽视生态保护与内在整合的各种难题，为实现"五位一体"的协调发展特别是人与自然的可持续发展，为顺应世界发展新潮流并汲取国外现代化发展模式的成功经验，我党在十六届三中全会上就提出了要"坚持以人为本，树立全面、协调、可持续的发展观，促进经济社会和人的全面发展"。② 科学发展观的实践，旨在推动社会的全面进步和促进人的全面发展。

　　"科学发展观，第一要义是发展，核心是以人为本，基本要求是全面协调可持续，根本方法是统筹兼顾"。③ 把协调推进社会的科学发展看作是硬道理、执政兴国的第一要义，紧紧抓住和不断推动社会

---

① 本书编写组：《习近平在十八届中央纪委二次全会上重要讲话精神学习问答》，党建读物出版社 2013 年版，第 154 页。

② 人民出版社编写组：《改革开放以来历届三中全会文件汇编》，人民出版社 2013 年版，第 120 页。

③ 胡锦涛：《高举中国特色社会主义伟大旗帜 为夺取全面建成小康社会新胜利而奋斗——在中国共产党第十七次全国代表大会上的报告》，人民出版社 2007 年版，第 15 页。

的全面进步和人的全面发展，这是从根本上把握人民群众渴望过上幸福日子的朴实意愿、把握社会主义现代化建设与发展的规律、把握执政兴国和富民强国的关键。坚持以经济建设为中心、以满足人民的需要为中心，一心一意谋发展、真心实意促发展，把推进社会生产力发展以及推进社会整体的又好又快的发展作为首要任务，把经济发展作为一切发展的前提，并以此全力推进社会和人的全面发展。基于此，我党对实现什么样的发展和怎样实现发展等重大问题进行了系统而科学的求解，体现了我党对人类社会发展规律和对人的全面发展重要性认识的进一步深化，体现了马克思关于生产力发展是人类社会发展的基础的观点，也体现了唯物史观关于社会基本矛盾是推动社会和人的全面发展内在动因的原理，还体现了我党努力推进社会的共同富裕和人的全面发展的坚强决心与信心。以人为本即以广大人民群众的根本利益为本，这是科学发展观的核心。不仅把人民群众视作实现科学发展的历史主体与依靠力量，而且将执政为民、为民造福视作实现发展的目的与归宿。唯有把握住科学发展观中的"推动社会全面进步，促进人的全面发展"这一关键点和核心点，把党的先进性与制度优越性体现在人民利益的真正实现上来，才能使之不断落到实处、"使党的执政地位不断巩固、使富国强民的要求不断得到实现"。① 另外，科学发展观还以统筹兼顾的方法、要求实现全面协调可持续的发展，这既体现了马克思唯物辩证法关于普遍联系、永恒发展的总观点，也体现了人与自然和谐共存、永续发展的现代生态文明要求；既坚持把社会"五位一体"的协调发展与人的全面发展视作是相互联系、辩证统一的整体，又把人与自然、人与人、人与社会、当代与后代相互联系、和合共生视作必须统筹解决的根本任务，"深刻揭示了自然、社会和人的全面发展的辩证统一"，② 这一切都在各个方面进一步深化并发展了马克思人的全面发展理论，也更突显了我们今天结合中国发展实际研究这一理论的当代实践价值。

---

① 《江泽民文选》（第3卷），人民出版社2006年版，第539页。
② 夏东民：《中国特色社会主义科学发展论——党的十六大以来马克思主义理论创新体系研究》，人民出版社2010年版，第178页。

第二章　马克思人的全面发展
理论的逻辑结构

　　在马克思人的全面发展理论的内在结构中蕴含了一种实践批判的精神力量，它不仅要对作为神圣形象的宗教及其产生的自我异化展开批判，而且还要批判"非神圣形象"——人的理性——对人实现全面发展造成的桎梏。更为关键的还在于，马克思人学对它们的批判，没有停留在意识批判的范围内而是诉诸实践，试图通过铲除一切神圣形象和"非神圣形象"得以产生的社会制度基础而完成。质言之，通过对社会现实的实践变革，它不仅要把人从自我异化的神圣形象中解放出来，而且要从形而上学的理性桎梏中解放出来，使人真正解放成为人。要实现这种实践变革，就必须把无产阶级当作进行革命变革的物质武器，通过消灭资本主义私有制，在"人是人的最高本质"这个立足点上，实现无产阶级的自我解放和人的彻底解放，进而达到人的全面自由发展。而后现代学者认为，由于现代科技与晚期资本主义逻辑的内在联手，使资本主义社会发生了实质性的新变化，使其社会成为了物欲裹挟着的"单面社会"，人也变成了只知道物质享受的"单面人"。因而认为，资本逻辑吞没了马克思设想的生产逻辑，藉此而告别了阶级并告别了革命，未来社会实践批判没有了依靠力量，不仅是不可能了而且成为不必要的了。这样，马克思依靠无产阶级所开展的社会实践批判，已由后现代学者所倡导的后学批判——社会心理革命、意识革命、爱的革命——所替代，真正需要颠覆的不是资本主义制度本身，而是现代科技及晚期资本逻辑对人的心理欲望所产生的非法压制。事实上，现代批判的各种叙事方案并没有真正抓住马克思实践人学的核心要义，唯有回到马克思的经济语境、特别是回到其

《资本论》对资本主义的实践批判，我们才会弄清马克思的确运用资本逻辑来分析异化劳动中的生产逻辑，但并没有用资本逻辑吞没生产逻辑，相反，而是用生产逻辑在异化劳动这种特殊情形中的根本转变来丰富发展自己的先前思想。在马克思人的全面发展理论中的确残留了费尔巴哈人本学的一些痕迹，如人的类本质、类特性等，但马克思只是借用了它的一些表述和用法，人的社会性的实践本质，实质上仍然构成了其逻辑结构的深层意蕴。在马克思人的全面发展理论中存在着两种考察维度即人本与物本、人学与物学，这其实也是其人学的两种逻辑即生产逻辑与资本逻辑在理论研究中的反映。

马克思主义人学如同其他任何理论学说一样，不是凭空产生的，不是马克思恩格斯心血来潮、闭门造车的结果，也不是离开人类文明发展大道的偏狭宗派理论，因而既不是什么无根的浮萍，也不是什么镜花水月，更不是什么空穴来风。马克思主义人学有它产生的特定的时代、特定的世纪，可以说是时代的产物、历史的必然。事实上，马克思恩格斯深深扎根于 19 世纪上半期自由资本主义发展的特定经济事实中，对国际无产阶级运动的经验教训、当时自然科学发展的一系列新成果进行了科学总结，通过批判汲取人类认识史、思想发展史上一切积极优秀的思想成果，特别是通过批判继承德国古典哲学家们的思想成果而确立起来的。它的产生既是人类思想史、认识史上的一次伟大变革或自我革命，又是对各种非、反马克思主义人学思潮的有力回击和批判。从其产生之日起，马克思主义人学就始终面临诸多的挑战、质疑和诘难，始终处在与各种非、反马克思主义人学思潮的碰触和反击之中，它正是通过与诸多质疑、挑战和诘难的相比较而存在、相斗争而发展而得以展开、得以自我生成的。可以说，一部马克思主义人学发展史其实就是同各种形形色色的非、反马克思主义理论斗争的历史，马克思主义人学就是在不间断的回击和批判各种挑战、质疑和诘难的过程中不断丰富、发展、完善自己的。时下，无论是坚持捍卫马克思主义人学抑或发展创新马克思主义人学，无论是为了研究当代社会实践发展提出的新问题抑或是为了总结各门具体科学发展的新经验、新成果，都需要我们正视并从学理上认真仔细地梳理当代马克思主义人学所面临的诸多挑战、质疑和诘难，需要用马克思主义科学的世界观和方法论对之进行针锋相对的回击和反驳。

现在看来，这些挑战和诘难，使马克思主义人学严重偏离了当代中国特色社会主义的实践原则、大众立场、中国方向，这与其说是对马克思主义人学自身的巩固和发展，倒不如说是对它的自我削弱和自我颠覆；这与其说是使马克思主义人学获得了普遍成长、"文化间存在"，开辟了多种多样的自我生成之域，实现了"科际整合"和视阈融通，倒不如说是强行地将它拖向了自我缠绕的理智洞穴中，窒息了文化灵性，破损了生长机制；这与其说是对马克思主义人学积极的理性谋划与合理的思想营建，倒不如说是将之押解到了文化的边缘，和偏狭的社区胡同中，使之在小化、窄化、异化中走向了自我终结。

第一节　人的全面发展理论之批判本质的逻辑线索

一　人的全面发展理论的实践批判

在马克思看来，作为时代精神之精华、社会文明的活动灵魂的人学体系，都能满足表达、塑造并引领时代前进的现实需要，无论从外部就其形式来说，抑或从内部就其内容来看，它都要与现实世界相接触并发生相互作用，它是"被把握在思想中的时代"或者是以思想的方式所把握到的人民生活。在这种时代性的人学体系中，都蕴含了关于人的存在意义与发展方向等根本性探究的人的发展观和价值观，它集中体现在终极追问人如何获得全面发展的价值旨归与未来动势上，也映现在思考人类文明的当代情景与未来发展的观念体系中，并首先在人的发展观上摒弃虚伪的理想主义而"保持清醒的现实主义的理想主义"。① 马克思分析说，关于人的发展的学说在推翻了关于彼岸世界的所谓神学真理后，真正现实的人学思想就要以确立此岸世界的生活真理作为自己的历史使命。当人在神圣形象中的自我异化被彻底戳穿后，进一步深入社会生活中以便揭露人在非神圣形象中的自我

---

① 孙正聿：《选择与标准：我们时代的哲学理念》，《黑龙江社会科学》2015 年第 6 期，第 7—11 页。

异化并实现人的本质的理性复归，就成为当代实践人学研究的根本任务。因而，对天国的、神学的、宗教的批判考察就自然要让位于对尘世的、理性的、生活的批判分析，唯有彻底铲除得以滋长各种神圣形象或非神圣形象的社会生活基础，宗教神学、普遍理性或非理性参与资本主义对人进行严酷压制的情形才能被连根拔起。在人对人的依附性中，人要么依赖于群体，单个的人"在过去的历史时代，自然联系等等使他成为一定的狭隘人群的附属物"，① 要么依赖于"无限完满"的上帝，成为时时刻刻听命于造物主安排的神秘力量的玩偶和"卑微渺小的赎罪者"②，近代人学的使命就在于从这种被神圣形象异化和夺去的人的本质，通过反宗教、反神学的理性启蒙运动以推翻神学对人的吞噬，而让人真正复归自己异化出去的本质，实现人的本质还原旨在凸显人的主体性地位与能力，在人的理性中实现人的全面发展。而现代人学所开辟的理论道路，恰恰致力于揭露各种非神圣形象（主客二分、主体性思想、形上追问、理性至上、基础主义等）对人的本质的严重遮蔽，弄清人在排除了神圣形象对人的非法剥夺后，人又是如何在各种非神圣形象中导致自我异化的，并通过高举反理性主义旗帜、拒斥形而上学的人学梦魇，而试图实现人的本质在世俗生活中的真正复归。

马克思分析说，"对宗教的批判是其他一切批判的前提"。③ 因为，正是人自己创造了这种使自己迷失的虚假意识——宗教，它作为"被压迫生灵的叹息"、麻醉人心灵的鸦片，它是对苦难现实进行粉饰的总理论、总逻辑、总纲要和"总根据"；作为"人的本质在幻想中的实现"，④ 它是对人的颠倒的幻觉处境的"庄严补充"或抽象继续；作为人的虚幻幸福生活的期许或唯灵论的虚假荣誉，它也是人借以求得慰藉和辩护的虚构的精神花朵。因而，对宗教神学的批判是对苦难尘世"批判的胚芽"，一切现实性的批判都必须首先从批判宗教入手。但是，马克思也看到了，"人不是抽象的蛰居于世界之外的存

---

① 《马克思恩格斯选集》（第 2 卷），人民出版社 2012 年版，第 683 页。
② 宋伟：《批判与解构：从马克思到后现代的思想谱系》，人民出版社 2014 年版，第 361 页。
③ 《马克思恩格斯选集》（第 1 卷），人民出版社 2012 年版，第 1 页。
④ 《马克思恩格斯选集》（第 1 卷），人民出版社 2012 年版，第 2 页。

在物。人就是人的世界，就是国家，社会"。① 因而，对君临于人之上并主宰人类命运的神秘力量这种颠倒的世界观的批判，必须首先铲除产生这种虚假意识的社会基础、国家和法的制度，必须向低于历史发展水平的德国制度"开火"，一旦这种包含着"隐秘的缺陷"的政治社会现实本身受到了批判，"批判就提高到真正的人的问题，批判就超出了德国现状"，② 而诉诸人的类本质领域即实践领域了。可见，人在神圣形象中把自我本质异化为支配自己的神秘力量，上帝成为主宰人类的万能的主，它无所不在且无所不能地安排着人与自然的一切，人作为依附于上帝的工具而存在。这样，人自身所实现的任何发展实际上都是为了证明上帝的伟大与神圣，人的本质被外在于人的神夺去了，神性高于并大于人性，神或上帝的存在与发展代替了人本身的存在与发展。而西方近代人学的根本使命就在于揭露这种神圣形象的命定性、虚幻性和欺骗性，并通过张扬理性至上主义及其人的主体性能力，来摒弃上帝的异化力量；通过对上帝进行自然化、泛神论、物质化和人性化，逐渐解构了上帝的至上权威及神圣形象，把人的本质归还给了人的理性。但，吊诡的是，人在解构神圣形象对人的外在支配时，又把自身的理性抬高到了无以复加的地步，产生了理性高于一切的唯理主义的文化霸权，并把这个非神圣形象代替了上帝的神圣形象，这样又在自己的理性中造成了新的异化，使本来内在于人的理性变成了统治人的异己性的外在力量。人又在非神圣形象中不能成为自我或再次失去了自我，人的本质虽然没有外化出去而变成异己性的东西，但却在人自身中发生了异化，把人自己激发与活化的理性，变成了凌驾于人之上的新的造物主，使人饱受无人身的抽象理性的欺压、"形而上学的恐怖"和"本质主义的肆虐"。③ 人把上帝推下了神学祭坛，但又把自己的理性拉上了神坛，人接受抽象统治之时，实际上就是在精神领域接受物质力量的统治，因为理性的抽象统治不过是物质统治的理论映现而已。人在摆脱了对人和群体的依赖而获得独立

---

① 《马克思恩格斯选集》（第 1 卷），人民出版社 2012 年版，第 1 页。
② 《马克思恩格斯选集》（第 1 卷），人民出版社 2012 年版，第 6 页。
③ 任平：《当代视野中的马克思主义哲学》，人民出版社 2010 年版，第 200 页。

存在之时，事实上并非是真正的独立，而是以对物的依赖性为基础的，人的存在及发展都受物的支配，并以物化或异化的方式丢掉了自我本质，迷失自我，沦为他者。而现代人学的根本旨趣就在于，重新揭露人在非神圣形象中的自我异化，竭力通过理性的自我批判而把自己异化给理性的本质归还给人自身。

马克思的实践人学，显然隶属于现代人学范畴，如其他现代人学体系一样，它渴望消除非神圣形象的理性对人的钳制，而实现人的自我解放和自由全面地发展，使人的本质返回人自己。但，与其他现代人学体系不同的是，马克思实践人学认为，统治着人的物质关系比理性对人的统治更为根本、更为基础，或者说，理性对人的支配实质上建基于物质关系对人的支配。如果把对天国的批判、对宗教的批判、对神圣形象的批判，仅仅变成对理性的批判，换言之，仅仅在理性领域内部去扬弃异化，以理性批判代替尘世的批判和政治的批判，无论把理性视为狂热的理性抑或冷酷的理性，对人的解放与自由发展来说，都无济于事，都根本不能彻底地颠覆神圣形象（上帝）或者非神圣形象（理性）产生的物质基础，不能消解本质主义对人的肆虐，也不能实现人的本质的还原。与之有别，马克思认为，对这种"置现实的人于不顾，或者只凭虚构的方式满足整个的人"的现实社会制度的批判，"只有一个解决办法：实践"，[①] 换言之，唯有发动实践转向，从现实的人及其实践活动出发，以实践的把握方式来揭示人与自然、人与社会、人与自身的复杂性的矛盾关系，用现实的、总体性的实践理性去批判无人身的纯粹理性，才能达到对人与世界关系的实践批判。

马克思要求对现实社会的实践批判是一种"有原则高度的"批判，它要求将批判提升到"人的高度的革命"[②] 意义上进行，其人学革命的基本内涵包括两个方面：一是，这种实践批判不仅要批判作为旧制度的"公开的完成"的德国的现存制度，"而且同时还要批判这种制度的抽象继续"[③] ——德国思辨哲学。它在观念领域对巩固旧制

---

① 《马克思恩格斯选集》（第1卷），人民出版社2012年版，第9页。
② 《马克思恩格斯选集》（第1卷），人民出版社2012年版，第9页。
③ 《马克思恩格斯选集》（第1卷），人民出版社2012年版，第8页。

度的存在提供了合法性的论证，因而，对维护这种旧制度的"观念的补充"的批判，其实首要的就是要对黑格尔法哲学的彻底批判。对此，当时德国的"实践政治派"也强调了这种哲学批判的重要性，但其错误"不在于提出了这种要求，而在于停留于这个要求"，因而不可能也没有真正实现这一要求，只是背过身去、扭过头来对这种哲学理性"嘟囔几句陈腐的气话"罢了。① 根本没有把哲学归入德国的现实，没有看到哲学已然成为社会现实的一部分及在观念上的延续，要消灭哲学就必须从现实生活的胚芽出发并诉诸实践性的革命变革，才能完成对这种理性的彻底根除。另一种"理论政治派"倒是强调了对社会现实的批判，但，可惜的是，非但不能对自己的哲学开展批判，反而以之作为批判的前提和武器。这种对旧哲学采取非批判的立场，同样只是用另一种形式来解释现存的东西，使理性批判停留于理论内部，不可能达到改造社会现实的实践目的。二是，马克思强调的这种有原则高度的批判是物质性的批判而非乌托邦式的梦想，是彻底的、能够说服人的、抓住人的根本的、掌握足够多群众的实践性批判，是"最后归结为人是人的最高本质"② 意义上的批判，它不仅要把人从外在的宗教笃诚中（神圣形象）解放出来，而且能够从理性（非神圣形象）这种心灵的锁链中解放出来，这种实践性批判才能真正解放人民并把人变成人。在马克思看来，要开展这种彻底的人民革命并实现普遍人的普遍解放，就必须要找到一个特殊的阶级——无产阶级并使之与哲学实现内在联手、相互为用，即哲学要把无产阶级当作进行革命变革的物质武器，而无产阶级则把哲学当作自己进行现实革命的精神武器。无产阶级通过消灭私有财产和一切奴役人的制度，宣告了现存的资本主义制度的最终解体，从而在人是人的最高本质这个立足点上，达到了无产阶级的自我解放和人的彻底解放。可见，马克思发动的这种以改变世界为目的的实践转向，从根本上消解了人在神圣形象或非神圣形象中自我异化的社会根源，从人与世界的实践性关系出发，把人对人依赖和对物的依赖以实践的方式转变为人的自由个性的充分发展，并将自己的实

---

① 《马克思恩格斯选集》（第1卷），人民出版社2012年版，第8页。
② 《马克思恩格斯选集》（第1卷），人民出版社2012年版，第10页。

践唯物主义人学定位于人类以自己的实践活动及其历史发展所实现的自我解放的思想体系，当然也是无产阶级通过社会变革以消灭哲学、消灭自身并实现共产主义的思想体系。

二　人的全面发展理论的后现代批判

今天，在当代中国马克思实践人学体系面临了历时性矛盾的共时性呈现，近代启蒙和现代批判的任务还任重而道远，又遭遇到了后现代主义的强力解构以及新后现代主义强力转型的逼迫，各种矛盾交织叠加在一起，使马克思人学研究范式及其价值导向面临着严峻挑战。就西方的现代化过程和现代性成果来看，西方现代科技的迅速发展及生产的社会化程度的提高，使晚期资本主义的现代劳动方式发生巨大转变，现代工人阶级受教育程度的提高和文化道德素质的全面提升，资本的所有权、控股权与经营权、管理权的分离，从事服务性行业的白领工人的大幅度攀升，进而使得资本主义社会的社会阶层与阶级结构都发生了很多变化。基于此，一些西方马克思主义学者，如马尔库塞、霍克海默、阿道尔诺、哈贝马斯等人，看到了现代科技的发展只是意味着资本家榨取工人血汗的艺术的进步，其带来的社会化程度的普遍发展并没有实现人的全面发展，相反，却使人变成了只知道物质消费的"单面人"和畸形人。而且认为，资本主义社会的全面发展使得工人阶级已经由原来的生产者阶级转变成了非生产者阶级，马克思设想的实现未来社会革命的希望不能再寄托给工人阶级了，他们没有了任何的反抗意识和担当情怀，不再是社会革命的主体了，这样就取缔了马克思关于工人阶级是社会主义革命的领导力量的理论。未来革命的希望只能寄托在科技干部、知识青年或长期被遗弃者、"其他种族、其他肤色的受剥削者和受迫害者，失业者和不能就业者"，这些人还多少保留了些反叛意识。① 在晚期资本主义文化逻辑中，劳资矛盾、阶级对抗已经不再是不可调和的了，无产阶级已经被资本主义后工业时期的文化逻辑内在溶解并融合了。劳动阶级无论在文化上、意识上抑或在社会存在上、全面发展上，都与资本主义相互融合、相

---

① Marcuse, *One Dimensional Man. Boston*, Beacon Press , 1964, p. 257.

互同化了，完全改变了劳动阶级的反叛意识、革命态度，使之失去了批判思维、革命激情与否定能力，反而变成了维护资本主义发展的支柱力量（消极工具），而且资本主义的阶级结构与阶级功能发生了实质性的变化，阶级间的对抗不再是推动社会发展的内在动力了。这样，后工业时期的经济、政治、军事等各种组织统统联合起来，蓝领与白领、劳动者与资本家及不同社会阶级的"闲暇活动与向往之间，逐渐同化"。[①] 保存与完善这个社会制度倒成为了高于一切的共同诉求，这种站在公共利益上的人民诉求实现了一切敌对者的内在联合，使得社会发展在一种非爆发性的进化中为人类社会全面进步劈开了新方向。在他们看来，原来的工人阶级非无产阶级化了，成为了工人贵族和资本主义的卫士，不再是一个革命的阶级和社会发展的主体。如，列斐伏尔在其《资本主义的幸存》一书中认为，"工人阶级不具有革命的本质，不是持续不断革命的承担者"，[②] 它已经变质了，不再是推动社会革命和实现未来发展的依靠力量了。再如，马勒在其《新工人阶级》中认为，唯有依靠"新的'工人阶级'"即"只有卷入到最发达的技术文明过程中的积极的人民阶层，才能表述它的异化并想象更高的发展形式"，[③] 这种以小资产阶级知识分子为主的新阶级，开展的不是社会意义上的革命而是文化心理层面的意识革命，要激发人们心理深层的反叛意识而不能为物质繁荣的现代生活所消解。在究竟谁是未来革命的主体和对象这个问题上，西方学者认为由于工人阶级丧失了革命斗志与主体作用，再不能委之以发动革命的托付与重任了，未来的革命阶级只能在社会实践中、在意识的发展中、在行动的发展中重新发现并组织起来；又由于晚期资本主义的文化逻辑具有强大的意识形态的同化作用，成为参与资本主义对人进行全面压制的精神压迫体系，也使得工人阶级和社会大众被资本化了，变得消极沉默了，后工业化的文化历史实际上已经成为对人的全面压制史，因而对资本主义的革命颠覆不是在制度上而是在文化或心理上。

---

① Marcuse, *One Dimensional Man*, Boston, Beacon Press, 1964, p. 18.

② 吴宁：《日常生活批判：列斐伏尔哲学思想研究》，人民出版社 2007 年版，第 72 页。

③ 陈学明：《"西方马克思主义"命题辞典》，东方出版社 2004 年版，第 27 页。

西方马克思主义者基于对现代后工业文明及其弊病的分析，否定了社会发展与人的发展的内在一致性，认为社会物质文明的强大反而导致了对人的全面压制，在后工业时代根本不可能实现人的全面自由的发展。在他们看来，现代科技与资本逻辑的内在整合，成为参与资本主义制度对人进行非法统治的最有效、最安全的社会工具。它并没有促进自由的扩大、人性的解放、社会的进步、文明的提升，相反却在全面异化和物化过程中使一切陈腐的东西都卷土重来；并没有带来人类的普遍幸福、文明的全面进步、经济社会的快速增长、人的全面自由发展，相反，而是带来了统治者对广大弱势群体支配力的全面加强，对人性自由的全面压制，主导了经济社会的日益野蛮、自我毁灭和全面崩溃。这表明晚期资本主义文化逻辑及其政治经济上的极权主义，已然成为扼杀人性的"集中营"、"绞刑吏的记号下"的文明。①它的过度工业化、商品化、技术化，导致了人的机械化、程式化、配件化，它的强迫性、控制性、单一性的消费与生产模式，导致了科技工具理性的张扬而人文价值理性的迷失，个体自主性、自由性的全面沦丧和人的全面异化物化的普遍生成。发达的、步入后工业时代的资本主义，科技运用的非人性化、资本逻辑的同质化、精神压迫的体系化、社会消费的"沙文"化，抹煞了人们在本质、个性、价值、欲望等一切方面的任何差别，使人在思想、行动、技能与愿望等各方面都被物质化、异己化了。整齐划一的社会同质化，不仅造就了没有个性、没有自由、没有感情、没有自我、没有灵魂的单纯的原子组合，而且人在本质上被物化为异类，人被强大的物质欲望旋涡裹挟着对一切都丧失了兴趣，从此不再追求人是什么、我是谁，不再关注人从何处来又到何处去，一切做人的道理都被无情的资本逻辑吞噬了。在他们看来，导致这一切的并非资本主义制度使然，而应完全归结于现代科技的不合理运用，应该被批判、被否定的不是资本主义制度本身而是它的科技、物质计划，马克思人的发展观面对后工业时代的资本逻辑，许多理论都已经全面失灵。马克思对资本主义的批判性预言是正

---

① Horkheimer, Kritik der instrumentellen Vernunft, hrsg. von Alfred Schmidt, Frankurt, 1967, Zweite Band. s. 30.

确的，资本主义高度发展将导致它走向日益腐朽并终将被一种新社会所取代，但资本逻辑与科技理性的联手所带来的全面压制、全面异化，使一切都沉陷于社会的同质化、单面性中去了，并不能催生工人阶级的革命意识与反叛行为。由于后现代资本主义对人的压制不仅仅表现在经济和政治上，而且表现在文化和心理上，这些都通过丰富繁荣的物质文明的同化作用及深入社会生活的各个方面的精神压迫来显现。人不仅在外部受物欲支配而被物化了，人性泯灭并沦为异类，而且在内部被铺天盖地的资本文化吞没了，在意识形态、心理深层被资本化了。人除了一味索取物质成果而满足虚假消费外，精神和心理上都被麻痹掉了，人自甘沉沦而与物等同，没有了反思批判意识也不再有革命性的行动，愿意与资本主义实现内在一体化，自愿成为处处维护其存在与发展的肯定性力量。这样，他们就宣布马克思关于工人阶级是社会主义革命领导力量的分析缺乏社会现实基础，必须用弗洛伊德的心理分析强行予以补充。揭示了后现代资本主义的全面发展不是赢得了社会的"革命高潮"，相反而是赢得了工人阶级的消失与"革命的低潮"，[1] 不是无产阶级和人类的社会解放而是人心理学革命的展开，不是颠覆资本主义制度本身而是要消除它的多余压制并实现人性自觉、灵魂自救、心理解放，甚至是"力比多"的自由释放。

三　人的全面发展理论的社会批判

　　关于人是什么，可谓见仁见智。譬如，"'人是长着两条腿的没有羽毛的动物'（柏拉图），'人是政治动物'（亚里士多德），'人是奇怪的动物'（拜伦），'人是能制造劳动工具的动物'（本·富兰克林），'人是一棵能思想的芦苇'（巴斯噶），'人是在大自然的舞台上从事表演的傀儡'（维尼），'人是机器'（拉·美特利），'那个自然界在其中化成有人格、有意识、有理性的实体的东西叫做人'（费尔巴哈）"等等，[2] 都没有揭示出人的本质。类同于此，西方马克思主义者认为，人的真正本质不在于他的实践性或者社会性，而恰恰在于

---

① Marcuse, *Counterrevolution and Revolt*, Boston, Beacon Press, 1972, p. 5.

② 薛德震：《人的哲学论纲》，人民出版社 2005 年版，第 1 页。

他的生物本能或性爱的欲望冲动，人的真正幸福在于摆脱各种压制而获得个性自由，人的全面发展就是人摆脱了一切社会上、技术上、文化上的多余压制而无拘无束地自由发展，自由个性的实现就是人的最大幸福。但，在后工业时代的资本主义使这一切都化为了乌有，严重制约着人的自由和全面发展的实际兑现。因为，在晚期资本主义社会对人产生了"多余的压制"，① 显现出技术越进步人受到的压制就越严重，社会越发展人受到的奴役就越残酷，现代资本逻辑下技术理性和社会发展的全面性，实际上成为压抑人的个性生长的普遍性，在其反人类的异己性统治及其制造的虚假需要的掩饰下，人的全面发展的合理性被驯化为只知生活享受的单面性，抑制并转移了人对抗社会的任何一种反抗精神与离心力量，用技术和文化而不是用恐怖与打压，化解了一切矛盾和危机，使一切革命意志与对抗行为都成为不可能。"当代人的全面的异化"代替了其全面自由的发展，"单面人"与"单面社会"② 就是资本逻辑与技术控制的必然产物，人被物欲裹挟并沉迷其中，当下逍遥就是一切，未来关切有谁问津。人类社会的发展史就是全面压制不断增长的历史，而科学技术进步史也成为了全面奴役不断扩张的历史，不仅社会的全面发展与人的发展相疏离，而且技术的全面进步也与人的发展渐行渐远。那么，要实现人的真正解放和全面发展，就必须首先解除深深侵入个人生活本源处的资本逻辑，真正消解晚期资本主义文化霸权和技术理性对人和社会的背反性统治，真正消解吞噬个人本性及其爱欲冲动的各种精神的、意识的、文化的、心理的"压制工艺"，真正解放人、解放人性、释放个性自由与爱欲冲动，而不是马克思所设想的社会革命或政治革命。反压制、反文化、反技术的革命与行动具有"非正统性质"，它反抗的是商品化、技术化、自动化所造成的人的畸形化、扭曲化与模压化，要推翻的是广告宣传与社会舆论所制造的虚假标准与道德欺骗，"而并不涉及社会经济制度"。③ 传统意义上的政治解放早已失效，它已经归结

① Marcuse, *Eros and Civilization*, Boston, Beacon Press, 1962, p. 37.
② Marcuse, *One Dimensional Man*, Boston, Beacon Press, 1964, p. 9.
③ Marcuse, *Eassay on Liberation*, Boston, Beacon Press, 1969, p. 57.

于人的心理的解放，社会革命业已被心理革命、意识革命和本能革命所替代。全面发展的人就是用新人本主义思想培育出来的"性本能彻底解放"了的新人一族，全面发展的社会就是采用"大拒绝"而非颠覆制度的策略以重新激活人的反叛意识的社会。① 人与社会未来发展的乌托邦理想就是消除一切多余压制、取缔技术对人性的控制，实现爱欲关系普遍化、个性自由扩大化、劳动工作游戏化，使人真正过上一种无忧无虑的和谐的宁静生活。要实现这种"大拒绝"的心理学革命，不能指望传统的无产阶级来领导，因为它已被资本主义同化了，不再具有任何反抗精神与革命意志，不再是对资本主义否定的先锋力量，而变成了它的肯定力量与维护者，已与之合为一体，堕落于平庸、沉迷于享受。在哈贝马斯看来，在资本主义技术理性统治下，不仅马克思的劳动价值论、剩余价值论均"失去了应用的前提"、"作用与意义"，② 而且由于"无产阶级无论在客观上或主观上都不再是无产阶级了"，马克思关于阶级斗争和社会革命的理论自然"已失去了它的对象"。③ 资本主义社会的政治对立已隐藏，阶级斗争已消沉，政治经济的制度危机已转化为心理危机与性自由的合法化危机，真正到了告别社会革命和阶级斗争的时代了。生产的社会化与生产资料私人占有之间的矛盾依然存在，但已经不是资本主义社会的基本矛盾，变得具有次要的地位了，未来社会革命的方向与任务发生了重大转变。要彻底铲除人和社会的全面异化，不是推翻资本主义制度本身，而是从物质欲望中解脱出来，激活人"对物质福利的厌恶"，并对官僚化的全面压制保持警觉，形成一种反抗舆论才能完成。显然这种革命性的乌托邦的实现完全有待于社会新主体的产生，依靠科技知识分子的催化将社会上具有反抗精神的弱势群体联合起来，就有可能担负起这种超现实的革命重托。

西方现代学者对资本主义社会弊病的批判可谓极其深刻，触及到了社会生活的全部领域及社会心理的深层结构，但是，他们没有也不

---

① Marcuse, *One Dimensional Man*, Boston, Beacon Press, 1964, p. 170.

② Habermas, *Kultur, und Kritik*, Frankfurt, 1973, s. 75.

③ Habermas, *Theorie und Praxis*, Frankfurt, 1971, s. 229.

可能将资本主义对人的发展的窒息作用归结为资本主义制度本身，而是归结为科技及文化的负效应。因而其推断出的基本结论并没有任何理论依据和事实支撑，对马克思人民主体性思想、阶级斗争与革命理论的批判也很牵强。对此，后现代主义人学走的就更激进、更偏斜。它虽与现代主义人学一样，也反对现代理性主义层级性的人学设计，但在对人类生存与发展问题的关切中，试图消解现代理性深层结构中那种根源性、基础性的内在本质，反对为人先验地预设一个永恒的、终极的人性本体，那么，在消解一切形而上学及其人道主义标杆后，又使人类陷入了一种缺乏深层意义引领的虚无主义世界里，产生了非人类性的文化断裂，使人不能承受没有生存意义、没有生命价值导引的"人道主义的崩塌"、"人文主义的迷失"、"'宏达叙事'的危机"。① 在马克思人学与后现代主义人学内在牵手后，产生了两种新版本的新后现代主义的人学叙事方案：一种激进的后现代主义，它主张对传统人学的形上理性进行彻底批判，试图推翻逻辑中心主义或语音中心主义、消解以主客二分为特征的主体性哲学和人类中心主义，瓦解独断性、整体性、结构性、系统性、层级性的人学方案，毁灭一切具有总体性痕迹、历时性特征的思想秩序，特别是要解构一切人道主义及其价值体系的理性梦魇对人的极权化牵制。这种观点认为，现代理性在赋予人的存在与发展以伦理道德秩序的同时，也力图用形上理性的系统建构来归类和控制人的一切经验形式，人的一切活动均受到了理性帝国主义的非法干涉，人的存在与发展都陷入总体化、统一性的主体性哲学的抽象统治中。而且求助于宏大叙事的元话语或权利话语，非但不能兑现人类解放的虚幻承诺，反而窒息并扼杀了现代人学的思想活力。故而，反对把人看做世界的主人或主体，更诟病"物为人而存在"的人类中心主义，认为人根本没有支配、驾驭并控制自然的至上权利，更不应该利用一切可以利用的东西掠夺自然而为人谋求福祉。相反，认为人不是存在的主人，一切皆为非理性的存在所决定，存在自己显现自身、自己开拓自身，而"人在存在的近处，人是

---

① 刘建新：《马克思现代性批判视域中的人的全面发展》，人民出版社 2009 年版，第 16 页。

存在的邻居"。① 当人死了、主体死了之后，当代人的发展观不是建立在某种人道主义的道德秩序上，而是建立在对一种生存风格的个人选择上，这样才能展现纯粹个体的自由个性与内在本质。但是，当这种激进的新后现代人学策略真正付诸实施时，人们发现由于其从事消解而不从事建设，从而使人学及人的发展观又陷入一场崩溃性的逻辑中，形成了一种人道主义荒漠和一片无人空地，使人遭遇人生意义低迷、自我身份遗失的不能承受生命之轻的"存在主义的焦虑"。②

另一种温和的新后现代马克思主义人学认为，20 世纪晚期以来，伴随着飞速发展的现代科技与日益刚性的资本逻辑的联手，引发了诸如生态破坏、环境失衡、空气污染、气候恶化、土地沙化、食品毒化、物种灭绝、人口膨胀、粮食短缺、资源枯竭等生态危机，人类为了自身的存在与发展纷纷树起了全球性生态保护的绿色主义旗帜，普遍开展生态伦理、环境伦理与科技伦理的反人类中心主义研究，后现代主义者也于此时要求马克思主义与生态学融合并实现一次生态学转化，劈开生态学马克思主义研究的新视域以适应当代生态关怀的需要。认为，正义平等的价值原则也应适用于人类之外的自然领域，一切生命体都是神圣的、至上的，仅仅维护人的生命价值及其尊严而忽视乃至蔑视自然生命意义的人类中心主义，实际上是一种"人类沙文主义"，必须实现马克思主义与现代生态学、过程哲学、有机哲学的内在结合，建立有机马克思主义或生态马克思主义，才能有效应对现代生态危机给人类造成的严重危害。它认为晚期资本主义的文化逻辑建立在一种错误的理论假设上，认为自然资源可以实现无极限增长，人类只要迅猛地提高劳动生产率就能实现剩余价值最大化，为人类的生存与发展谋求到更多更好的福祉，极端个人主义和过度的消费主义致使因对自然资源的过度攫取而引发了生态危机和人类灾难，因而强调对现代资本逻辑及高新科技进行生态学批判。一方面，由于传统马克思主义也强调人与自然的和合共生、协调发展，反对对自然资源的

---

① 张志伟：《西方哲学问题研究》，中国人民大学出版社 1999 年版，第 191 页。
② 李兵：《生存与解放——马克思关于人类解放的哲学主题》，人民出版社 2007 年版，第 51 页。

毁灭性开发，强调生态保护、综合平衡的重要性，所以马克思主义与现代生态学具有内在的兼容性；但另一方面，由于传统马克思主义过多地关注了人类社会的现代化及阶级斗争的重要性，而过少或者忽视了生态保护、人与自然相互异化的问题，所以传统马克思主义必须引入现代生态学理念，使之发生后现代生态转向并构建一种温和的、建设性的后现代马克思主义，以克服现代性引发的人与自然的深层次矛盾。虽然生态马克思主义或有机马克思主义的基本结论我们无法苟同，但认为马克思主义应实现生态关怀、生态思维、生态重建和生态转向，表明这种生态世界观中还是具有一定的启示性的，毕竟理性地映现了后工业时期生态问题凸显的时代需要和对资本主义进行变革的必要，"指明了推进马克思主义当代发展的一个重要方向"，① 值得我们重视和深入探讨。当然，其蕴含的"有神论或泛心论（泛经验论）"、唯心主义和神学目的论，以及自然界人格化、神秘的泛灵论、上帝的万能论等神学元素，表明它实质上是"传统先验主义与普遍原则主义理论的新的变体"。② 非但不能体现马克思主义的时代精神、阶级意识与革命意蕴，反而为马克思主义基本原理注入了一些异质性的思想因子并对之造成了严重的精神内伤。无论其具有多么温和与建设性的意义，它实质上不过是对之解构策略的一种巧妙运用而已。

在马克思对资本逻辑的现代性批判中已经包含并展开了某种后现代的理论视野，它在关键的"预示性时刻"已经瞥见到了现代社会通向后现代社会的端倪与走势。所以，后现代的批判视域，总的看来，并没有超越马克思批判逻辑所劈开的人类实现全面发展和自由解放的思想高度。现代性及其资本逻辑占满了生活的所有空间，使一切自在世界都变成了价值世界，世界上的一切都被纳入到主体理性的算计之中；人与自然、人与社会、人与人、人与自我身心、人的目的与手段等一切方面均发生了严重疏离与异化，人被自己的现代化捆绑在技术"座架"上；理性制造的实体性力量发生了自反性，使人处于

① 汪信砚：《有机马克思主义与马克思的马克思主义》，《哲学研究》2015 年第 11 期，第 5—11 页。

② 夏基松：《现代西方哲学》，上海人民出版社 2006 年版，第 527 页。

非神圣形象的全面分割、宰制、规训的"集制"下，遗忘了"在"的真义与做人的根本，使"此在"之真义处于遮蔽状态。那么，中国现代化事业该怎样重构并张扬现代性呢？既要避免西方现代性的过往弊病又要实现对它的合理超越，这只能在社会主义的集体主义中才能保持对科技、对理性、对人与自然关系的控制与自由，而要实现人的全面自由发展和普遍解放，也只能"来自于未来美好社会主义的预设"①，甚至来自于"资本主义体系内的逐步社会主义化"②。无论后现代资本逻辑的自我改良抑或小知识分子的心理学革命，无论各种后马克思主义的解构与颠覆抑或中国传统儒学的马克思主义化，都不能担承指导中国现代化事业的未来发展，中国特色社会主义才是实现现代化的历史必由之路。

相比之下，在马克思唯物史观看来，物质资料生产方式是社会发展的阶段力量，它制约着社会发展当然包括人的发展的全部社会生活，是人赖以生存与发展的基础与前提，决定着人及其生活于其中的社会的性质结构与面貌，决定整个社会历史的变迁和社会形态的更替。承认了这一点，也就承认了人民群众是开展社会活动特别是从事物质生产的主体，那么，在进一步深入的理解中就必然合乎逻辑地推断出人民群众是历史的创造者的科学结论。承认社会存在决定社会意识，就必然承认人民群众是历史创造者，这二者在唯物史观中的内在关联既是它的主要内容也是它的根本特征。因为，人们的社会存在就是他们的实际生活过程，其中主要是物质资料生产的过程；人的本质属性是社会属性，这种属性表现在一切社会关系的总和中。这样，唯有从社会存在及其一切社会关系特别是阶级关系中，才能认识并把握人的实践本质及其全面发展。物质生产及其生产方式制约着人的全面社会生活及其社会本质的现实展开，而从事物质生产的劳动群众显然是社会生产力中的最重要因素，是社会生产方式的主体，也就是社会历史发展的最稳定的部分，是推动历史发展的主力军，归根结底是他

---

① 孙利天、韩庆祥、乔瑞金：《"唯物史观视域中的现代性问题"笔谈》，《中国社会科学》2016年第2期，第4—18页。

② ［美］约瑟夫·熊彼特：《资本主义、社会主义与民主》，吴良健译，商务印书馆2011年版，第339页。

们在左右着历史前进的方向。社会的一切物质的、精神的财富都是人民的劳动创造的，人民创造并变革着全部社会生活的内容与方式，是社会变革的决定力量。人民群众的这种历史创造作用与社会历史前进的总过程是内在统一的，人民主体性与历史前进性是内在一致的，人民主体是顺应并代表先进生产力发展要求，变革旧的生产关系、旧制度与观念的社会物质力量，也就是推动社会发展最终的决定力量。而且，从精神动力上分析也是如此，人民的意愿体现了社会发展的主流、预示着历史前进的方向，历史发展的大势不可阻挡，人民群众的人心所向不可违背，这二者也是内在一致的。坚持这一点就要坚持无产阶级政党的群众观点与群众路线，坚信人民群众自己能够解放并发展自己，坚信人民群众是无产阶级政党的力量源泉与胜利之本，要紧紧依靠并相信人民，尊重人民主体地位，总结人民实践创造经验，提高其认识自己主体地位、社会利益与创造力量的自觉性。在列宁看来，"生机勃勃的创造性的社会主义是由人民群众自己创立的"。① 推动人的全面自由发展，是以无产阶级为核心的人民群众自己的事业。在推动社会全面进步并实现人的全面自由发展过程中，人民群众的积极性与组织化程度的增长，其在社会历史发展中决定性作用的增强，人民主体性能力与水平的全面彰显，从社会历史发展的主体视角揭示了推进历史发展的内在动力，体现了历史发展的必然趋势。一个社会发展的广度与深度，人在这个社会发展中所实现的全面性、自由性的程度与速度，直接取决于以无产阶级为核心的人民群众的参与程度。正如习总书记所说，"我们必须把人民利益放在第一位，任何时候任何情况下，与人民群众同呼吸共命运的立场不能变，全心全意为人民服务的宗旨不能忘，坚信群众是真正英雄的历史唯物主义观点不能丢"。② 当然，人民群众创造历史的主体性作用不可能自发实现，它需要划分为阶级并由其先进性的政党来领导，才能组建成强有力的历史主体而发挥作用。这样，就通过社会联系、阶级联系及其组织作

---

① 《列宁全集》（第 33 卷），人民出版社 1985 年版，第 53 页。
② 习近平：《在庆祝中国人民政治协商会议成立 65 周年大会上的讲话》，人民出版社 2014 年版，第 17 页。

用，将以无产阶级为核心的人民群众的创造力量与人的全面发展的价值旨归，在中国特色社会主义现代化建设中内在统一起来，实现了社会全面进步与人的全面发展的辩证统一。

当代资本主义在阶级阶层关系及其内在结构上、在资本占有及其融聚方式的社会化程度上、在社会福利的普遍化全民化上、在资本逻辑与科技理性内在整合上、在社会消费模式及文化的控制力上、在政治指导多元化及公民权利扩大化上，的确产生了一系列的新变化。但资本主义根本制度及其基本矛盾并没有改变，资本与新劳工阶层之间的支配与反支配、剥削与反剥削、压制反压制的斗争依然存在；两极分化、贫富悬殊在拉大，无产阶级贫困化在加剧，科技、文化、意识形态特别是政治上对人的控制作用在增强的情况下，无产阶级争取自身权益的斗争仍然是推动资本主义新变化的重要力量；无产阶级的主体地位及其革命意愿并没有改变，资产阶级全面剥削与全面压制无产阶级的政治统治功能也没有变，资本主义各种危机及其原有痼疾不可能得到自动克服。这一切都没有改变马克思主义关于资本主义基本论断、关于阶级斗争与社会革命的基本原理、关于人民主体性及其全面自由发展思想的科学性。而现代西方的种种社会批判理论及后现代的多样的社会解构策略，都借口资本主义晚期已经产生了诸多新变化，故而无须颠覆资本主义制度就能够通过自身的内在调整，或者通过"大拒绝"的不合作策略、社会交往的普遍化方案，或者通过全面消解、彻底解构的激进举措，或者通过人与自然的生态整合而对资本主义进行改造等，都是"看出了病而开错了方"，都没有看到资本主义新变化的制度根源及阶级实质，不能对资本主义全面压制人的本性及其全面发展的内在机制作出科学说明。

第二节　生产逻辑、资本逻辑与实践逻辑及其相互关系

一　以生产逻辑诠释人的全面发展理论

长期以来，学界一直坚持这种看法，认为既然马克思实现了从物质本体论到实践本体论（劳动本体论）的哲学变革，它就形成了自

己的实践主体性的人学发展理路，那么以生产逻辑（劳动逻辑）来解释人的全面发展就自然成为主导逻辑或者总体逻辑，不仅马克思分析异化劳动及其扬弃坚持的是这一理路，在《资本论》中贯彻的也是这一理路。当然这种看法是有问题的，唯有深入马克思人学思想形成与发展的逻辑深层并重构历史唯物主义的人学体系，才能为创新马克思人的发展观提供一种新的契机。在一般唯物主义平台上谈人的发展问题，在人、主体之上悬置了一种支配一切、决定一切的物质本体，人的主体性地位与作用事实上被消解了，这不仅将马克思人学拉回到了前康德的机械唯物主义中，而且还使其整个解释体系都陷入到了宿命论中。物本主义对人的发展的解释框架，不仅引发了西方马克思主义者的不满，也是改革开放以来招致国内哲学同仁对之批判的焦点。马克思哲学关注的不是与人无关的纯粹自然，在何种意义是先在于人、外在于人的问题，而是在人与世界的实践关联中，人作为主体如何改变自然并使之为人而存在的问题，是人通过自己的生产劳动如何获得自身解放和全面发展的问题。马克思哲学不是自然或者物质本体论，而是以人的全面发展为根本旨趣的实践唯物主义人学。

早年的马克思，受黑格尔自我意识和费尔巴哈人本学的思想影响，在其对人的发展问题进行诠释的生产逻辑中，还残存着唯心主义和旧唯物主义的各种思想因子。认为在人的生产劳动中所激发与创生的自我意识，是人的一种自由性的类意识，而不是什么纯粹个人的主观意识，是内在于众多个体并被社会所肯认的类主体的共同意识，它体现了自由精神的人民性与类特性。但是，这种自由的类本质在市民社会和雇佣劳动中陷入全面异化，导致了人的片面的、畸形的发展，唯有在共产主义才能破除异化实现人的自由自主的全面发展。随着唯物史观的形成与发展，马克思从分析自我意识和类主体而产生的抽象性的生产逻辑，逐步走向了以分析现实的人及其生产方式为基础的历史性的生产逻辑，人作为主体性的社会存在物，在其所开展的社会实践中，不会成为社会结构或者社会逻辑的牺牲品与附属物，而是在社会劳动中不断张扬自己的自主性、能动性和自由性。因为，随着生产方式的变革而引发的社会结构的变化，的确能够一定程度上发展人的主体性能力，但是，从"类主体"、"人民性"的意义上考察人的发展问题，多少具有哲学想象的成分。马克思分析说，如果用自我意识哲学来考察人的发展问题，很容易得出这样的臆想：只要社会发展了、类主体发展了，就实现了人的真正发展。人的发展，其实就是类或人得到了发展，或者说，"这些个人发展了人"，这实际上"是对历史的莫大侮辱"。① 马克思认识到，虽然在资本主义私有财产与异化劳动中，人的生产劳动表现为与自主性活动的分离，与人的自由全面发展的背离，劳动本身不是对自己本质力量的占有而是对生命的摧残，但在生产逻辑发展的极端化，却会唤起无产阶级的革命行动，变革生产逻辑及其社会结构，以阶级主体所主导的社会力量来打破一切旧的社会形式，重新实现对人的本质力量的全面占有，把劳动变成"吸引人的"、"成为个人的自我实现"② 的主体性的自由活动。

但是，有人认为，还要看到，在马克思人的发展思想中，人作为实践主体而开展出的"人类学意义上的生产逻辑"，与人作为异化主体而"批判资本主义社会的资本逻辑"，不是交相辉映、一同生成、一同构建的。唯有弄清马克思从一般唯物主义到实践唯物主义的转变、从"类主体"的生产逻辑到资本逻辑的转变，才能真正明晰马克思人的全面发展理论的逻辑结构与主体定位问题。③ 换言之，在马克思早期文本中透露出的是一种基于人类学意义、类本质基础上的实践主体及其生产逻辑（劳动逻辑），马克思人的发展中的这种实践人学的逻辑路线，一直延伸到了 1857—1858 年马克思写作《资本论》的准备阶段。但这种生产逻辑的思想线路在《资本论》中没有得到运用和贯彻，马克思在《资本论》中所开辟的对资本主义社会批判的资本逻辑，不是生产逻辑的简单套用与自然延伸，相反，而是将生产逻辑统摄其内的新的考察视域，它凸显的是不同于传统主体理论的新主体的自我生成问题，展现了资本逻辑与人的发展理论之间的内在分离，这样就劈开了在实践唯物主义人学之后或者之上，当代马克思

---

① 《马克思恩格斯文集》（第 1 卷），人民出版社 2009 年版，第 570 页。
② 《马克思恩格斯全集》（第 30 卷），人民出版社 1995 年版，第 616 页。
③ 仰海峰：《马克思资本逻辑场域中的主体问题》，《中国社会科学》2016 年第 3 期，第 4—23 页。

主义人学究竟该如何进展的新理路、新维度。①

在一些人看来，在《资本论》中马克思详细分析了资本逻辑是如何吞没生产逻辑的，无论主体抑或客体都被纳入资本逻辑中成为资本增值的内在要素。资本运动的社会形式及其社会结构吞没了一切，资本逻辑的结构化使人处于全面非人的处境，资本变成了人格化的主体，而社会发展则成为了一种无主体的过程。每个人看上去都是自由的存在，但，却是在不受任何社会保护并被排斥在社会之外的异己性的存在，是作为物、作为工具而存在，人作为资本主体的自由本性只是一种幻象。原来在生产逻辑中劳动复归人的本质力量的设想，人在类本质的生产劳动中实现全面发展的设想，在资本逻辑的异化劳动中都变成了泡影。资本逻辑取代生产逻辑不仅造成了社会主体性的丧失与泯灭，资本变成了社会存在的真正主体，而人则沦为资本增值的"物"，这样一来，物本真存，而人本虚空，而且资本逻辑的结构化与形式化，还不断催生一个自组织的物化世界，使得无产阶级的阶级性、社会主体的人民性都被埋没在了资本的一体化世界中，使整个世界成为由资本逻辑所操控的、自我繁殖的幽灵世界，社会发展的主体性、无产阶级的革命性、人的自由全面发展的可能性均被一个全新的"资本场域"所解构，人作为主体、作为阶级不可能摆脱资本逻辑的统治，破解资本逻辑而实现人类解放与自由发展的一切努力，只有在远离社会革命的意识层面、心理层面进行，一个新的可能性的社会主体的生成，将会在非革命、非阶级的心理变革中获得出场。

马克思看到了资本逻辑对人、对主体、对社会的严重吞噬效应，但又认为在旧社会中就孕育了新社会的因素，蕴含了从旧社会向新社会过渡的过渡点，譬如股份制、合作制等等，因而努力在批判旧世界中发现新世界。在生产逻辑与资本逻辑的交互作用中，生产逻辑是整体性的主导逻辑，实践唯物主义批判原则自始至终存在于对资本主义批判和对未来共产主义的描述中，人类解放与自由全面发展的理论主题，并没有因为资本逻辑的强力彰显而发生改变。当代资本主义在其

---

① 仰海峰：《历史唯物主义的双重逻辑》，《哲学研究》2010 年第 11 期，第 12—19 页。

高度或者过度现代化过程中，为了维护其私有制的生存与发展，借鉴了社会主义国家的许多先进经验，对资本主义生产关系的某些具体环节及其运行、管理机制进行了调节、改良与改善，这些一系列新变化在一定范围内容纳了现代生产力的发展，一定程度上缓和了资本主义统治引发的各种矛盾，在一定程度上保障了人的全面发展问题。但，这些自我调节并没有从根本上改变资本主义雇佣劳动与私有制的剥削实质，资本主义必然灭亡的历史命运没有改变，以生产逻辑分析人的全面发展的理论路线没有改变。

二　如何超越资本逻辑对人的全面压制？

从现实的、完整的人的视角来把握人的全面发展问题，这是马克思主义人学的一个重要特征。马克思实践人学凸显的是对人的发展问题的双重关切，它既关注人的存在与发展的历史性过程及其演进形态，以揭示人的发展的价值导向、时代场域与实现条件，也关注人类社会整体发展的辩证性与全面性，旨在揭示人的全面发展的自我生成、自我超越、自我推进。从现实的、完整的人的根本性维度出发，来把握人的全面发展问题，显现了人的总体性的超验本性、生存意义与价值追寻。在前现代阶段，由于生产力发展的限制、科技发展水平低下的限制，人与自然的矛盾、人与社会的矛盾都没有能够获得充分展开，这两种矛盾的和解也是在朦胧的诗意中实现的，各个民族在相互隔绝中求得的发展也只能说是特殊的、局部的发展。但，现代科技所主导的资本主义运动，特别是晚期资本主义文化逻辑的闪亮登场，改变了生产逻辑和人自身发展的原有历史进路，打破了封建的自然疆域及其相互阻隔，终结了各个民族相互隔离的状态，开启了实现人的全球化交往与世界性发展的新纪元，并以超乎寻常的速度生产了实现人的全面发展的各种条件。然而必须清醒地看到，资本逻辑的登台所开启的是以物对人的全面统治为基础的、人获得相对独立发展的异化阶段，它追逐的不是人的全面自由发展和对人的本质的完全占有，恰恰相反，它片面追逐生产力的最大化、剩余价值的最大化、生产的扩大化，物质利益成为支配一切的主导动力，资本逻辑成为支配一切的历史逻辑，人及其全面发展的问题都被资本增值的物的逻辑、物的崇拜所吞噬，资本逻辑与现代科技使人的生存与发展背离了人自身，人不是作为人、不是为了人而存在，人不是在全面性意义上、在现实意义上获得发展，而是在物的意义上、作为另类而存在的，越来越失去了人的灵性与尊严，处处被作为物来进行计量与演算。总之，那种作为整体的、完整的人不见了，人的全面丰富性意义、全部的社会性本质、"全面而深刻的感觉的人"① 也消散在了物的喧嚣声中，成为和物没有什么两样的同质化的东西了，人沦为他者。

马克思能否为人的全面发展开辟一种超越资本逻辑的强制性的革命道路？换言之，资本逻辑所主导的社会发展是否吞噬了生产逻辑，是否取缔了马克思无产阶级的革命道路所开辟的共产主义对人的本质的真正占有，资本逻辑与现代科技的联姻是否参与了对人的全面压制，以至于人只能获得片面、畸形的发展？马克思生产逻辑对人的本质及其全面发展问题的揭示，所依凭的基本前提与社会条件都沉陷在了资本逻辑中，资本化运动完全化解了无产阶级作为颠覆社会制度的革命力量与主体地位，实现社会革命及制度转化需要依靠非无产阶级的其他社会主体，实现人的彻底解放和人的全面发展也需要超越生产逻辑而必须在资本逻辑中另寻出路。因为后现代资本逻辑转向了高度的自组织化时代，社会生产高度的自组织化、日益计划化、日益整体化，现代资本、科技与金融的一体化运作，国家资本所有制及法人资本所有制对企业资本控股能力的扩大，资本社会占有的程度大大增强，社会福利的全民化、工人的非无产阶级化趋势明显，国家资本主义在参股控股、宏观调控、微观规制能力的增强，金融自由化与金融创新能力的加强，垄断资本的国际化、经济全球化加强了跨国公司、国际垄断同盟对资本主义自身矛盾的主动化解，这一切表明了资本逻辑构建了一个全新的场域，"使资本主义越来越成为一个自我繁殖的体系，革命的可能性似乎越来越小"，② 传统的生产逻辑及其主体性理论将全面失效。那么，后革命、后阶级时代的社会变革需要什么样

① 《马克思恩格斯文集》（第1卷），人民出版社2009年版，第192页。
② 仰海峰：《马克思资本逻辑场域中的主体问题》，《中国社会科学》2016年第3期，第4—23页。

的"另一种主体"，资本逻辑终结了马克思的生产逻辑吗？要回答诸如此类的问题，仍然需要回到马克思基于科学实践观所开辟的生产逻辑中。

生产逻辑是马克思分析人的全面发展的总体性方法，它本身就蕴含有全局性、超验性的终极关怀及其价值预设，它仍然诉诸生产逻辑、资本逻辑及其无产阶级革命道路来解析人的全面发展的可能性。马克思认为，正是由于资本逻辑强化了人的功利心态，才造成了人与自然的日益疏离、矛盾与冲突，造成了人与社会关系的日益紧张、尔虞我诈与互设地狱，也导致了人的全面异化及人的畸形发展。因而，要超越资本逻辑对人、对自然造成的各种严重危害，有效解决资本主义私有制与生产社会化之间的矛盾，达到人与自然、人与社会矛盾的真正和解，实现人的自然化与自然的人化，真正实现人与自然的共同解放并达到对人的本质的全面占有，就必须从真正意义上通过革命性变革来消灭私有制，建立起由生产者联合起来的公有制社会——共产主义。在马克思看来，社会主义要取缔资本主义，也需要一定的物质条件。资本逻辑的历史发展必然导致在社会联合的意义上占有生产资料与社会财富，必然为实现人的全面发展的更高级的社会形态过渡奠定必需的物质基础，"发展社会劳动的生产力，是资本的历史任务和存在理由。资本正是以此不自觉地创造着一种更高级的生产形式的物质条件。"① 可见，对资本逻辑内在悖论的最终解决，仍然需要靠资本逻辑自身的发展。

虽然马克思的生产逻辑强调了社会整体性的建构与发展，在物质资料生产的社会实践中达到社会的总体平衡并化解人与社会的各种利益冲突，但是马克思更强调在推动社会全面发展的同时要保证人超越特殊的个体而实现"个人的总体性"或"总体的个体性"。马克思认为，的确，人是一个特殊的个体性存在物，但又是一个特殊的个体性的社会存在物，这种个体是作为总体、作为被感知的社会主体而自为存在的，它"又作为人的生命表现的总体而存在一样"。② 人类社会

---

① 《马克思恩格斯选集》（第 2 卷），人民出版社 2012 年版，第 511 页。
② 《马克思恩格斯全集》（第 3 卷），人民出版社 2002 年版，第 302 页。

的全面进步、人类文明的丰富发展，最终都要以实现个人的总体性发展为价值旨归。社会全面发展的一切成果唯有落实在单个人的总体性发展层面，实现"个体的总体性"的全面自由发展，才真正实现了人与社会矛盾的合理解决，在完整而彻底的意义上构建了社会和谐。而资本逻辑所主导的全面异化，不仅导致了人与社会的矛盾冲突，而且也导致了人的自我身心的内在张力，限制了对总体的人、完整的人的实践塑造，唯有通过积极扬弃私有制及异化劳动，才能实现人与自然、人与社会、人与自己的和合共生，在人与世界本真性关系的实践建构过程中，实现对异化的合理扬弃和人的本性的真正复归。唯有注重协调推进社会发展的全局性和整体性，并强调社会发展要贯彻以人为本的价值导向并实现真正的人文关切，才能赋予社会全面进步以恒常的意义预期，使社会的全面进步与人的全面发展达到高度统一。

三　人的全面发展理论中的人本学痕迹

人的全面发展问题，作为马克思主义哲学的核心语义、最高问题、"哲学上最高的东西"，① 对它的探索与追问触及到了做人的真正本质，映现了人类生存的终极关照和价值旨归，构成了人的自我意识的逻辑深层和不解之谜。伴随着对人的本质、价值、自由与解放等诸多问题的深入解决，马克思逐渐展开了自己对人的全面发展问题的科学界定，实现了人学和哲学史上的一次伟大变革。马克思实践唯物主义人学是一以贯之、前后一致的，虽然在早期著作中映现了神学思想、黑格尔思辨唯心主义及费尔巴哈人本学对马克思人学的各种不同影响，但马克思在其人学思想形成期都不曾滞留于任何一个特定的阶段。质言之，不曾有个什么神学的马克思、黑格尔主义的马克思、费尔巴哈派的马克思。在马克思人学尤其是在人的全面发展问题上，马克思自始至终就是马克思，他始终站在无产阶级立场上对人的解放和全面发展问题，做了自觉性的、实践唯物主义的求解，第一次正确解决了人的本质、价值、自由与解放等问题，形成了科学的人的全面发展理论。不能退行性地将马克思人学解释成费尔巴哈的人本学或抽象

---

① 《费尔巴哈著作选集》（下卷），商务印书馆1984年版，第83页。

的人道主义，也不能将之解释成抽象意义上的普遍理性或作为意识。

的确，在形成中的马克思主义接受过一些思想的启示和影响，但很快就通过批判它而实现了对它的革命性超越。他既反对一切神圣性的东西（人的神学本质），也反对一切非神圣性的东西（人的理性本体或感性本体），对人的外在性的约束，而强调实践对人的本质及其发展的内在规定。人是实践性的人，人所具有的实践性的本质及在实践活动中所实现的全面发展，马克思也是通过批判神学思想、黑格尔思想及费尔巴哈人学思想的基础上，一步步得以展开的，根本不存在前后不一致甚至对立的情形，也根本不存在什么中间发生了认识论的断裂。与人的本质认识上的逐步深入相一致，在人的全面发展问题上，马克思也有一个不断发展完善的过程。马克思曾经借助费尔巴哈人本学的一些术语、范式来批判黑格尔唯心主义的人学思想，在对人的本质问题上，曾经提出过一系列的相关表述，如在阐明人与动物相区别的时候谈到了人的"类本质"，这是人作为人的低级本质。人作为有生命的存在物之所以与动物有本质区别，就在于人是有意识的或能够意识到自己是自由的存在物，自己能够通过劳动在改造自然过程中确立并发展自己主体性本质与能力的存在物，是能够变自然为人的无机的身体的生命个体。人的这种"类本质"，在费尔巴哈人本学中将之认定为是人的意识。在他看来，意识或者人的理性、爱或意志力，这是人与动物相区别的根本的完善性，是人身上拥有的"最高的力"、是人作为人的"绝对本质"，也是"人生存的目的"。① 人的确是一种理性存在物或有意识的存在物，人们能够意识到自己的活动目的并刻意去为之而努力。意识或理性的确也是人与动物得以区分的重要标志，但在人的自由自觉活动中，还存在比意识更为重要的因素制约着人的活动，那就是意识或意志力背后的"动力的动力"——客观的物质动力与经济根源，它才是促使人行动的最后动因。马克思与费尔巴哈的根本区别，就在于他认为是人的自由自觉的实践活动才决定着人的内在本质，而不是什么爱或意志力，故而"不能停留在人性动力的层面，而要追究隐藏在人性即个人的目的、动机背后的最终目

---

① 《费尔巴哈著作选集》（下卷），商务印书馆 1984 年版，第 26—28 页。

的，即历史发展的'动力的动力'"。① 可见，马克思的确运用了费尔巴哈曾经滥用的"类本质"概念来表述自己的观点，但这丝毫不能说明马克思的实践人学思想与费尔巴哈的人本学完全等同，甚至认为马克思的人的发展观还"不成熟"，② 还处在费尔巴哈人学的窠臼中，与后来成熟时期的实践人学大相径庭、判若两人。

事实上，马克思只是借用了费尔巴哈的语言或概念，表达的却是完全不同的内容。马克思所说的人的"类本质"，不是指什么人的意识或爱的意志力，而是人的实践的"类特性"，是人的合目的、合规律之实践活动的本质属性。表明了人是一种实践性的特殊存在物，实践性才是人作为人的本质属性，实践是人的特殊的存在方式，也是人与动物的本质差别所在。因为，"物质生产实践过程构成了人类特殊的生命形式，即构成了人的类的存在方式"。③ 离开人的实践活动任何理性或意识也不能产生，更不能把半根稻草举起来，相反，它只能根据实践的需要而产生，通过实践而转化为物质力量并影响人的发展。意识本身什么也不能实现，要实现它就要融入实践活动中，若仅仅停留于思想的范围内，意识的能动性再强大也是无从发挥的。意识实现自己改造实现的唯一途径就是指导人们的社会实践，它唯有作为实践的内在要素或环节，才能对人和社会的存在与发展发挥重要作用。而意识作用于人和社会的程度之深浅、范围之大小、时间之久暂，完全取决于它实际上掌握人群的广度与深度。意识不是人的类本质，却也内在地影响人的类本质的生成与实现。从这个意义上，马克思特别赞同费尔巴哈从人的类特性角度对人的本质的揭示，当然根本不同意他把人的本质归结为人的爱、情感、意志力等意识的东西，而是透过这些东西发现了比它们更为深刻的实践性的本质内涵：实践是人作为人的本源性的生命存在方式，人唯有通过实践才能确证并开展

---

① 田启波：《马克思主义发展哲学与中国现代化》，中国社会科学出版社 2003 年版，第 66 页。

② 张国安：《马克思关于人的本质的四重含义及其现实意义》，《甘肃社会科学》2015 年第 5 期，第 27—31 页。

③ 曾国屏：《现代科学技术与马克思主义哲学创新》，人民出版社 2011 年版，第 163 页。

自己的"类本质""类特性"，人与动物的分界点不是人有"爱"的情感而是人能从事社会生产，实践是人之为人的根本奥秘与深层依据，实践性是人之为人的本质属性，人在实践中存在，也在实践中发展，对人的本质及其发展只能作实践性的把握和理解。

人是一个具有多种本质的集合体，分析类本质只是马克思的一个特定视角。除此之外，马克思还通过"发展的"、"普遍的"、"积极的"、"共同体的"、"社会联系的"、"社会关系总和"的多种本质性分析，[①]来具体地阐明实践性的本质，在各个方面对人的实践性的社会本质予以深化与丰富，以反对费尔巴哈远离社会实践而将人的本质进行抽象性的归结与演绎。首先，关于人的"发展的本质"、"普遍的本质"、"积极的本质"，马克思是在分析异化及其扬弃问题时提出的。这是为了从动态的角度进一步分析人的实践性本质中的辩证性内涵，人的实践、人的本质都不是静态的、既成事物的集合体，而是动态的、辩证发展的过程性集合体。要深入揭示人的实践性本质，必须从人类历史演进的总体进行考察，即从人类社会发展过程中是如何产生私有制及其异化的、又是如何扬弃异化并复归人的本质的这一整个过程入手进行分析。

四　实践逻辑是人的全面发展的主导逻辑

马克思认为，分析"人的发展的本质"、"普遍的本质"、"积极的本质"，要以分析异化、异化劳动、私有财产为根据，换言之，私有财产与异化劳动对人说来具有某种积极的、发展的、普遍的意义，能以一种异己性的方式体现人的实践性本质。"人是怎样使自己的劳动外化、异化的？这种异化又是怎样由人的发展的本质引起的？"[②]这种追问就揭示出了人的发展过程中的异化问题与私有财产的起源问题是具有内在关联的。在社会分工和扩大的再生产过程中，因其对私有财产无穷追逐的需要而放大了人的普遍的自私的本性，这样，在不

---

① 张奎良：《人的本质：马克思对哲学最高问题的回应》，《北京大学学报》2015 年第 5 期，第 45—56 页。

② 《马克思恩格斯选集》（第 1 卷），人民出版社 2012 年版，第 62 页。

同个体的共同活动中却产生了一种联合起来的"社会力量",这种异己性的"联合力量"反过来成为一种外在性的"强制力量",① 支配这些劳动中的个体,使之隶属于资本化的社会生成,马克思把人对私有财产的需要视作人的"普遍的本质"、"积极的本质"、"人的本性"。② 因为人对物的需要、人对物的占有欲,证明了物为人而在、物为人而用,从而揭示了人的"本质的属性和特点"。③ 人的本质不是幻想出来的,而是现实性的东西,分析现实的个人的自私本性,是考察人的本质的真正基础。在马克思看来,凡是与人所发生的关系,这种关系都毫无例外地是"为我而存在的",具有明显的为我性与自为性。而动物根本没有这种为我性的关系,它不对什么东西发生"关系",或者说,它对他物不是作为"关系"而存在的。唯有人才对物发生这种关系性的价值指向,正是基于对物的价值的占有欲而产生的需要,才构成了人的本质的核心,也使得人与动物根本区别开来。当然,人不像动物那样,自然而然地"处"在某种本能性的关系中,相反,人的关系是在自己的生产实践中联合而成的,人与物的价值关系说到底是一种实践性的关系,人的发展的本质,说到底,也是人的一种普遍的、积极的实践本质。其次,关于人的"共同体的本质"、"社会联系的本质"、"社会关系总和的本质"问题,马克思是从人的全面发展的角度分析的。在他看来,"人的本质是人的真正的共同体",④ 这种共同体不是政治意义的团体,而是真正生活意义的、工人阶级的共同体。异化劳动具有强大的、现实性的作用,使得工人在劳动中远离这种共同体,显现了工人真正的异己性本质。异化劳动使工人与自己的类本质、发展的本质、积极的本质发生了全面异化,使人作为物而存在,使人成为非人,人丧失了自己的本质。人归属于一定的共同体是人的社会本质的精髓,但在资本主义异化劳动中,人渐渐远离了自己的共同体,导致了自己本质的丧失。工人为消灭这种与人的本质相疏离的异化现象而举行的任何一种形式的革命,"总包含

① 《马克思恩格斯选集》(第1卷),人民出版社2012年版,第165页。
② 《马克思恩格斯全集》(第42卷),人民出版社1979年版,第120页。
③ 《马克思恩格斯全集》(第42卷),人民出版社1979年版,第26页。
④ 《马克思恩格斯全集》(第3卷),人民出版社2002年版,第643页。

着恢弘的灵魂"，① 哪怕它只是局部性的而且失败了，也是值得肯定
的。产业工人唯有联合起来推翻造成异化的社会基础，才能建立真正
现实性的而非虚幻性的共同体，才能使每一个人的需要与本质在共同
体中予以彻底实现。

　　如果脱离了一种共同体就会引起工人们的反抗，那么这种共同体
才是真正属于工人自己的共同体，才是真正能发展与完善自己全面的
本质与力量的共同体，唯有在这种"共同体中才可能有个人的自
由"。② 这种共同体无疑就是马克思设想的在未来共产主义社会中的
自由人联合体，唯有在那时人才能获得全面自由的发展，将人的全部
本质复归人自身。马克思进一步分析说，人在摆脱异化而实现对自己
社会化本质的占有过程中，又表现为一种社会联系中的本质。人在通
过生产劳动积极实现自己的本质过程中，社会性的实践活动又形成了
人的社会联系和社会本质，而这种社会本质就表现在一切社会关系的
总和中。唯有在人的实践中才能真正祛除人身上的神性、理性和感
性，奠定人与社会联系的各种纽带，不断把自己的社会本质外化出去
并建立日益广泛的复杂联系，又在更深层的社会实践与交往中逐步内
化为自己的新的社会本质，人的多样性的社会本质，恰恰是在人的实
践活动中，在日益复杂的社会交往和关联中，在全面自由发展过程中
一步步打造出来的。无论唯心主义者抑或机械唯物主义者，都没有把
握住人的实践性的社会本质，忽视了人的社会生命及其全面发展的实
践本质，没有看到人的"自由的有意识的活动恰恰就是人的类特
性"，③ 相反，而是从人的感性的爱和意志力、从神秘的绝对理性来
归结人的本质，对人的全面发展问题只能作出抽象性的理解。

　　人作为有生命的类存在物，正是在不断意识到了并求解下列问题
时才获得全面发展的。这些问题有，人如何在自然面前挣得自由以实
现人与自然矛盾的和解，人如何获得普遍的因而也是自由的存在与发
展，人如何摆脱异化和物化而拓展人的发展的本质，人怎样以联合起

---

①　《马克思恩格斯全集》（第 3 卷），人民出版社 2002 年版，第 394 页。

②　《马克思恩格斯文集》（第 1 卷），人民出版社 2009 年版，第 571 页。

③　《马克思恩格斯文集》（第 1 卷），人民出版社 2009 年版，第 162 页。

来的社会力量实现对自己本质的完全占有，人如何认识到自己的积极的本质（对私有财产的渴望）并只有在共同体中"个人才能获得全面发展其才能的手段"，① 人如何在社会联系中实现自己的本质并获得自由个性与全面发展，人又怎样在一切社会关系的总和中生成与发展自己的现实性本质的，怎样在社会关系总和的意义上实现全面自由可持续发展的生态整合的？人正是在对这一系列问题的求解中逐步抵达对人的本质的最高理解的，而人在对人的本质的理解达到最高境界的同时，也逐步揭示出人的发展的全面性与丰富性，实现了对人的自我解放和全面发展的终极关切，或者说，马克思正是通过对人的本质问题一层层的深入和多层次的规定，才对人的全面发展这个最高问题做了哲学上的根本回应，从而在人就是人的最高本质意义上实现了划时代的人学、哲学革命。弄清马克思实践唯物主义的人的本质观和全面发展观的形成，这对于我们正确揭示人的共同体本质、人类的大意识、人的生命的质与量，增强人的自觉性、能动性，树立科学的人生观、价值观、生态观，都极具理论意义和现实意义。当然，从人学角度，弄清人的意识对实践的内在归属性和依赖性，无疑给费尔巴哈这样的人即"最隐蔽的唯心主义当头一棒"，② 将意识归结为实践的因素，从而将人的存在与发展视作实践的过程，无疑从特定的原则高度破天荒地破解了人性之谜，从而否定了以往一切不切实际的旧观念、旧思想，揭示出马克思著作中的人和社会发展的全面性与丰富性内涵，使得马克思关于"感性的人类"、"现实的个人"、"颠倒的人格"③ 在实践性的理解中内在统一起来，并使人的全面发展的理论形成为一门真正的科学。显然，今天研究马克思人的全面发展理论必须带着我们自己的问题意识，立足于马克思人全面发展理论之基本价值基础上，对中国特色社会主义事业发展与人的全面发展的内在关系进行有深度的理性反思，并对以往人学研究中所面临的各种挑战与诘难，进行一次认真的检讨与诊断，并使之真正切中当代中国社会发展

---

① 《马克思恩格斯全集》（第3卷），人民出版社2002年版，第394页。
② 《马克思恩格斯选集》（第2卷），人民出版社2012年版，第9页。
③ 周嘉昕：《马克思著作中的"人"——基于马克思思想发展的概念史考察》，《学术月刊》2015年第10期，第44—54页。

与人的发展的辩证统一的具体实际，在方法创新与路径选择上开辟研究马克思人学思想的新视域、新道路、新方向，从深层次的逻辑结构上把握马克思人的发展观的思想精髓、理论实质、总体图景、时代特质与未来走向，全面彰显马克思人的全面发展理论对当代社会实践的引导价值。[①]

第三节　考察马克思人的全面发展实践逻辑的两个维度

一　人的发展理论中的"为己"与"为物"

作为哲学的人学，受到学者集体的大力推动，时下正日益成为显学，人的问题越来越多地受到人们的普遍关注和青睐，人的生存矛盾与困惑也越来越叩问着思想家们的社会良知。来自不同学科背景的学者，站在不同学术立场上都对人的问题发表了各种看法，在人学研究的旗帜下汇聚了一支生机勃勃的思想家群体，形成了中国特有的人学学派，些许年来累积起来的研究成果可谓丰硕奇崛，劈开的研究领域和激发出来的问题域也蔚为壮观。大家不约而同地将人学归结为：一种研究人类精神价值及其思想自我表现能力、批判方法的人文学科。正如人本是相对于物本而言的一样，人学也是相对于"物学"而言的。人文科学中文史哲的各门科学，都是人学即关于人类精神自我表现形式及其能力的学问，它们都是一些"反己之学"即"成己"、"为己"、"修己"之学，[②]都注重内在修养、成圣成贤；而凡是科学（无论自然科学抑或社会科学）都是一些"物学"，都是"逐物之学"、器物之学、营苟之谋，都主张累积起有用性的科学知识。人学与"物学"的区别十分明显，可谓大相径庭，二者的研究旨趣与理路差别极大。虽二者具有内在牵连互为基础，却也如格式塔般的两样而不可混为一谈。凡是作为科学理性的"物学"，皆通过求解典型的

---

① 李杰：《马克思开辟的人学道路及其当代价值》，人民出版社 2012 年版，第 10 页。
② 程志华：《熊十力哲学研究："新唯识论"之理论体系》，人民出版社 2013 年版，第 150 页。

科学之问即"是什么、为什么、怎么样",旨在揭示确定性的研究对象之内在本质及其发展规律,采用的是一种科学主义、本质主义的思维方式,成就的是一种形而上的、普遍化的科学知识体系。而凡是作为人文理性的人学,却与之不然,它们不以获取确定性的知识为鹄的,它们旨在探寻人的生存方式、人的存在意义、人的生命价值、人的社会矛盾及人生悖谬、生存困惑等等与人内在相关的各种问题,由此以哲学方式提出和表达一种价值理念、价值导向、评价尺度与做人原则,试图以此给人提供一种何以这样生存下去的根本缘由,在对人说来具有生命攸关的地方,为人之行动提供一种神圣性的启示与牵引,使人以人的方式生存并活出积极的多重意义来。

在科学主义甚嚣尘上的时代里,很多学者皆以科学标尺来审视、衡量与评价哲学的合法性问题,认为哲学由于不能为人提供一种明确的知识体系,不能确切地解答各种自然疑难和社会问题,故而哲学自身发生了合法化危机。这常常使哲学人感到异常尴尬、无地自容,时而看到一些大思想家挺身而出,来为哲学的科学性及合法性辩护。作为科学的"物学"对人来说是重要的、也是有用的,但它不是唯一有用而重要的,还有与之一样甚至比之更有用、更重要的东西,那就是我们这里所说的人文科学的人学。二者其实如鸟之双翼、车之两轮,互为表里、相互依存,合则两利、分则两伤。而且,"物学"若离开人学的导引与支撑,常常会因使用不当而敌视人、危害人,在物欲横流中迷失自我,这表明"物学"在其核心处有一片晦暗,自己不能将自己照亮,它不能给人提供何以这样而不那样运用"物学"的正当理由,不能给人解答"应如何"的人文价值追问。科学作为"物学",旨在给人提供一种具有确定性答案的知识体系,而神学则试图超越有限领域并将这种确定性的答案变成某种永恒不变的教条,而介乎二者之间的无人问津的特殊领域就是哲学。哲学与神学一样,都是一种穿越有限而渴望飞跃到无限的神圣领域的无由性追问,都不驻足于某些确定性、有限性的对象上,都致力于对那种不确定性东西的玄思。但哲学的沉思不能远离理性,恰恰相反,时时处处要求以理性为基础,哲学就是被把握在思想中的东西;而神学的追问则不同,它完全诉诸信仰,只要信就得着了一切。当然,当代西方一些开明的宗教信仰，也寻求理性的积极理解，也往往具有内在的理性支持，但是它们往往又受制于权威（无论是世俗的权威抑或是宗教的权威）而陷入非理智，换言之，当理智与权威冲突时，它们毫不吝惜地总是摒弃了理智。可见，哲学探寻的不是"是什么"的"物学"问题，而是"应如何"的人学问题，当我们以哲学求解方式对人的本质、价值、意义、矛盾等一切问题进行研究时，哲学就变成了不折不扣的人学，而且是最根本、最重要、最高意义上的人学，这种学问不是总体性知识体系或者普遍性的原理堆砌，而是对人的存在与生成具有至关重要的基本信念，即建立在一定知识体系基础上的价值体系和终极关怀。唯有将人的生存发展活动内在地指向某种作为最高价值的理想境地，为人类构筑起一道抵御陷入物本主义、虚无主义的防线与堤坝，才能在多种可能性的生存样态中选择出最适合自己发展的存在之路，勇敢地担当起做人的伦理职责与社会使命，在短暂的一生中体验到丰富性的人性意涵从而超越刹那并获得永生。

二　人的发展理论中的"人本"与"物本"

科学作为"物本主义"的"器物之学"，也研究人的问题，但它不是把人作为人、不是以人的方式来研究人，它不是从人下手并"以人观物"，而是从物下手并"以物观人"，是一种"见物不见人"的"物学"思考方式，把人当作物即某种完成了的存在、既成性的东西来思考。在人学研究中，从人与物的区分而辨明晰理、求索拷问，早已成为一种特定的研究视域和思考方式，认为人是一种未完成性的或者是一种有待完成的存在物，就其未来发展的可能性来说，人充满无穷无尽的可供选择的阈限，人是一种不断自我生成、不断飞跃的存在，而物则是一种不能超越自身物种特定本能限制的已经完成、一出生就老的足够去死的东西。哲学若从"物学"的角度看世界，就会认为世界原本就存在一种事实性的最高真理，等待人们去发现，一旦人们捕捉到了这种最一般的本质与发展规律，就当之无愧地能为一切科学体系奠基。哲学在历史上曾经自命不凡地将自己视作科学之科学、一切知识总汇的科学之母，采用一种试图凌驾于一切科学之上并为世界探寻本源性存在的思考方式，成就了一种可称为基本原则、终极真理的宏大叙事方案，一劳永逸地解决了人与世界关系的最根本问题，在其滥觞处为人提供了安身立命的理性根基。但，若从人学角度来思考世界，情况就大不一样了，作为"物学"的哲学，外表的光鲜无论如何耀眼，也掩饰不住其内在的空灵与虚脱，在其灵光乍现处呈现出来的竟然是那样的苍白无力，犹如庄子描述的那种"无所用其巧"的"屠龙之技"，① 成为了接不着地气的空中楼阁或者给人以虚幻幸福期许的海市蜃楼。这种本质主义的"物学"显现方式，在现代语言游戏论和后现代解构策略中，普遍遭到了质疑与反驳，大写的元叙事被无情地消散在了文化泡沫中，或者蜷缩在了极端个体化的征兆与体验之中。在作为人学的哲学看来，在世界与人的关系中，根本不存在预先摆置在那里等着人们去发现的固定不变的绝对真理，人与世界都是自我生成性的未完成之物，一切都是相对于人的当下活动而言的游戏性存在，哲学成为了一种情景性的存在和人的生活应对技巧，任何带有总体性踪迹的先验真理、终极体系，都化解成了碎片化、拼接性的东西并播撒在了文化旮旯。哲学永远处在自我生成与流动中，作为人的语言的产物，它实质上是人自我构造的价值理想与生活信念。它也试图探析一种变中不变的东西，但自知注定一开始就找不到，其前的人都认为自己找到了，其后的人认为根本没有找到，真可谓："仰之弥高，钻之弥坚，瞻之在前，忽焉在后"。② 人文价值理性具有不确定性、延异性、流变性，它只存在于人们不断的探寻和追问中，正是在这种永无止息的开掘中，不断展现出人不同于一切确定之物的未完成性的理想状态。可见，作为人学的哲学，也研究物，但它不止于物，它的研究总是这样那样地关联着人，总是从人入手、见人又见物。它也思考一些恒常之理与人生准则，但从不将这种思考终结于某一点，而是进一步追问如此这般的研究对象，对人的生存与发展究竟具有何种现实性意义。

"物学"与人学的差异不仅表现在哲学观上，还表现在哲学的致

---

① 王素芬：《顺物自然——生态语境下的庄学研究》，人民出版社 2011 年版，第 188 页。

② 沈敏荣：《仁的价值与时代精神——大变动时代的生存之道》，人民出版社 2012 年版，第 225 页。

思方向与把握方式上。作为"物学"的科学，其致思取向是从大量偶然性的个别事件中，抽象概括出一般性的普遍本质来。用这种"物学"的方式研究人，也势必将人抽象为一种无差别的类本质或者无人身的理性，它凭借这种至极性的形而上学为世界和人奠基，也注定是一种流沙上的建筑，不能为人类构筑起可供诗意栖居的共有精神家园。这种蜗居象牙塔的类似机械论的世界图景，早已为众人所诟病；而作为人学的哲学则不然，它只关怀独特的、具体的价值观，正是因为其表达或呈现了某种偶然性、极具个性的东西，它才被赋予人和世界以特殊的意义，才能不断开掘出属于人的自我生成着的价值理想。当然，作为人学的哲学，在致思取向上若只关注极具个性的生命体验、个体主体的生存意义及其生命价值观，只为人描述本己性、私人性的神秘体验与价值妄想，那么，人们就会质疑其合法性、进步性何以可能。其实，作为哲学的人学对人生价值的牵挂，当然也就是人的理性的解放和觉醒、人的价值的自觉和提升，它绝对不可能只停留于碎片化的单一个体及其生命体验上，它不可能像无根浮萍一样，飘浮在生活的直接性事实里。毋宁说它恰恰是在人文理性自我迷失时，当世界陷入一个悬而未分的物化状态，受哲学思想的内在启示和召唤，常常地使人们获得了一种价值观上的自我观照，为无深度的物化时代提供了一种应然之则；而且以此为根基，它在人与世界之间构造了一种价值之链，从而参悟出做人的真谛并参与到人的价值理想的积极重建中，以概念的方式缔造出一个新人类的明天和新时代的未来。

作为哲学的人学不可能只研究与人的利害无关的个别和偶然，而要研究超越个人感情与好恶的而对每个人都有效的普遍价值原则及标杆。正是由于不能理解哲学的这种人学性质，所以我们常常误解马克思关于人的学说。马克思的确说过，"人的本质并不是单个人所固有的抽象物，在其现实性上，它是一切社会关系的总和"。① 马克思这里所说的"总和"，显然不是对人的本质所做的科学性的界定，而是说人的本质是如何生成的，人的本质根本不是什么固定不变的抽象之物，而是存在于各种各样的社会关系及其发展变化之中，现实性的人

---

① 《马克思恩格斯选集》（第 1 卷），人民出版社 2012 年版，第 135 页。

的本质永远在途中，它不是既成性的存在，不可能终止于某一个定点。马克思只是为人们考察人的本质提供了一种生成主义的思维方法。在他看来，类似人的本质这样的命题，根本不能用科学主义的思维方式来把握，科学至上的思维根本不适于用来把握人，只适合于用做把握物。科学主义思维是历时性的、形而上的，其主客二分的范式和基础主义的形上取向，不断制造出人与自然、人与社会、人与自己的对立与冲突，不断造成现代文明体系的自我断裂与危机；而人文主义的生成性思维，则是共时性的、情景式的，其天人合一的思维范式与实现生活还原的和合取向，虽然没有科学意义上的知识积累与进步，因而不能体验和再现自己的过去；但不能说它没有进步和超越，虽说没有科学上的外在超越和外在进步，却极具人学上的内在超越与内在提升，具有不可或缺的理性意义和文化品位，不断从新的原则高度为人开辟出多种可能性的生活意蕴与生存命义。人学命题不同于"物学"命题，"物学"追逐形上的本质与动态的规律，大都是一些可检验性、可实证性、可重复性的描述，只能用之去研究具体的事件并形成各种事实判断；若僭越这种物的领域而用之去研究人，势必将人仅仅理解成抽象意义上的类特性或者人的集体特质，而忽视乃至泯灭了鲜活的个体特质及其生命体验，如海德格尔所说，就会以抽象出来的"在者"遮蔽"在"本身，发生"在"的遗忘，"人被连根拔起了"，[①] 致使科技工具理性张扬而人文价值理性低迷。人具有三种属性即个体性、群体性与类特性，它们分别是人在不同的环境中与动物、与异群、与他人的差别中自我构造起来的，既内在统一又相互对立，各自按照自己的意志和要求呈现自身，正是这种生存矛盾推动着人的全面自由可持续的发展。人所具有的三重属性，显然要求人分领域地实现自我，但唯有以激活人生价值最大化的方式和意义上实现内在整合，才能成就一个最大意义上的作为哲学的人学。

人学命题都是用于形成、提出并表达特定的价值观念的，其当下的应然性、实用性、情景性使之具有非实证、非逻辑的特点，它的很多典型的命题，如"人是万物的尺度"、"一切历史都是现代史"等

---

① 喻承久：《中西认识论视域融合之思》，人民出版社2009年版，第68页。

等，都看似一种事实命题而实质上都是价值命题，哲学不是"物学"而是人学，它研判的不是既成性的物本而是未完成性的人本，它唯有以一种开放而伸展的理解方式，才能真正透过现实的偶然性碎片，而把握住内蕴于人的生存困惑与价值理想的总体生存境遇和生活方式，哲学只有作为价值体系或者人学体系才是可能的。过去的哲学观将其理解为一种形而上的知识体系，认为它是从抽象概括各种具体科学知识而形成的，是对自然社会人类思维发展最一般规律的表达，这种科学主义思维下的哲学观随着现代科学和实践的发展，早已失去了存在的理由并走到了尽头，成为了明日黄花、风光不再。哲学唯有超越科学之维而树立一种价值之维，才能以反思的方式切问人与世界的实践关系与认识关系，这实质上是以纯思（对思想的思想）抑或后思（跟在事实后面的反复思考）的方式切问人自身，旨在反观人与世界的对象性结构，使人不断获得价值实现并达到生存自觉。哲学作为人类意识的最高形式，它投射和再现于人与世界的实践和认识关系中，唯有不断地对人的活动及其结果进行价值观照与理性反思，才能对理想性的价值之维与目标进行审视、批判与建构，不断为人劈开新的自我生成之域，可以说是"我们的生活要求它一直在场"。[①] 但由于不能从事实命题合乎逻辑地推论出价值命题，二者之间不存在相互通达的逻辑之桥，因而人学与"物学"具有原则上的不可同格性，各自都有自己特殊的实用领地。既不能以"物学"的方式研究人，否则纯粹的"物本主义"会见物不见人，也不能以人学的方式对待物，否则"人类中心主义"也会见人不见物，唯有分领域地实现人的不同的价值理想与要求，才能在最适合于人的意义上见人又见物。可见，哲学不是一般意义上的人学，而是一种特殊意义上的人学，它不是表达性的但又总试图表达什么，它不是诠释性的但又尽可能地进行理解；它在营建中进行批判又在批判中进行营建，它更多地不是体现为知识的累积而是价值的导引；它无穷地追问人类怎样才能对自身的有限性进行合理地超拔，怎样才能摆脱物的制约和权威的桎梏而通达

---

① 杨楹：《论马克思生活辩证法的理论个性及其当代在场》，《学术研究》2014 年第 7 期，第 7—22 页。

无限性的理想境界；它始终处于自我生成中且具有无限的开放性，这使人获得一种不断改善生存质量与生存状况的生命力量，不断开掘着人作为人而积极的站出来活的人生意涵来。

三 研究人的全面发展理论的重心迁移

原来的哲学采取于"物本主义"的科学思维，其根源于人类理性试图建构某种关于客观世界整体之知识体系的努力。现在看来，这种"物学"上的努力，既成功了又失败了。说它成功了，是因为它形成了一种科学思维方式，渴望摒弃一切主观的先入之见而获得纯粹客观的知识，并藉此认识和把握世界发展的最一般的本质与规律。这种"物学"思维方式对人类的影响非常深刻，以至于后人都将之视作人类知识的最高成就、唯一的真理体系和哲学发展的最高理想，幻想着哲学作为"物学"如能成为"科学之科学"，就具有了无限完满的意义；又说它失败了，是因为"唯客体主义"的致思理路根本不可能完全排斥人的立场、情感、目的与需要，事实证明：不欲掺杂任何主观先见而试图按照事物的本来面目去认识事物，这本身正是一种偏见。退一步说，纯粹的"物学"之思即使能够达到，也不可能从中发现人类理性赖以存在并由之而安身立命的内在根基。不可能为人提供何以如此这般生存与发展的正当理由，它在与人的性命攸关的地方什么也没有说，不能对人进行价值理想上的积极召唤与内在牵引，不能深入到社会生活的内在本源处去成全人、成就人。而且如果将"物学"思维方式贯穿于人类知识体系的所有领域，结果就会使人性下降为物性、使人本贬低为物本，人混同于物并沦为他者，哲学中因没有了人的位置而就会成为一片人学空场。当然"物学"思维方式的功效显著，因激活了科技与生产能力而为人创造了庞大的物质财富，但它毕竟只是认识和改造世界的一种工具，它自身不能决定其发展的方向与目标，若没有人文价值理性的导航，它就会成为人类进步的全部目的而造成生存异化。哲学的根本任务不是力图使自己成为科学或者"物学"，成为一种具体有用的知识，而是成为无用之大用的、为人自身立法的人学，其目的在于为人类文明注入一种意义、价值与理想，哲学不是什么事实性的存在而是价值性的存在，唯有作为服务于人的目的和需要的价值体系，它才是可能的和必须的，也才能"落在实处"成为生活里的真实。①

当代哲学的研究重心发生多次迁移，早已进入人学领域和价值视界。哲学作为价值性的人学存在，体现了人类理想化的来源与归宿。唯有把人的生存与发展的一切活动内在地指向某种作为最高价值的理想境地，才能为人类构筑起一道抵御陷入物本主义、虚无主义的防线与堤坝，在多种可能性的生存样态与方式中去选择最适合自己发展的存在之路，积极地追问和探寻"物为人而存在"、人为自身而存在的价值实现之路及其生存意境。人们不能忍受一个深度思想结构被削平、一切都陷入碎片化的虚无主义的荒诞世界，更不能容忍一个没有人文价值导航的物化时代对人的非法牵制。人的有限性与无限性的生存悖谬，注定了人只能自己去追寻自己的人生意义与价值理想，但穷其一生也不可能最终使之成为现实；人的未完成性和开放性，又注定了人不可能获得明确而终极的答案，人学问题都是"斯芬克斯之谜"——一种"永恒追求但却无法获得最终答案的'难题'"。② 作为哲学的人学，其进步性不体现在知识的累积上而且体现在对人生意义的追寻上，体现在探寻的思维范式和价值理念不断革新与开拓中，正是这种不同的人学探索方式及其不断转换的价值观念谱写出了当代哲学的总体画卷。作为"物学"的哲学，其发展的一切可能早已穷尽，它在形而上的虚空中飘散而不愿停留在人学的港湾，唯有超越物本而诉诸人本，用大写的人及其价值体系去揭开"物学"的神秘面纱，才能揭示出人的生存性状底层的本真存在及构成这种存在的那些人性光辉与无穷力量。人学摆脱"物学"所主导的那种对每个人都有效、每个人必须遵循的共相或原理，而旨在将人的所有本质与力量还给人自身，注重个性设计、自我修养与自我关切，将哲学建立在对一种存在风格的个人选择之上，创造出美好个人及其幸福时光、给人留下可敬的生活记忆。

---

① 孙利天：《哲学理论如何落到实处》，《社会科学战线》2015 年第 5 期，第 17—22 页。

② 张志伟：《西方哲学问题研究》，中国人民大学出版社 1999 年版，第 5 页。

四 人的全面发展理论的辩证性蕴含

列宁认为,唯物辩证法是"最完整深刻而无片面性弊病的关于发展的学说",① 研究人的发展的全面性问题,自然也要从研究人的发展所体现的辩证本性入手。为此,首先就要分析人的发展的方向性。与事物的发展一样,人的发展也具有方向性,它揭示的是人的发展过程中所显示的那种整体联系与趋势、主体地位与作用。人的发展反映的是人类社会的进化过程,描述的是人类社会从低级到高级、从无序到有序、从简单到复杂的上升的运动与前进的变化。在列宁看来,"发展显然不是简单的、普遍的和永恒的生长、增多(减少)等等。——既然如此,那首先就要更确切地理解进化,把它看作一切事物的产生和消灭、相互过渡"。② 人的发展的方向性表征的就是人在发展过程中体现的不同发展程度与形式之间转化与过渡的走向问题,人的发展在基本方向与整体趋势上是前进的、上升的,但在人类社会发展的具体过程中并非只有这一个方向,而是具有多样性和多向性,这也是人发展的全面性的内涵之一。无论从统一的趋势与总体的联系上看,抑或从综合的结果及完整的形态上看,人及其人类社会的发展都是前进的上升的,这是对具体发展方向与发展情况(如,下降、退化、停滞、曲折、片面、畸形等等,这种具体形式的发展,是人必经的发展阶段,也是必然会被超越的阶段)的超越与归并,并将之作为发展的基本环节包含于自身之内。人的每一次发展,都是一种否定和扬弃,舍弃了以前发展阶段上的消极因素,保留并发扬了适合自己发展的新生因素,使人在更高阶段上、更高水平上获得更加全面、更加完善的发展。人在总的方向上所体现的全面发展表明了,人的发展实际上也是新质因素的不断增多与旧质因素的不断减少,人的素质、人的能力、人的关系、人的本质日益走向自我完善、自我超越与自我发展,人的全面发展彰显的正是这种总体方向的前进性与具体方向的多样性的辩证统一。

① 《列宁选集》(第2卷),人民出版社1960年版,第442页。
② 《列宁全集》(第55卷),人民出版社1990年版,第215页。

　　其次，还要研究人的发展的决定性。正如事物的发展是一个"自然历史过程"一样，人的发展显现的也是这样一种自我决定自己、自我发展自己、自我完善自己的过程。事物的发展过程是一个自发的、机械的决定过程，它受外在条件的制约，完全是一个受动、被动的过程，而人的发展体现的则是一种直觉的、合目的的辩证发展。人之所以这样发展而不那样发展，也同样受制于客观或者主观条件的决定，但这种决定是积极主动的，是主体自我选择、自我设计的，说到底是自己决定自己如何发展，既不受外在神秘力量、客观精神的预先安排，也不受线性因果关系的机械决定。事实上，因果关系"只是物质发展这一链条上的环节"而非全部内容，①用之去说明人的发展，就不能以偏概全地将人的发展的辩证决定性等同于或归结于因果性。人的发展的决定性具有全面性、整体性的特点，因果性或因果决定论只能将这种性质加以片面地、断续地、不完全地表现出来，因而根本不能将人的发展的决定性等同于物的因果关系的决定性。的确，人的发展具有普遍的制约性和规定性，并用这种决定性原则去考察和分析制约人的发展的各种问题与矛盾。但，人的发展毕竟不同于物的发展，不能把人的发展的决定性理解为机械的、单向的、被动的、直线的、僵硬的机械决定、因果决定、统计决定，在人的发展过程中同时有多种因素参与其中，正是在错综复杂的各种因素、纵横交错的各种关系互相作用过程中，多向性、多样性的发展才达到了辩证统一，从而实现了人类社会在总体上的动态演进与全面发展。人的发展的决定性实质上就是人的自我选择性，随着人类实践和现代科技的飞速发展，势必会揭示出人实现自我决定即自我选择的越来越多的方式与样态，从实质上丰富并拓展着关于人的全面发展的辩证性本质，在更深层次上说明多种决定与多样选择对人的发展的重要意义，并把人发展的过去、现在、将来联系起来，用多样性、多向性的决定关系的动态统一，展现人的发展的方向性、规定性和选择性的统一。

　　再次，要阐明人的发展的合目的性。动物的发展是自在性的活动，是事物无意识、无目的、无方向的"本然"活动。而人的发展

---

　　① 《列宁全集》（第55卷），人民出版社1990年版，第134页。

所体现的辩证性不同于动物发展的辩证性，人的发展表现为人的社会实践活动的自觉能动性与合目的性，它是人这一主体有意识、有目的的社会化行为，是人的一种合理的自觉选择、自我发展过程，是人根据自己的需要而不断发展自我、完善自我的"应然"活动。但，若放大视界，人的发展与动物的活动，也具有内在的辩证统一性，二者都是无限发展着的物质世界的内在组成部分，都遵循世界发展的一般规律。显然，人的发展与动物的活动，都是对外部自然的一种否定。动物的活动在被动的、消极的意义上否定了事物的直接存在状态。正如马克思分析的那样，诚然，动物也进行某种生产，但它的生产完全是片面的、只同自身的肉体相关、只按照自己所属的那个种的尺度来行动。而"人的生产是全面的"①、积极的、合理的真正意义上的生产，人不仅能够再生产整个自然界和人类社会的全面性关系，而且懂得按照任何"种的尺度"来行事，人能够自由地、艺术地对待自己的产品，人的社会性实践活动所体现的这种自由自觉的应然活动，彰显了人应有的自由自在的本质与全面发展的方向。因为，人能够以自身的活动赋予自然以合乎人类目的或需要的形式，在自然物身上注入人的灵性与智慧，使之发生合乎人需要的属人的变化，使物为人而存在、为人而发展，整个自然界的发展过程实际上就是对人的不断生成的过程，都是世世代代人的劳动的产物和进一步变革的物质基础。总之，人的全面性的生产是指，人从事物质资料的生产（社会）、人的需要的生产（自我）、人自身的生产和再生产（家庭）、社会关系的生产和再生产（国家）、精神文化的生产（道德，法、宗教、艺术、科学等），而伴随全面生产而体现出的人的全面发展则是指，人能够实现多种工作岗位的轮换使自己的生产能力与技能全面地得到发展，或培养出能全面、自由地选择和适应不同生产职能的新型劳动者。全面性生产体现的是人自由而全面发展的"类生活"，能根据自己的需要"对对象进行改造，并把自身内在的多方面、多层次的需求体现在

---

① 《马克思恩格斯全集》（第42卷），人民出版社1979年版，第96—97页。

改造劳动对象中"。①

五　人的全面发展理论的实践性本质

在马克思哲学的全部著作中包含着极其丰富的人学思想，而人的全面发展理论则是贯穿其中并内在规定其他理论的核心内容，是其整个理论体系自始至终内在一贯的价值旨归、终极目的与方向牵引。马克思哲学以现实的人及其全面发展作为自己理论的出发点，通过分析人与自然分化与统一的实践基础，而科学揭示了人的社会生活本质的实践性生成与发展。马克思认为，人是认识世界、改造世界的主体，人与世界相互作用、相互生成的过程，严重地改变了自然进化与生命发展的规律，使之发生了实质性的跃迁，从而使人的发展作为超越自然现象、自然过程的社会现象、社会生命与社会进化的方式有规律地运行。社会实践是人从自然界中分化出来并以主体身份去进行维持自身生存的物质性活动，是人与自然分化与整合的物质性基础。正是由于实践活动的全面介入，人作为有意识的社会存在物，才能以现实性的、活生生的、历史发展中的个人参与其中，自由自主地、全面性地展现着自己的社会本质。实践活动使人能够作为一个完整意义上的、能够充分发挥自己创造性能力、全面占有自己本质的个人而存在与发展，实现人的全面发展是社会实践活动的内在目的与自觉要求。

实践活动是人通向自由自主发展的桥梁，也是实现人全面开放、本性复归的中介。在改造客观世界的同时也改造主观世界的过程中，人所获得的任何一种意义上的解放和任何一种意义上的自由，都是使人的全面性的社会关系与内在本质不断在自身的发展中得以重现，"任何解放都是使人的世界即各种关系回归于人自身"。② 马克思科学实践观的确立，使人学研究实现了由外部研究转向了内在研究，从研究人与社会、文化、历史、自然的关系，转向了研究人的本质与能力的实践生成，人学由"向外转"发生了"向内转"，更关注对

---

① 中共中央党校马克思主义理论教研部：《马克思主义关于人的学说》，人民出版社2011年版，第172页。

② 《马克思恩格斯文集》（第1卷），人民出版社2009年版，第46页。

人自身的研究了。在这种内在性的研究视域下，人作为一个生物物种的总体特性，就在于人能够有意识地即合规律、合目的地开展自由自觉的创造活动，使世界为人而存在，使物作为人自身生命的外在表现而存在。这种能动地表现自己生命本质的类的活动，就是实现人的全面性、创造性、自主性发展的活动，它才是人体现人的类本质的自由活动，也是体现人发展的终极目的和终极宿命的活动。而政治解放或者其他什么解放，就不具有这种终极目的和内在意义，都只具有外在性的意义。① 当然，马克思还看到，"只有当现实的个人把抽象的公民复归于自身，并且作为个人，在自己的经验生活、自己的个体劳动、自己的个体关系中间，成为类存在物的时候，只有当人认识到自身'固有的力量'是社会力量，并把这种力量组织起来因而不再把社会力量以政治力量的形式同自身分离的时候，只有到了那个时候，人的解放才能完成"。② 马克思所说的人的解放的最终完成，实际上就是人的自由的全面实现，也就是实现了人的全面发展。而这不是在任何一种社会环境下都能做到的，在资本主义社会中，社会发展与人的发展相背离，人的活动被等同于物的活动，只有在共产主义发展阶段上，"自主活动才同物质生活一致起来，而这又是同各个人向完全的个人的发展以及一切自发性的消除相适应的"。③换言之，唯有人从抽象的类特性、"人类之爱"所宣示的什么个性自由中解放出来，又摆脱了资产阶级的个性与自由的束缚，超出了资本本性对人的异己性统治与全面压制，人才能复归自己的本质而获得真正全面意义上的自由个性。

实现人的全面发展实际上就是实现个体自主性发展，这"是马克思哲学的使命，是人发展自己、解放自己的必由之路"。④ 这与马克思实践唯物主义哲学内在一致，实践是人以人的方式存在与发展的根

---

① 丰子义：《经济发展新常态下的人学审视》，《山东社会科学》2016 年第 1 期，第 7—11 页。

② 《马克思恩格斯全集》（第 3 卷），人民出版社 2002 年版，第 189 页。

③ 《马克思恩格斯文集》（第 1 卷），人民出版社 2009 年版，第 582 页。

④ 罗苹：《马克思的个体自主性思想》，《光明日报》2015 年 8 月 26 日。

基，是人特殊的生存命义与社会本质。马克思哲学是"实践唯物主义"，① 这种现代形态的唯物主义，自觉地在内在本质处朝着人的全面发展进行运思，无论从理论上、实践上，抑或从社会发展的未来理想上看，实践唯物主义最终都指向了人的全面自由发展。质言之，唯有从社会实践之维出发，才能对人的全面发展作出正确求解。但唯有建立以自主性发展为基础的自由人联合体，才能使每个人都能够向着全面而自由的方向发展；唯有在真实的、积极的社会共同体中，人的自由性、主体性本质才能得以全面展现与激活，才能实现社会全面进步与人的全面发展的有机统一，这是全部马克思主义哲学的思想旨归和崇高理想，也是人类社会发展的逻辑必然与历史必然。实践唯物主义"不想教条地预期未来，而只是想通过批判旧世界发现新世界"，② 它用这种批判理论去考察作为自由人联合体的自由王国是如何变成现实的。

马克思从实践唯物主义维度出发认为，人是一种未完成的、开放性的社会动物，其本性、能力、素质与关系都处在永恒地发展与完善中，人的全部能力的全面发展是社会发展的目的本身，也是社会实践活动合目的性与合规律性相统一的集中表现。唯有超越必要的物质生产这个必然王国的限制，"在这个必然王国的彼岸，作为目的本身的人类能力的发展，真正的自由王国，就开始了"，③ 实现人的全面自由的发展，是人类社会进入必然王国的根本标志，一切对于人的全面发展造成制约的东西，都处于人的自觉控制之下了，一切支配人们的异己性力量也都被彻底改变了，每个人都能够按照自己的真实愿望进

---

① 有人不赞同"实践唯物主义"的称谓，因为不仅马克思从来没有这样命名过，而且会造成理论的不彻底，会产生世界的物质本源性与历史的根源性的二元并存。其实在哲学历史上，很少有某种哲学的称谓是创始人自己命名的，大都是后人总结概括提炼而来。先有其思想，后有其称谓，这是历史发展的常规。将马克思哲学界定为"实践唯物主义"，这是它的本质体现与逻辑要求，无论从哲学形态上抑或从思想方法上看，都是完全"名副其实"的，不是克隆来的，而是体现了中国人的独特创造，"具有新的时代内涵和民族特色，也是对马克思主义哲学的推进和发展"（参见丰子义《中国道路的哲学自觉——实践唯物主义的当代意义》，《北京大学学报》2015 年第 4 期，第 14—23 页）。

② 《马克思恩格斯文集》（第 10 卷），人民出版社 2009 年版，第 7 页。

③ 《马克思恩格斯全集》（第 25 卷），人民出版社 1974 年版，第 927 页。

行创造性的自由活动了。可见，人的自我完善、自我完成与自我发展，就是社会人发展的最高价值，凡是能够推进人本身和人的自我实现的，就是有价值的，否则就是没有价值的。通过人的实践活动，人达到了自我实现与自我完成，这是作为内在目的与规律起作用的，人的全面发展是人的实践活动的固有内蕴与根本价值指向。马克思的实践唯物主义，要求"人以一种全面的方式，就是说，作为一个总体的人，占有自己的全面的本质"① 与综合能力。"总体的人"即社会的人和人的社会，是通过并借助实践活动打造出全面而自由发展着的自由人的联合体，是获得自由全面发展的高度社会化的个人及其联合。人的价值的全面实现，人的能力与素质的全面提高，反映了人追求一种总体性的社会存在，要求全面实现一种人性的总体性与能力的完整性。而这只能从人的未来共产主义社会发展的根本要求中不断生成与不断开展，而不能从资本主义全面异化的社会现实中获得。以此可以看出，人的价值本身就是人的自我完成，而所谓"人的自我完成是指人及其人性能力的全面而充分的实现"。② 人的本性、能力与素质在共产主义社会中的全面实现，不在人的实践活动之外，恰恰要通过人的社会化的实践批判活动来实现，因而实践唯物主义在价值上总是指向人的全面发展与自我完成的，实践唯物主义人学价值论就是马克思人的全面发展理论的当代新形态，是共产主义者——无产阶级的庄严使命与神圣职责。从人类终极价值上看，实践唯物主义就是无产阶级的世界观。

第四节　人的全面发展理论的历史逻辑及其生态阈限

一　马克思人的全面发展理论的历史分析

首先，人在社会关系的发展中达到自身的全面性。人的社会关系，从横向的角度来说是一个日益扩大、日益拓展的复杂网络与社会

---

① 《马克思恩格斯全集》（第 3 卷），人民出版社 2002 年版，第 303 页。
② 刘进田：《价值是人的自我完成》，《哲学动态》2015 年第 8 期，第 30—35 页。

系统，人类在物质生产活动基础上，发生越来越多样化、多层次性的社会交往行为，人获得了多方面的社会规定性，人的发展也日益走向全面与富足。马克思哲学以社会实践为基础，正确揭示了人的社会本质，并把人性的具体性观点引入了人的全面发展的理论中加以理解。在马克思看来，历史上一切唯心主义者和旧唯物主义者对人及其发展的理解都是片面的，在其人学思想中因离开人的社会实践活动去考察人的发展问题，因而都不同程度地陷入了抽象人性论的误区，其对人的发展只能产生误解。从上一章的论述中我们了解到，唯心主义哲学由于将人的理性及其意义片面地予以强调，夸大到脱离社会实践的地步，以至于将人理解成理性的存在物。现代西方哲学上的人本主义各流派则极力渲染人的非理性因素在人的发展中的意义与作用，把人理解为非理性的存在物，将人的发展理解成非理性因素的发展，理解成某种抽象性精神因素的发展。

旧唯物主义不满意各种唯心论者的这种抽象性的精神规定，试图将人及其发展理解成感性存在物及其生物性的发展，把人看成是生物个体的那种食色性等等的生物存在体而非实践存在体，实际上是将人及其发展理解成了纯粹自然的存在体及其发展了。这样的理解，虽然坚持了唯物主义的方向，但是，它与唯心主义抽象性的精神规定，没有什么两样，因为它只是从生物学的意义上而非社会意义上来理解人及其发展的，它没有也不可能看到人的具体的、社会的本质属性，更看不到人的社会意义上的实践活动及其发展的积极内容。故而，旧唯物主义毫无例外地都在社会历史领域陷入了对人及其发展的抽象性理解，严重遮蔽了人的社会性的本质及其在实践活动中获得全面发展的可能。

相比之下，中国历史上的一些古代哲学家倒是将人及其发展理解成社会意义上的存在及其发展，但是，它同样远离了社会性的实践活动，而是从社会伦理角度把握人、人性及其发展问题，陷入了关于人性善恶的无休止的论战中。虽然众说纷纭、莫衷一是，但是，说到底都是将人及其发展理解成了某种抽象性的人性及其发展与完善的问题，或者只是看到了人性中的每一个方面并将之抽象化、绝对化。因而，即使他们抓住了人的社会性存在的某种片面因素，如将人理解成社会性动物、天生的政治动物等等，但是因偏离社会实践去理解人及其发展，他们理解的人的社会性主要是指人的合群性与政治性，这仍然与马克思人学对人的全面发展的实践理解相距甚远。

在马克思看来，旧哲学因其不了解社会生活的实践性本质，所以只能对人及其发展作出各种各样的片面性考察，唯有马克思哲学从社会实践的观点出发揭示了人的社会性本质及其实践性生成，才对人及其全面发展问题获得了具体性、历史性的科学理解。马克思哲学主张，社会对人说来不是别的什么东西，它恰恰是人获得全面发展的前提，它创造了并永续不断地创造着人自身及其无限性的发展。人在自己的实践性活动中创造着各种各样的社会性的物质交往关系与精神交往关系，这也就是创造了人及其人类社会。

可见，马克思认为要理解人的全面发展，离不开对社会全面进步理论的把握。人类对于进步理想的追求，来自于人类超越的本性：现实的缺憾与不足，使人渴望完美；现实中的假恶丑，使人渴望真善美。生活总是指向未来，在现实与未来的交互转化中，体现了人自我追求的有限与超越。社会基本矛盾是社会进步的最根本动力，社会进步表现在各个方面，包括经济的、政治的、文化的，等等，但是生产力的发展状况是最高的标准。社会进步是一个系统工程，社会是一个有机的系统，物质的与精神的进步密不可分，精神文明的发展也是社会进步的重要内容。马克思分析说，所谓社会其实就是人的实践在历史活动中的对象化，实践是人特殊的存在方式，社会实践活动是什么样的，创造这个社会的人也就是什么样的。人在自己创造的社会及其各种关系中所表现出来的属性全面开展出的社会化的人性，就构成了人的全面发展的社会内涵。马克思哲学同时认为，在人的实践活动中所形成的社会关系，都是具体性的而非抽象性的，那么它对人的本质及其发展问题的理解，集中表现在人在自己的实践活动中获得的多方面的社会生成，就是人的社会属性、生活价值与自由幸福获得多方面彰显的集中表现。具体的人性就是人的多种社会规定性的统一，人的发展也并非只是属于理性或者非理性意义的发展，也是社会的各个方面的发展即全面发展。如果像历史上的旧哲学家那样，只是把人、人性及其发展理解成某一种规定性及其发展，即使是将人理解为社会性的存在物（政治动物或者合群性动物），都不能正确揭示人的社会性的实践本质及其全面发展的社会内涵，也不能形成以实践存在论为基础的人的全面发展理论。

但是，这里有三点需要说明：第一，马克思强调的从多方面的社会关系规定人、人性及其发展，是以物质性的生产关系为基础进行分析的。在社会中的的确确构建了各种各样的社会关系。唯有首先把握社会基本矛盾及其运动规律，才能进而在此基础上把握人的各种社会规定性及其有机统一，把握具体的人性在社会意义上的全面生成与全面展现。从生产关系入手分析社会基本矛盾，是马克思哲学关于人的全面发展理论的基本立足点。因为，社会的基本矛盾贯穿于人类社会发展的自始至终，涉及了社会生活的基本领域、囊括了社会关系的主要方面，规定并反映了社会结构的基本性质与基本面貌，影响并规定着人的全面发展的各种内容与特征，构成了制约人类社会实践存在与全面发展的内在因素，决定着人类社会全面发展与社会进步的方式、方向与程度，故而，唯有以此出发才能获得对人的全面发展的科学理解。第二，马克思哲学分析人的全面发展是以分析生产力这一社会最终动力为前提的。在马克思看来，生产力是推动社会发展与人的发展最基本的动力因素，也是推动人类社会发展和社会全面进步的最终决定力量。人类历史的世界性生成，打破了各种各样的自然的、民族的限制，使得人类社会的全面发展成为可能。反过来，生产力又成为衡量与检验人类社会全面发展的根本尺度。人在社会中所形成的人与自然的生产力、人与人的生产关系及其互相关系，作为相互交织的经纬线，内在反映了人与自然、人与人的社会生活最基本方面，构成了决定社会发展及人的发展的最基本矛盾。其中，生产力的发展状况与水平，既是社会物质文明发展的基本内容，也是制约社会、政治、精神、生态等等文明及其发展的基本物质条件。唯有在物质生产力获得全面发展即实现社会的全面生产、全面发展的基础上，才谈得上人的全面发展，才有可能满足人的全面发展的各种物质的精神的需要。第三，马克思哲学分析人、人性的全面发展有特定的阶级性内涵。因为，在阶级社会中社会基本矛盾是通过阶级斗争来实现的，阶级斗争是推动阶级社会发展的直接动力。人类几千年的文明发展史，从某种意义上说，就是阶级斗争的历史。离开基于特定物质利益的根本对立的阶级分析，离开对阶级斗争推动社会发展的分析，就无法理解社会发展与人的发展的具体性与全面性。恩格斯指出，按照历史唯物主义的理解，"一切重要历史事件的终极原因和伟大动力是社会的经济发展，是生产方式和交换方式的转变，是由此产生的社会之划分为不同的阶级，是这些阶级彼此之间的斗争。"① 当社会基本矛盾达到尖锐化时，此时社会革命的任务就来临了，只有通过社会革命推翻反动阶级的统治，建立新的社会形态，才能迫使其不得不调整某些经济关系，使得社会矛盾得到一定程度的缓和，或多或少地推动了生产力的发展和社会的进步，实现了社会的发展与人的发展。所以，在阶级社会中生产关系实质上是阶级关系，社会发展与人的发展表现为阶级利益的捍卫与实现，人、人性及其本质在阶级社会中表现为阶级性及其阶级本质，人们在社会关系中所处的地位不同、经济利益不同，人性也就不同，人获得的社会发展的意义也不同。

二　人的基本素质的提高及其全面发展

马克思实践人学认为，世界上任何事物的发展都是作为过程的集合体而存在的，人自身的发展也不例外，也是一个从不全面走向全面的过程，这一点与西方哲学史上那种形而上学的人学观点具有本质区别。西方唯心主义哲学家们往往从抽象的、大写的人出发，把人看成是一成不变的既成事物的集合体，认为人这种伟大之作品，真正体现了上帝的无所不在、无所不能、至善至美。人性一经生成就永恒不变，并以此来界定人的存在与本质，认为人的本质也是一成不变的，人是预定的、前定的或神定的，人不可能随着社会发展而不断发展，人性也不可能有什么新变化，而是永恒的、稳固的。这实际上不仅恰恰架空了人生价值，而且否定了人能够通过自己的活动来自己掌握自己的命运，否定了人的全面发展是一个永无休止的无限过程，也否定了对人的全面发展做实践性理解的可能。与之相反，马克思实践唯物主义哲学认为，人不是既成事物的集合体而是过程的集合体，人的发

---

① 《马克思恩格斯文集》（第3卷），人民出版社2009年版，第508—509页。

展的过程性集中体现在它的实践性上，唯有从实践维度才能对之作出科学说明。人是一种实践性、社会性、过程性、开放性的存在物，人的属性、类本质、需要、欲望、动机、目的等等一切属于人的自然的、社会的东西，都不可能是一劳永逸的而是历史性的生成的。即使是那些原初的自然属性与能力，也不会一成不变，也会随着社会实践的改造而不断改变。人自身的各种素质、能力与关系也是不断发展的，这表明人不可能是一种既成性的存在物，而只能是一种非完成性或有待完成的存在物。

人的各种力量（身体的与头脑的、现实的与潜在的）的全面展现、人的社会关系的系统建构、人的本质属性与综合素质的全面提高，就是作为目的出现的，是人类发展的目的本身，是人的实践活动的目的本身，这种目的是他知道的、是作为规律支配着他的活动的。人类来自自然而没有止步于自然，自然不会自动满足人的一切需要，人只有通过自己的活动使物为人而存在。人也必须在自己合规律、合目的的活动中，把自己的本质力量外化于自然对象，在自然对象上注满人的本质力量与社会属性，使之发生符合人需要的改变，并吸收、消化、利用这种物化成果不断实现自身的发展，使自己发生朝着符合自然规律方面的变化。人与世界的相互作用、相互生成，表明了人只有不断地与自然、与社会、与自己发生物质、信息、能量的互换，认识并利用客观规律灌注自己的主观目的，使外在的或自在的事实世界，生发为属人的、人化的价值世界，人才能超越外在必然性的各种限制而获得全面自由的发展，"在这个必然王国的彼岸，作为目的本身的人类能力的发展，真正的自由王国，就开始了"。[1] 马克思人学所说的人的全面发展具有多方面的表现，但就其最基本的内涵来看，主要是指人的综合素质的全面拔高与整体提升。质言之，人的全面发展是与人的素质内在联系在一起的，人的发展最根本的表现在人具有比较高的综合素质，促进了人的素质的提高就是在根本上实现了人的全面发展，提高素质是人获得全面发展的综合表现与最高指标。

马克思人学思想所说的人的多种素质的整体性提高，首先是指人

---

① 《马克思恩格斯全集》（第25卷），人民出版社1974年版，第927页。

的全面性能力得到发展。人的综合能力的全面发展，对提高人的素质来说，是具有最根本意义的。如果一个人只拥有片面发展的能力，或者说，他的本质力量是残缺不全的，他赢得的社会生活就非常可怜，他的素质就很低下。具体情况有二：要么他的本质力量根本不能达到完善的程度，要么他的本质力量不能够外化出去，但是，无论哪种情况，这样的人是不可能获得全面发展的。人的素质的提高表现在人的能力的发展，而人的能力的全面发展，是在实践活动中生成和完善的，是随着实践能力的全面发展来保证的，只有从根本上消除固定化、片面化、狭隘性、机械性的劳作，才使得人的社会实践活动成为自由自觉的劳动，才可能全面提升人的各种能力。属于人的社会素质和个体素质，其实是人的全面能力得以发挥的基础，反过来，人的各种素能的扩展又成为人的全面发展的具体表现，二者内在统一、不可分离。通过社会的全面进步而促进人的全面发展，实质上就是全面发展人的各种能力（体力与智力、潜在能力与现实能力），使之在劳动中尽可能地得以展现。

人的实践能力的全面发展，就是人的本质力量的全面外化。人能否在自己的自由自觉的实践活动中发生主客体之间的双向对象化，能否在彰显自己的本质力量的同时，也使得人的主观目的与客观事物实现完美结合，这是检验人的能力是否达到全面性的一个重要标志。这表明了人是实践性的存在物，实践是人特殊的存在方式和社会本质，人所拥有的各种能力、人实践活动中积淀下来的各种素能，是人的本质与自然的本质的内在统一，也是价值尺度与真理尺度的内在统一。这种自然的人化和人的自然化的统一，不可能在资本主义旧式分工中完成，也不可能在狭隘的机器大生产下完成，在那里，人只能在狭窄的领域、固定的职业、简单的思维、机械重复的座架上发展自己有限的能力和素质。马克思曾经鲜明地指出，"现代社会内部分工的特点，在于它产生了特长和专业，同时也产生职业的痴呆。"① 他紧接着引用了别人的话来对这一残酷的社会现状发出指责，认为如果说古代的人可以获得全面发展的话，他们可以既是杰出的哲学家，同时又可能成

———————

① 《马克思恩格斯全集》（第 4 卷），人民出版社 1958 年版，第 171 页。

为伟大的诗人，演说家等等，那么，现代的人则只能在自己狭隘的职业操持中成为一种极端片面的人——各个方面都十分明显地"缩小了的人"。马克思说："我们十分惊异，在古代，一个人既是杰出的哲学家，同时又是诗人、演说家、历史学家、牧师、执政者和战略家……现在每一个人都在为自己筑起一道藩篱，把自己束缚在里面"，① 大大限制了自己多方面能力的发展，使自己成为一个不自由的、具有专业缺憾的畸形人。而产生这一切的社会根源均在于资本主义的旧式分工和私有制的存在，是资本主义的片面生产和异化劳动造就了人的片面发展，唯有铲除不合理的社会制度，消灭旧式分工及其异化，才能真正实现人的能力与素质的全面发展。在资本主义社会里，每一个人都被机器大生产强行地固定在每一个生产部门，成为资本家赚钱机制中的一个机器部件，只能被动地受它束缚、任其摆布，"每一个人都只能发展自己能力的一方面而偏废了其他各方面，只熟悉整个生产中的某一个部门或者某一个部门的一部分。"② 正是由于马克思痛感资本主义旧式分工及其异化劳动给人造成了片面发展，剖析了现代资本逻辑参与了机器大生产对人形成的各种残害，才明确号召广大无产阶级联合起来推翻这种人剥削人、人压迫人的旧社会，建立人人都能够获得全面发展的共产主义新社会的。唯有在共产主义社会，自由全面发展的个人联合起来，才能保证人的能力获得全面展现，人的能力的发展才真正成为了社会发展的一种共同财富，作为目的本身的人的能力的全面发展问题才被置于人的素质的首要地位加以强调，全社会就消除了各种片面发展的种种弊端，实现每一个人综合素质的全面发展。

　　其次，人的素质的提高还体现在人的个性的发展上。正如马克思所说，社会实践活动是人与动物根本区别的类本质，人的类特性就是他的自由自觉的活动，这是他表现自己生命本质及其全面特质的活动。人的自由个性的巩固与提高，人的发展与人的实践活动具有内在关联。在实践活动之前或之外，根本不可能提升人的自由个性，根本无法洞察人如何获得全面发展的问题。人的个性的全面发展，主要表

① 《马克思恩格斯全集》（第 4 卷），人民出版社 1958 年版，第 171 页。
② 《马克思恩格斯全集》（第 4 卷），人民出版社 1958 年版，第 370 页。

现于人在实践活动中的个体主体性的成熟，要实现人的全面发展和社会的全面进步，就必须解放并发展人的个性，反之，若没有人的自由个性的解放与发展，要想实现人类社会的全面进步，"只是完全的空想"。① 显然，一方面，人的个性的发展需要借助自由自觉的实践活动，唯有在科学的实践中，人才能多方面地发展自己的自由个性，使之充分得以展现和发挥。若是在资本主义的异化劳动中，人就会丧失自己的个性与本质，非但不能依据吸收自己的劳动成果来提升自己的个性与本质，反而使自己发生了异化、变成日益缩小的畸形人，而且，即使是占有自己劳动成果的人，由于是以非人的方式实现的，也会造成如此的"愚蠢和片面"，"以致一个对象，只有当它为我们所拥有的时候，就是说，当它对我们来说作为资本而存在，或者它被我们直接占有，被我们吃、喝、穿、住等等的时候，简言之，在它被我们使用的时候，才是我们的"。② 事实上，人的劳动产品是人的本质力量的确证，占有自己劳动成果，实际上就是对自己本质力量的占有，是人的本质属性的复归。这种占有，必须以人的方式进行，即不仅通过个人器官去占有，而且通过社会的即他人的器官与对象发生全面的关系，"对私有财产的积极的扬弃，就是说，为了人并且通过人对人的本质和人的生命、对象性的人和人的产品的感性的占有，不应当仅仅被理解为直接的、片面的享受，不应当仅仅被理解为占有、拥有"。而应当理解为全面地占有，即"人以一种全面的方式，也就是说，作为一个完整的人，占有自己的全面的本质"。③ 这种全面的占有实际上就是人的最根本的个性与本质的全面复归，就是人的全面发展的根本旨趣所在。可见，资本主义生产虽然能够带来个人关系及其能力的普遍性与全面性，但那是在人的普遍异化过程中产生的副产品，在无产阶级革命对异化进行彻底扬弃时，人也将在日益丰富的社会关系中全面地占有自我的本质与个性，推进现代人朝着实现人的全面自由发展而努力。

---

① 《毛泽东选集》（第 3 卷），人民出版社 1991 年版，第 1060 页。
② 《马克思恩格斯文集》（第 1 卷），人民出版社 2009 年版，第 189 页。
③ 《马克思恩格斯文集》（第 1 卷），人民出版社 2009 年版，第 189 页。

另一方面，社会关系的日益丰富也是促进人的全面发展的根本条件。"个人的全面性不是想象的或设想的全面性，而是他的现实联系和观念联系的全面性"。① 社会关系丰富发展的程度决定了人获得全面发展的程度，人拥有什么样的社会关系，就可能实现什么样的发展，人的个性能否发展成为自由个性，与社会关系发展的现实性程度内在相关。它不决定于人的思维情况怎样而是决定于人的生活的丰富性，决定于人在社会生活中的经验发展与全面实现，这集中体现于日益丰富的社会关系。在社会关系中要实现人的全面发展，尽可能在自由人联合体下，重建个人所有制，这是实现共产主义和人的全面发展的基本形式。同时，要尽可能地扩大人们之间的普遍交往，使每一个人在不断扩大的社会联系与交往中实现自己、发展自己。

人要获得全面自由的发展，自然要求人的各种素质的全面提高，这二者是内在统一的，人的全面自由可持续的发展在某种程度上就表现为人的多方面素质的协调而均衡的发展。作为全面发展的个人是具有自由个性的人，自由个性的形成得益于素质、能力的全面提高。素质、能力的提高依赖于科学实践活动，而实践活动的科学开展离不开社会关系的合理调整。若不能克服不合理的社会关系及旧式分工对人的限制，要实现人的全面发展就是一句空话。而要克服不合理的社会关系及旧式分工，就必须沿着以下途径进行：（1）要保证人的全面自由可持续的发展，就必须大力发展社会化的现代生产力，不断提高人的物质生活水准，夯实该社会的经济基础，这是人获得全面自由协调发展的基本前提。一个社会的生产力是该社会发展的最终决定力量，也自然是人全面发展的决定力量，若没有现代意义上的生产力体系的高速度发展，且没有强大的社会物质基础做后盾，人甚至连全面发展的目标与任务也提不出来，更遑论实现真正的全面发展了。因为，人的发展，说到底，都不是在理想中设想的那样，而只能"在现有的生产力所决定和所容许的范围之内取得自由的"。② （2）构建合理的社会关系，摆脱一切奴役与异化，实现人与人、人与社会的和谐

---

① 《马克思恩格斯文集》（第 8 卷），人民出版社 2009 年版，第 172 页。
② 《马克思恩格斯全集》（第 3 卷），人民出版社 1960 年版，第 507 页。

有序的发展。在马克思看来，"只有在共同体中，个人才能获得全面发展其才能的手段，也就是说，只有在共同体中才可能有个人自由"。① 一个人所获得的自由与一个社会所能达到的自由，显然二者是内在关联在一起的，唯有在一个合理的、健康的社会关系下，在人民的根本利益一致的基础上，二者才能实现真正的统一。一个社会的社会关系及其制度是否合理，直接决定着人的多方面需要能否得以真正满足及满足的程度如何，也直接决定着人的素质能否得到发挥和实现及其程度，当然也决定着人的发展的全面性、协调性、可持续性及其程度，实现人的全面发展必须消除社会关系中的各种障碍与弊病。（3）日益扩大社会交往，不断提升人发展的范围与空间。"一个人的发展取决于和他直接或间接进行交往的其他一切人的发展"，② 人的全面发展实际上就是交往的普遍化，唯有扩大交往范围与空间，自觉参与社会交往，才能为不断丰富与发展自己的个性与能力提供扩大了的社会平台，通过互相学习和交流，完善自我并发展自我。（4）充分发展各类教育，促进每个个体的个性、爱好、兴趣与能力实现现代化的全面发展，就必须从社会遗传及其实现机制上提升现代化的水平。现代教育体系的全面发展就是造就全面发展的个人的基本途径，提供人获得发展的必备知识、素质与能力，并帮助培养健全的人格。以上几个方面联系起来，就能为人的全面发展不断创造出现实条件。资本主义及其以前的社会，尽管在客观上对于这些方面在一定程度上作出了贡献，为人的发展打造了一定的物质文化基础，但是真正将人的全面发展作为自觉追求的目标，并制定成具体行动的纲领，只是从社会主义才开始的，毕竟实现人的全面发展是社会主义的本质要求与根本目的。

三　人的全面发展的历史过程性

人类通过各种途径（发展生产、和谐社群、扩大交往、充分教育）追求自由和自我解放的过程，也就是人本身得到全面自由可持续

---

① 《马克思恩格斯文集》（第1卷），人民出版社2009年版，第571页。
② 《马克思恩格斯全集》（第3卷），人民出版社1960年版，第515页。

发展的历史。研究人自身发展的这种历史过程与形态，同样不能离开人的实践活动，因为人不是孤立的存在物，而是在社会关系中并通过自己的实践活动来表现这种关系的历史性的存在物。在人的发展史上，资本主义曾经起到非常重要的作用，马克思认为，"只有通过发达的工业，也就是以私有财产为中介，人的激情的本体论本质才既在其总体上、又在其人性中存在；因此，关于人的科学本身是人在实践上的自我实现的产物。"而资本主义的"私有财产的意义——撇开私有财产的异化——就在于本质的对象——既作为享受的对象，又作为活动的对象——对人的存在。"① 由此，资产阶级抽象的人道主义者认为，人的发展经历了"人—非人—人"的历史过程。这种离开人的发展的实际条件和实践活动中的现实关系，将之理解为人性的异化与复归的做法，非但不能揭示出人向全面性方向的合理而积极的发展，相反，恰恰遮蔽了人实现这种发展的实践性本质。人所获得的全面性的发展，不是抽象意义上或者纯粹观念上的，不是抽象人性的异化与复归的过程，而是一种在社会实践中的自我生成，是通过并借助这种连续不断的创造性活动而获得全面自由发展的，人正是在实践活动中通过对外部世界的改造而不断地进行自我生成、自我发展、自我完善的。显然，人不是在某一种特殊的规定性上（譬如，对私有财产的占有上）生成与发展自我的，人要作为人的方式存在，就要在自己的实践中生成集各种规定性于一体的全面性来。人要成为完整的人，而非成为某种人。人要生产出自己的全面性而非狭隘性，要成为生成性的存在物而非既成性的东西，"在这里，人不是在某一种规定性上再生产自己，而是生产出他的全面性；不是力求停留在某种已经变成的东西上，而是处在变易的绝对运动之中"。② 显而易见，人向全面性的不断展开，不是通过"人—非人—人"的方式来达到的人性还原，而是通过自己全面参与社会实践并结成全面性的社会关系而完成的；同样显而易见，人对自己本质的完全占有，也不是抽象人性的失而复得，而是在社会性的实践活动中通过与外部世界实现能量信息的互换

---

① 《马克思恩格斯文集》（第 1 卷），人民出版社 2009 年版，第 242 页。
② 《马克思恩格斯文集》（第 8 卷），人民出版社 2009 年版，第 137 页。

而逐步予以实现的。人之所以能够获得全面性的发展也离不开对实践的积极参与，人的任何一种发展都只能是在实践中的自我发展，人的全面性本质的生成也是对着社会化实践的合理生成。

一方面，从人所取得的全面自由可持续发展的实践过程看来，正是凭借实践活动人才不断地把自在性的外在对象改造成为属人的价值世界，不断生成着确证人的本质力量的人化世界，同时也不断生成与发展着人自身，不断生产并再生产着自己的本质力量。实践活动作为人的本质力量对象化的活动，在主客体的双向对象化的活动中，不仅使得客体发生了合乎人的积极的改造，而且使人本身也获得了全面性的改造与提升，使人的创造力及其社会关系也获得了全面展现。另一方面，从人的自我生成与自我发展的历史角度看，随着人类社会实践的发展，人越来越摆脱了或者说超越了纯粹生物生存的自然状态，越来越处在由人的实践活动创造的社会环境中。这种社会环境是人的实践产物，一旦确立，反过来又会成为塑造人的异己力量，使人必须结成社会共同体、保持多维度的社会关系，才能成为社会化的人，使人向社会全面生成。人创造了社会环境与关系网络，生存其中并受制于它，又会改进手段、创新技术不断打破这种限制，形成多样化、扩大化的社会交往，生成日益复杂的全面性的社会关系，使人获得日益丰富的多方面的社会规定，成为越来越具有社会化、全面性的个人。

人要达到全面自由可持续的发展实属不易，绝对不是一个自然而然的过程，特别是在资本主义社会中，不仅不能通过实践而达到自己的全面性的自我塑造，恰恰相反，而是泯灭了这种做人的起码本质，不仅没有发展出自己的全面性，而是导致了人的全面性的丧失。但，这并不意味着人发展成为了非人，或者说，人为物役就是人的本性的丧失，资本主义社会就是人向非人转化的社会。实际情况是，异化的存在，恰恰是由于人还没有发展出丰富全面的现实性力量，没有构造出日益复杂、全面协调的社会关系并将之置于自己的自觉控制下。资本主义的异化现象存在，虽然彰显了人与人之间的那种对抗性的社会关系，但又是人的全面发展必经的阶段，是人的发展在特定历史阶段必须采取的当然形式，没有这种特殊形式下的人的片面发展，人要走向全面发展也只能是一句空话。质言之，不是说资本主义不可避免，而是说生产力历史积累的发展阶段不可超越，但它必然会被社会生产力的高度发展所扬弃，人为物役的狭隘的社会关系，也必将会被日益丰富的全面的社会关系所超越。

根据马克思的分析，人的发展由低到高要依次经过三个阶段：第一是人的依赖性关系占统治地位的阶段（奴隶社会和封建社会）。此时人没有获得自身的独立性，而是直接依附于特定的社会共同体，人们之间的社会关系只是在非常狭隘的、简单的意义上达成的，即在非常孤立的地点和狭窄的范围内发生的纯粹地方性的关系，而且这种关系仅仅存在于这种共同体内部，正所谓"鸡犬之声相闻，民之老死不相往来"。人若是受制于这种封闭原始的社会关系的制约，每一个人或者那个人所在的社会共同体，都不能真正达到自由而充分的发展，更不要说会真的能获得全面意义上的人了。第二是以对物的依赖为基础而产生的所谓人的独立性发展的阶段（即资本主义社会的发展阶段）。由于资本输出的世界性进程的大幅度提高，随着物质交换的跨地域的快速发展，社会的普遍交往及社会关系网络的全面缔造，人的多方面的合理需要及满足这种需要而激发出的多种能力，均获得了体系性的发展与全面构建，这当然为人走向全面性的发展做了很充足的铺垫。但由于社会关系及其社会交往，是以异己的形式——物的形式——同每一个人相对立的，人的发展自然还受制于这种异在关系的制约与束缚，迫使人成为片面发展的"经济人"——单向度的人。但，毕竟它在生产出自己同他人的、同社会的相互疏离的普遍异化关系的同时，也在客观上能够发展出全面性，也为真正发展出人全面而自由的社会个性创造了必备条件。第三是个人全面发展的自由个性阶段（社会主义—共产主义阶段）。马克思预言，"建立在个人全面发展和他们共同的社会生产能力成为他们的社会财富基础上的自由个性"① 就成为不可避免的，这是人类社会发展的最理想、最完美的形态，它的终极实现形式当然就是人人向往的共产主义社会。此时的社会关系、社会环境不再作为人的异在形式束缚人的发展了，高度发达而完善的现代社会关系及其治理体系不再成为支配人、控制人的异己力量，而

---

① 《马克思恩格斯全集》（第46卷上），人民出版社1979年版，第104页。

成为了受人共同管控的合理的、温馨的社会服务机构。社会生产能力成为建立在人的全面发展基础上的共同的社会财富，人也在普遍的社会文化交往中成为完整的人、大美的人、获得大自在的人。可见，马克思就是以人的历史解放来批判资本主义社会中的虚无主义的，人的实践性的社会存在方式是在人的历史发展中不断得以提炼的，它不是抽象性的东西，不是在思维中通过想象就能获得全面完成的，而是一定社会关系中人的自我解放与自我完成。人是历史性的主体，是自由自觉开展实践活动的主体，"'历史'把人当作手段来达到自己——仿佛历史是一个独具魅力的人——目的的"，① 质言之，人唯有通过历史性的实践活动来实现自我解放与全面发展，"人只能通过自己解放自己，但人是通过创造历史的方式去实现人的自我解放的"。②

四　人的自然化与自然的人化及其生态整合

人类不断提高改造和利用自然的能力，积极能动的与自然进行物质信息能量的互换，旨在创造出更多的物质财富、推动社会发展，使自身生存和发展得更好。但是，当人类在运用先进科技竭尽全力地去改造和征服自然时，一方面的确获得了更多的物质生活资料，让人们有条件过上现代富足的生活，但另一方面又严重地破坏了人类共同的自然之家，引发了大量的危及人类自身生存的世界性灾难，譬如，人口急剧膨胀、粮食日益短缺、资源面临枯竭、环境严重污染、经济危机频发等等，这致使人的生存家园的坍塌、与自然矛盾的加剧、社会关系的日益紧张、产生性格的扭曲和精神的分裂等等。这表明，科技工具理性极度张扬的同时又导致了人文价值理性的泯灭，现代科学技术自身的发展并不足以产生矫正诸多弊病的救治方案，不能给人类提供何以这样生活下去的正当理由。全球问题的大量涌现和不断恶化，已经以一种具体可感的方式显现了人和自然关系的尖锐对立、人和社会关系的高度紧张、人和人自身关系的严重扭曲，那么，如何有效控

---

① 《马克思恩格斯文集》（第 1 卷），人民出版社 2009 年版，第 295 页。

② 邹诗鹏：《虚无主义的极致与人的解放问题——重思马克思对虚无主义的批判》，《复旦学报》2015 年第 5 期，第 7—15 页。

制和解决这些问题并实现人和自然、人和社会、人和人自身矛盾的和解，如何正当而合理地运用当代科学技术，既促进经济和社会的发展并造福于人类，又能不断消除危害人类生存的负面效应，这就成为当代马克思主义人和自然统一观及其当代生态学意义研究的高难度课题。

从人与自然的关系上看，当代人类所面临的这些世界性难题，深刻揭示了当代人与自然之间的严重的不对称、不协调、不平衡，暴露出人与自然之间的关系的尖锐对立，深刻体现了人与自然在价值及其满足的关系中存在着严重的矛盾和危机。人当然是从物质自然界中进化而来的，自然界是人类生存和发展的永恒性根基，人并不能摆脱自然界而单独存在，相反，而必须始终生活在自然界之中，人类赖以生存和发展所必须的一切生活资料只能源于自然，自然界是人类天然的生存家园。如果当人类生存和发展对自然物质的需求量小于自然界自身的可保有量、可再生量、可循环量、可利用量时，那么，人为了自身的生存发展需要而对自然界所进行的改造和利用，就不至于造成严重的生态失衡、环境破坏，人和自然之间的关系进而也使人和人、人和社会之间的关系，能够在总体上保持在相对平衡与和谐状态；但是，如果当人类生存和发展对自然物质的需求量大于自然界自身的可保有量、可再生量、可循环量、可利用量时，那么，人为了自身的生存发展需要而对自然界所进行的任何一种改造和利用，就很可能造成严重的生态失衡、环境破坏，人和自然之间的关系进而也使人和人、人和社会之间的关系，会在总体上与自然界处于失调、紧张、对立的关系中。此时，人类对自然物质的需求严重超过了自然界所能满足的限度，人为了使自己的这种相对于自然界的承受力、再生力来说的过量需求得到极大满足，不得不对自然界进行掠夺性的开发和破坏性的使用。

从人对自然资源的占用方式上看，当代人类所面临的这些世界性难题还表明，人类现有的占用资源的传统方式已达极限，如不及时调整就可能危及人类自身的生存，这预示着人类正处在一个新的转折点上。显然，人是为了占用自然资源而去从事改造自然的实践活动的，人对世界的改造过程就是对自然资源的占有和利用过程。一般来说，特定的科技及其生产力发展状况与水平，直接制约着人对自然资源占用的方式、方法、程度、数量与效率，随着科学技术每一次重大的变革都会引发人类生产方式、生活方式、思维方式的重大调整，自然也会引起人对自然资源占用方式的极大变化。最初，由于人是基于特定的科技及生产力状况而确立起自己对自然资源的占用方式，这种占用方式与特定水平的科技、生产力状况基本相适应，故而从总体上能够提供基本适合人类生存发展需要的物质生活资料。但是，人类自身的生产是急剧膨胀的，人的物质文化需要也是不断增长的，而自然界所能提供的满足人们需要的物质资源则面临枯竭，马克思所说的三大生产（物质生产、人口生产、精神生产）的比例严重失调，人对自然资源占用方式所产生的反主体性效应在不断累积，这表明了这种占有方式在有效实现人类生存发展的价值目标方面已经接近极限，从基本适应走向基本不适应，人与自然之间产生了严重的对立和紧张关系。如不适时调整这种已达穷途末路的占用方式而代之以更为先进的方式，就极可能使人类陷入人口膨胀、粮食短缺、资源枯竭、环境污染、经济停滞的危机之中，直接或间接地导致人类占有对象的退化、枯竭，甚至会引起整个自然生态环境及人的生存发展的物质基础的严重毁坏，就不能够与新的科技、生产力发展水平相适应，就不能在更高的层级上满足人们日益增长着的物质文化需要，甚至还会使人类面临更为复杂、更为严重的生存困境，使之必然随着传统占用方式的终结而丧失未来。这促使人们必须不断进行科技创新、生产创新、观念创新，不断解放生产力和发展生产力，不断调整人对自然资源的占有方式和利用效率。

从人类自身的本质力量及其蕴含的自我危机上看，当代人类所面临的这些全球问题表明人类自身的生存和发展陷入了严重的自我中心困境，对人的生存和发展构成了严重威胁，充分暴露了人类自身的本质力量中蕴含着深刻的自相矛盾、自我冲突、自我紧张和自我危机。事实上，被人所占有和利用的自然界已发展成为异己化的力量而与人相对立，物对人的奴役（人为物役），实质上，是以物的方式所掩盖着的人类的自我奴役。自然物是人所选定的为实现自己价值目标而进行改造和占有的客观对象，但自然资源本身为人类价值目标的实现提供了多种可能性，究竟哪一种可能性能够变成现实以及如何变成现实，这完全取决于人类对自然界具有什么样的认识和能够进行什么样的实践。质言之，取决于人对自然资源占有和利用方式是否科学和适当。若人对自然物的特性及其发展规律缺乏正确的认识，就不可能达到对自然资源有效而适当的占用，就不可能从"必然王国"走向"自由王国"。甚至当人对自然资源占有方式达到极限时，哺育人生存发展的自然界还会变成奴役人的一种异己性的力量，对自然资源的不合理占用会引发一系列摧毁人类生存家园的反主体性效应。可见，真正应当为人与自然的严重对立而担责的，不应该是自然界而恰恰是人类自身，人与自然关系上的危机实际上是人本质力量上的自我危机，"不是神也不是自然界，只有人本身才能成为统治人的异己力量"。①"人为物役"及其反主体性效应根源于人的自我生存方式和对自然资源的占用方式，人对自身日益增长的物质文化需要及为满足这种需要而不断累积出的巨大的本质力量，当其不合理、不适当得到激发和运用时，即不能在最无愧于人类自然生存需要的意义上使用时，就会发展成为危害人类全面自由可持续发展的一种破坏性力量，说到底很多天灾其实就是人祸。正所谓，天作孽，犹可恕；自作孽，不可活。若人对自然界的发展规律及人与自然的关系不能获得成熟而彻底的认识，就不能形成有效利用自然资源的实践方式、生产方式、占用方式，当然就会因缺乏对科学技术及生产力发展所引发的消极后果所需要的强有力的控制手段，而产生水气污染、生态失衡、环境破坏、家园坍塌。生命科学及其基因工程理论的不恰当应用，就会滋生损害人的尊严、健康、遗传等生命伦理、技术伦理方面的诸多问题；现代信息技术的滥用和误用也极可能产生大量的电子垃圾和虚假信息，甚至可能会侵害国家安全、企业生产经营安全；在资本主义制度下，现代科技与资本逻辑的联手会导致对它的非正当运用，并沦为剥削阶级压榨与剥夺人民利益的异己性手段，正如马克思所说，科技在资本主义私有制下常常"表现为异己的、敌对的和统治的权力"。② 这说明，

①《马克思恩格斯全集》（第42卷），人民出版社1979年版，第99页。
②《马克思恩格斯文集》（第8卷），人民出版社2009年版，第358页。

对科技的正确认识和合理运用，需要一种合理的制度环境做保障，以便能真正造福于人类。

当代科技与资本逻辑的联手，不仅把人类自身所蕴藏的本质力量增强到了可以与自然力量相抗衡的程度，而且还运用这种本质力量去征服自然、改造自然、利用自然，创造出了极其丰富的物质财富和不可思议的人间奇迹。人对自然资源改造利用上取得的巨大成功使人们有理由相信，随着现代科技的迅猛发展及其在现代社会化大生产中的广泛而全面的应用，社会财富将会极大涌流，物质产品将会极大丰富，人与自然、人与社会、人与人将和谐相处、合和共生，人类将会迎来一个光辉灿烂的明天。但实际情况并非如此，人对未来美好生活的憧憬并没有美梦成真、如愿以偿。高新科技、资本逻辑与社会化大生产的内在联手推动了社会事业的迅猛发展，它在创造繁荣的物质财富的同时也给人类带来了始料未及的生存困惑、生存悖谬、生存矛盾，形成了一种强大的反主体、反人类的负面效应，这日益引起人们对它的批判性反思。唯有从理论上探明潜藏在人的本质力量中的自我中心困境与现代科技之间所具有的那种根源性关系，才能从建设性意义上对现当代工业技术文明及其价值负载作出合理批判，在最有益于人类生存发展的合理形式上协调好人与自然之间的关系，不断克服和解决那些高难度的全球性难题。诚然，人利用科技占用自然的活动，本质上是一种有目的、有意识、能动的实践性活动，它是人们在一定的价值观念指导下去改造、利用自然的活动。受观念支配的合规律、合目的相统一的活动，就是那种物为人而存在、人为人而存在、人为自身而存在的自觉性活动。人的实践活动所预设的这种价值观念，就成为制约现代科技与生产力能否获得恰当使用的一个重要的主体性前提，也成为人们能否采用科学有效的对自然资源的占用方式以尽可能地避免片面发展（单向度发展）。看来，应该为人与自然之间严重对立而担责的，与其说是人本质力量上的自我危机，倒不如说是那种逻辑上在先的更具有根本性的价值观念，对这种价值观念的批判反思理应成为现代科技工具理性批判的主题。

这种批判性主题有二，一是人与自然的辩证统一观，二是科学技术进步观。因为，人们总是基于特定的人与自然之间的关系及对科学技术观的理解，来选择自己对自然资源的认识方式和占用方式的，那么，自然观、科技观及其价值取向正当与否，就成为判断科技与生产力是否能够科学运用、有效运用并顺利达到其预期价值目标的一个必要条件。首先，基于传统的人与自然之间的对立统一关系而形成的自然观，具有极强的虚妄性、幻想性、理想性，人在放弃自然主宰人类的旧观念的同时，却消解了人对自然界的敬畏之心、关爱之意、怜悯之情，而代之以对自然的随意征服、任人宰割的傲慢与偏见。不论人们是否意识到，也不论人们是否承认，从人与自然之间的征服被征服、统治被统治、支配被支配的关系上来选择和确定人对自然的占用方式，这实质上就是默许了人可以基于自己不断增长着的物质文化需要而可以随心所欲地处置和占有任何自然物的权力，又自觉不自觉地放弃了人类对自然的存在与繁荣而应该担负的责任和义务，这必然主导一种掠夺性的开发和无节制的占用。既然科技和生产力是人借以实现自身生存环境不断改善和提高的手段，因而从根本上说，要断定主导人类今天面临的各种全球问题的价值观念是否合理，最终只能从现代科技所引发的反主体性效应与人类渴望追求的价值目标之间的关系中得到理解和说明。除非自然中蕴藏的人类可占用的资源是无限的，除非各种自然物之间不存在整体关联性，除非人类社会可以摆脱自然的束缚而在自然界之外获得独立的生存与发展，那种掠夺性的开发和无节制的占用方式必然带来灾难性的后果。实际上人可占用的自然资源是非常有限的（即使是那些可再生的自然资源，其再生能力也是非常有限的），而自然界中各种有生命的物质形式之间又处于相互依存、合和共生的生态性关联中，人对自然生态系统的破坏，不可能不引起人类自身的生命系统的紊乱和衰退。人与自然处于一种共生共荣的可持续发展的生态整合过程中，为了实现人类自身的全面协调可持续的永续发展，必须与自然界进行平等、友好、和谐的物质交换，在自然界中获得维持自己生存发展必备的物质生活资料的同时，还必须对自然生态系统进行必要的物质补偿。若不能正确认识人与自然之间的关系并缺乏合理评价人的本质力量及人对于自然的优越性权力，就会不恰当、不科学地赋予人类那种掠夺性的开发和无节制的占用方式以合理性。对自然进行无节制的物质变换就必然导致人与自然之间生态系统的失衡，人与自然之间的生态整合链也将会断裂。看来只有改变人是自然的主宰者、征服者这种旧观念，而代之以人是自然的呵护者、自觉协调者等新观念，一种最无愧于人类生存发展意义上的先进性的占用方式，才能在人与自然生态整合中得到真正建立。

第二个方面需要反思的是近代以来的科技进步观，这种观点依然具有极强的虚妄性、幻想性、理想性。因为这种理论认为，人是自然的主人和主宰者，科技是人征服与统治自然的武器，是人刺向自然的征服者之剑；而且还将这种作用与人类社会的进步和幸福实现根源性的内在关联，直接赋予科技以无条件的至善力量，间接赋予科技对自然的掠夺性开发以合理性和正当性，致使乱砍滥伐、随意排放成为当然之举。尽管这种科技进步观根深蒂固且实实在在主导了社会的发展，但是其虚妄性、荒诞性还是显而易见的。本来，人与自然是一种共生共荣、相互依存的生态性关联，这种关联决定了人在与自然进行必要的物质能量信息交换时，必须善待自然、保护自然，必须与之进行平等互惠的、互利有偿的、可循环可利用可再生的物质交往，而不能采取敌对的、征服的方式，为此，就不能把科技视作征服者之剑，而应当视作协调人与自然共生共荣的工具。把科技及其应用与人类的进步与幸福等同起来，也是一种严重的误解。科技本身是价值中立的，它可以被运用于不同的目的，可造福于人类亦可危害人类。要想摆脱目前的生态危机，首先必须从以下两个方面着手重构科技进步观：必须立足人与自然生态关联意义上重新理解科技的本质与功能，使之从征服者之剑的角色转变为家园守护的担当者，科技及其应用旨在协调人与自然的关系，使之合和共生、天人合一；也必须从价值中立角度，时刻关注科技应用的价值动机，有效合理地对科技的社会运用及其多重效应进行价值规约、评估、指引与监控，而不能预先悬挂或者指派一种科技至善的价值目标，更不能将科技发展直接等同于社会进步、不能对科技的滥用采取一种放任的态度。在追问现代科技之所以产生反主体效应的根源性问题时，我们既要反对"科技无用论"又要反对"科技万能论"。在科学技术与资本逻辑日益联手并全面影响现代社会生活的今天，把人类的所有困境都归罪于科技并主张拒斥一切科技，返回纯粹的自然生存状态以实现人与自然的天然融合，这实际上是一种不切实际的天方夜谭，也是对科技的地位与实质的严重误解。科技具有价值中立性及其运用时受目的的制约性共同表明，科技不能为人类变革实践活动的一切实际效应担责，若拒斥了一切科技也就从根本上回绝了它对协调人与自然关系所发挥的重要作用。近几十年来，为摆脱生态危机人类进行了艰辛探索和努力，这直接引发了以信息处理技术、生物工程技术、海洋开发技术、新能源技术、新材料技术、空间利用技术为主要标志的新一轮的世界科技革命浪潮；使社会生产力得到迅猛发展、劳动方式与结构得到深刻变化，生活方式、思维方式也发生深刻改变，使人类迅速进入了互联网、智能化、数字化的新时代，极大地推动了由传统的工业经济形态向现代信息社会形态或知识经济形态的转变。但是我们必须对新科技革命的创新驱动作用及其本质进行重新再认识，一方面，无论从宽度上抑或从深度上来说，新科技革命都极大地扩展了人类的实践领域，尽可能地开发出了可为人类使用的自然资源，极大地拓宽了人类生存的可能性的生态空间与社会环境；而且大大加快了技术革新的速度、大大缩短了科技与生产的链接时限，这可以及时地淘汰那些落后的技术及其运用方式、实践方式，不仅极大地节约了人的体能智能的支出，而且还极大地降低了技术生存实践的随意性、盲目性、放任性所可能导致的反人类效应。这表明，人类在当代发展中所面临的生态危机只能通过进一步发展高新科技来合理有效地解决，拒斥科技只能坐以待毙、自取灭亡。近几十年来的新科技革命的迅猛发展极大地缓解了人类面临的生存困境，人与自然关系的和谐性、共生性、整合性大大加强了，使很多全球性问题都得到了有效控制并给这些问题的进一步合理有效解决带来了一线曙光。但是，另一方面，高新科技对解决人与自然之间的矛盾并实现可持续的生态整合，只是一种必要条件而非充分条件。高新科技及其应用对解决生态危机的不充分性在于，它的运用过程不是一种纯粹的自然事件而是一种合目的的社会选择，人们完全有理由相信科技革命能够解决人类面对的所有困惑，但是受制度环境、科技伦理、人性弱点等各方面因素的影响，根本无法保障一切科技都能有效地应用于去解决生态问题，都能够正当地发挥其协调人与自然的和合相生方面。真正起决定作用的不是科技本身而是抱着各种不同目的而运用科技的人，同一种科技即可用做和平目的亦可用作战争目的，在充满战争危机的当今世界，仅仅依靠发展高新科技并不能确保它不在非正义的事业上运用。当然，这种不充分性还表现在高新科技及其应用本身还会引发一系列更复杂、更尖锐、更全面的威胁人类生存的诸多问题，其内在构成组件的复杂性、系统性、多变性时时刻刻都可能因某一种技术的失误而酿成重大灾难，更何况高新科技本身还会引发一系列危及人类生存的根本无法控制的其他深层次问题。基于此，未来人类社会的全面自由可持续发展必须把基本点置于着力发展绿色科技上，实现"创新—协调—绿色—开放—共享"的现代发展，特别注重对自然之力的合理的、综合的、可持续的运用，以发展清洁技术和无污染的绿色产品，尽可能地实现各种产业的生态化、低碳化、系统化及人与自然的友好化构建，真正达到人的自然化与自然的人化的生态整合。

五 马克思人的全面发展理论的生态阈限

当代社会发展以人的全面发展为价值旨归，这是对"过去'以物为本'的发展理念向'以人为本'的发展理念的根本转变"，[①] 以人的全面发展原则引领当代社会发展，是对人的本质力量和生存真义的敞开，也是对马克思主义人学精神的彰显与复归。在工业文明时代的早期，马克思就注意到了人与自然之间的矛盾与冲突，认为以自然主义为中心的单一协调机制和以人为中心的单一协调机制都存在严重弊端，而应该以人的自然化与自然的人化及其良性互动中达到和合相生。若片面强调科学技术对于形成当今人类困境的根源性关联，而试图取缔技术而复归自然状态，则"无异于要人们放弃与自然接触的机会"，[②] 人就会在消极无为的哀叹中坐以待毙。若基于资源无限、人力无穷等虚假观念而片面强调人对物的竭力占用并使自然界"服从于

---

① 沈培翔：《促进人的全面发展：创新转型的人本价值取向研究》，《中共四川省委党校学报》2015 年第 4 期，第 80—84 页。

② 陶德麟、汪信砚：《马克思主义哲学的当代论域》，人民出版社 2005 年版，第 61 页。

人的需要",① 不仅不能消除各种异己力量所造成的反主体效应，而且还会形成"结构无序、作用无常、趋势无准、利害无定"的异常样态、另向拓展。② 但，那时的人们（包括马克思在内）还过分陶醉于资本逻辑与科技联手所带来的巨大成功中，看不到掠夺性占用自然的方式会达到极限并造成严重后果，因而人的全面自由协调可持续发展的生态整合问题，还没有成为当时急迫解决的问题。现在看来马克思人的全面发展理论本身也依然存在着时代阈限，它没有考虑到人与自然的内在矛盾当前会达到不可调和的极限状态、紧张状态、对立状态；马克思也忽视了人的生产力发展的确具有无限性而自然资源却不是无限性的，人的全面自由发展必须引入可持续的现代意涵。而要实现自然、人与社会的全面自由可持续的发展，必须扩大生产力的总量，发展经济生产，生产资料实行共同所有，此外还必须坚持整个社会生产有计划与按比例的内在统一性要求，即"为了共同的利益、按照共同的计划、在社会全体成员的参与下来经营"。③ 对社会生产进行高度有计划按比例的指导与调节，在其第一阶段实行等量劳动领取等量产品的按劳分配原则，在共产主义社会则实行各尽所能、按需分配，这样才能消除资本主义社会的一切弊端，确保自然、人与社会自由全面发展之理想目标的真正实现。无产阶级必须建立自己的先锋队组织，并在先进性政党的领导下实行无产阶级革命、建立无产阶级专政。"无产阶级在反对有产阶级联合力量的斗争中，只有把自身组织成为与有产阶级建立的一切旧政党不同的、相对立的政党，才能作为一个阶级来行动。为保证社会革命获得胜利和实现革命的最高目标——消灭阶级，无产阶级这样组织成为政党是必要的"。④ 无产阶级要消除剥削与贫困、推翻并改造旧社会，实现向无阶级过渡，为绝大多数人谋利益，就必须在政党领导下实现人与社会全面自由的发展。只有通过无产阶级专政和社会主义高度发展，才能最终实现向消灭阶级、消灭

① 《马克思恩格斯全集》（第30卷），人民出版社1995年版，第390页。
② 胡潇：《社会行为不确定性的认识论解析》，《中国社会科学》2016年第11期，第70—86页。
③ 《马克思恩格斯选集》（第1卷），人民出版社2012年版，第302页。
④ 《马克思恩格斯选集》（第3卷），人民出版社2012年版，第173—174页。

剥削、实现人的全面而自由发展的共产主义社会的过渡。"无产阶级通过暴力革命推翻资产阶级的统治，建立无产阶级专政的国家政权，这个国家政权同历史上少数人剥削、压迫多数人的国家政权不同，是无产阶级镇压被推翻的资产阶级，领导全体人民实现没有阶级压迫和剥削、物质生活资料极大丰富、所有社会成员都能全面、自由地发展的共产主义社会的过渡形式"。① 质言之，无产阶级通过对广大人民群众实行民主和对资产阶级及敌对分子实行专政，实行这种专政本身并不是真正的目的，而是达到消灭一切阶级和进入无阶级社会的过渡。唯有到了共产主义社会，由于生产力的高度发展，物质财富极大丰富，由于消灭了一切阶级差别，人的精神境界极大提高，每个人才能获得自由全面发展。

马克思为人类社会获得自由全面发展设想的基本原则，什么时候都不能违背。列宁说，"为了实际的或假想的一时的利益而牺牲无产阶级的根本利益，——这就是修正主义的政策"。② 习近平也说，"中国特色社会主义是社会主义而不是其他什么主义，科学社会主义基本原则不能丢，丢了就不是社会主义"。③ 而我们说的中国特色社会主义，再特也是姓"社"而不姓"资"，不论怎样改革、怎样开放，我们都要坚持中国特色社会主义道路、体系与制度，这一点毫不含糊。而通过解放发展生产力而促进社会全面进步协调发展，特别是"促进人的全面发展，逐步实现全体人民共同富裕，建设富强民主文明和谐的社会主义现代化国家"，④ 习总书记认为，这些都是在当代中国最能体现科学社会主义基本原则的核心内容，若抛弃了人的全面发展的价值取向，就无疑背离了社会主义发展方向。对于中国特色社会主义这条路，"我们看准了、认定了，必须坚定不移走下去"。⑤ 但是，马

---

① 郭宝宏：《马克思主义国家理论的当代魅力》，人民出版社 2012 年版，第 62 页。
② 《列宁选集》（第 2 卷），人民出版社 2012 年版，第 7 页。
③ 《习近平谈治国理政》，外文出版社 2014 年版，第 22 页。
④ 中共中央宣传部：《习近平总书记系列重要讲话读本》，人民出版社 2016 年版，第 29 页。
⑤ 中共中央宣传部：《习近平总书记系列重要讲话读本》，人民出版社 2016 年版，第 30 页。

克思、恩格斯对未来社会和人的发展的基本设想，毕竟只是一种科学预测和对社会发展趋向及人全面发展目标的大致分析，在具体的社会主义实践中决不能教条化地理解与运用，决不能将之视作一成不变的和神圣不可侵犯的东西，如果不愿意落后于生活实际，就必须将它不断推向前进，用发展着的科学思想指导我们新的实践。恩格斯认为，在哲学、认识领域与社会实践领域一样，不存在那种"绝对的人类状态的观念"，"历史同认识一样，永远不会在人类的一种完美的理想状态中最终结束；完美的社会、完美的国家是只有在幻想中才能存在的东西。相反一切依次更替的历史形态都只是人类社会由低级到高级的无穷发展进程中的暂时阶段"①。列宁也说，马克思"所提供的只是总的指导原理"这些原理的具体运用在各国均不相同。② 对马克思的人的全面发展的设想，要在坚持中发展、在发展中坚持，我们同样不能要求马克思"去研究当时还根本没有被自然科学提到日程上来的问题"。③ 马克思人的全面发展思想中，还不可能重视可持续发展的生态整合问题。

恰恰正是在这一点上，中外的社会主义建设都曾经出现了重大失误，留下深刻的历史教训。譬如苏联，列宁领导苏联人民取得十月革命胜利后，曾经试图严格恪守公有制、计划化、阶级性与民主性等社会主义本质属性，并试图通过"兴社灭资"的方式发展社会主义，但列宁很快发现这种做法严重脱离了苏联实际、背离了人民的愿望，因而迅速调整了经济发展措施，采取了"新经济政策"以"迂回曲折"的方案，通过发展资本主义来壮大社会主义。事实证明，这种"以资兴社"的方法行之有效、人民得到很多实惠。但惜乎列宁逝世过早，斯大林上台后完全放弃了这种必要的"间接迂回"方法，致使形成了一种僵化保守的"苏联模式"或"斯大林模式"：靠剥夺或间接剥夺人民利益来高速发展国民经济，以优先发展重工业特别是军事重工业来实现从农业国到工业国的转变。与之相应，在经济上，以

---

① 《马克思恩格斯选集》（第4卷），人民出版社2012年版，第223页。
② 《列宁选集》（第1卷），人民出版社2012年版，第274—275页。
③ 《马克思恩格斯选集》（第4卷），人民出版社2012年版，第224页。

单一的公有制经济完全排斥市场调节，以行政手段采取高度集中的指令性计划；在政治上，以高度中央集权的领导体制和任命制培植了一帮高官腐败集团；在思想上，固守马克思主义文本字句的教条化思想路线封杀了人民言路、窒息了文化活力。苏联社会主义消灭了资本主义的剥削与贫困，却造成了人民内部的新的剥削与更大的贫困，国家综合国力是越来越强大了而人民群众却常年忍饥挨饿，确保了军事重工业的发展并捍卫了新生的人民政权，却造成农轻重比例严重失调，以坑害农民来建设强大的国家，严重束缚了企业和个人劳动的积极性、能动性、创造性。苏联模式下社会主义的发展没有也不可能推进整个社会和人的全面自由的发展，而是一种畸形的片面发展。苏联模式有它存在的历史依据与特定功效，但是总的看来是背离了社会主义发展的根本目的与政党领导的根本宗旨。

同样，在改革开放前的中国计划经济模式也产生了类似的弊端。在经济上实行单一的计划经济体制和全民所有制，在人民公社中实行集体劳动与平均分配，的确消灭了剥削和两极分化，克服了贫富差距和阶级冲突，但却没有消灭贫困或者说造成了普遍的贫穷、全面的落后，跑步进入了共产主义却与世界的现代化进程擦肩而过；在政治上推翻了三座大山、人民真正当家做了主人，强化无产阶级专政过程中形成的高度中央集权的任命制、终身制、软弱低效的监督机制，实现了人民民主的政治平等与自由，消灭了政治地位与权利的不平等，但是却以合法或半合法的手段保护了集权或者特权的存在，非但没有消除腐败，却一度造成了党群干群关系紧张，严重挫伤了人民群众的建设热情；在思想上强调以阶级斗争为纲、阶级斗争一抓就灵，以意识形态的政治高压遏制个性自由、全面参与对个人利益的压制，狠批"私"字一闪念、消解了人的干事热情，以"二为"方向和样板戏扼杀了文艺、造成了精神垄断与文化霸权，如此等等，不胜枚举。

为什么在中苏前期，政治上翻身得解放的人民群众在党的领导下同甘共苦、保家卫国、建设国家，快速医治了战争创伤，集中了全部的人财物优势发展重工业，由农业国迅速发展为工业国、全面夯实了社会主义经济基础，消灭了资本主义成分，建成了单一的社会主义公有制经济，而在后期仍然坚持社会主义道路，却造成了停滞与僵化，使社会主义发展走向崩溃边缘或者葬送了社会主义事业？原因就在于，社会主义公有制虽然有利于调动人民群众的共同性正义却不能调动起差别性正义，不能激发全部社会力量发展生产力、实现人的全面发展。与之相反，资本主义虽然有利于调动人的差别性正义却忽视了人的共同性正义，同样不利于社会力量的全面激活。有鉴于此，二战后当代资本主义国家普遍实行了内在调整，使之产生了诸多新变化：譬如，在所有制上普遍实行了"国资制"与"法资制"，由国家出面占有生产资料并服务于垄断资本，凭借其所有权与控股权能够强力推行政府的社会政策，在基础设施与社会公共服务部门为私人垄断资本的发展提供政策支持与法律保障；或者由机构法人、企业法人成为巨型公司的法人股东，凭借自己手中集中化的控股权干预甚至直接参与公司治理，监督高级经理层的权利运作与经营行为，实现所有权与控股权的合二为一，大大提高了资本占有的社会化程度，对资本主义经济社会与公共生活其决定性的支配作用。再如，为和缓矛盾、避免冲突、平稳政局，建立并实施了普及化与全民化的社会福利制，在极大程度上满足劳动者的社会安全与保障需求、改善工资水平与生活状况，并实行职工差异决策、终身雇佣、职工持股等新举措来促使工人自觉地服从资产阶级的国家统治。另外，在管理方式、融资方式、劳动方式上也发生了新变化，国家机构的权限不断增大，国家权力日益集中在政府首脑，公民集体的政治权利不断扩大，多元化的政治组织在政法、社会、文化等一切方面极大地影响着国家决策与实践，更好发挥对集体力量的激发与释放作用、发挥对公共经济生活的干预作用，并通过法制建设与政党改良试图将一切权利主体的活动都纳入法制范围，试图将社会主义的计划化、公有制的制度优势与私人垄断资本结合起来，通过采取国家资本主义的直营、控股、参股的形式，或者通过宏观调控、微观规制的形式来刺激社会生产力的迅速发展，加大在国家层面对经济的全面调节力度，突破了因私人垄断而导致的狭隘界限，在全行业政府对经济社会的积极干预也极大地提高了其适应现代化大生产的能力，有利于缓解企业经营的无政府状态、促进经济社会全面协调地发展。但是资本主义社会在其基本矛盾推动下为适应现代化生产而主动作出的一系列内在调整，"它并没有也不可能改变生产资料的资本主义占有制度"，① 资本主义生产关系及雇佣劳动的剥削实质并没有改变，资本家追逐剩余价值最大化的生产目的并没有改变，资本社会化程度提高后，资本在全社会经济关系中的支配地位反而加强了，贫富悬殊、两极分化的趋势更明显，社会矛盾、阶级冲突日益加剧，而且全民福利也因经济持续低迷、政府负债累累而难以为继，致使经济危机、金融危机频发，经济增长乏力、政局动荡不安成为资本主义新常态。换言之，当代资本主义内在调整而产生的些许新变化，只是局部的、浅层次的变革，一定程度上激发并释放了社会集体力量与国家层面的平整机制，但是没有能够实现同一性正义与差异性正义的真正联手，没有将社会主体中集体力量与个体力量实现自觉整合，不可能确保社会和人的自由全面可持续发展。

就社会发展的文化动力方面看，情形也是如此。以儒家文化为主体的中华文明，主导的是以群体本位为核心的、以自给自足的自然经济为特征的封建文明形态，特别强调激发集体主体的本质力量。其大一统的儒家文化及其封建性的宗法伦理交织融合在一起，几近埋没或泯灭的人的个性追求与个体差异。它捍卫的公正平等只是表面意义上的，是封建等级下的对贵族集团们的平等与自由。这种和合、亲亲、尊贵、中庸的文明形态保守性、劣根性、惰性极大，不利于促进科技创新与社会现代化的发展，不利于调动社会中分散的个体主体及其社会能力来推进社会进步，不利于满足与实现人的个体差异性正义及其合理权益，缺乏推动社会全面自由发展最基本的文化条件与精神动力，是制约现代科技与社会化生产力发展的重要枷锁，是我国封建社会特别漫长又长期落后的重要原因之一。因此，要注意对新的文化保守主义的摒弃，"某些新文化保守主义者抱有强烈的中国文化优越感，对传统文化中的精华和糟粕缺乏认真的区分，盲目鼓吹'新儒学'，提倡'新国学'，刻意拔高儒学和国学对当代道德建设、社会发展乃至国家政治生活的指导意义，偏执地抵制和排斥西方思想文化，这些

---

① 孙继红：《马克思主义发展史上的论争》，知识产权出版社 2011 年版，第 109 页。

都可能导致复古主义和狭隘民族主义"。① 而西方文化则是致力于推动市场经济发展的自由竞争、优胜劣汰的文明形态，特别强调通过张扬个性解放、个体差异来夯实社会发展的差异性正义基础，这种资本主义文化逻辑极其有利于现代化进程和科技的发展，空前地激发了社会劳动里蕴藏的全部生产力并推动它迅速发展，以往任何社会都无法与之比拟，"资产阶级在它的不到一百年的阶级统治中所创造的生产力，比过去一切时代创造的全部生产力还要多，还要大"。② 它可以将科技、教育、管理、信息等等各种智能性要素，直接转化为现实的生产力，追逐超额剩余价值内在动力与激励竞争的外部压力，迫使其不断改进技术、提高生产率、扩大生产规模，以此推动科技进步与生产发展，另外，资产阶级自由民主的国家治理、科技革命的不断爆发、金钱至上的意识形态，共同成就了资本主义社会的历史进步性。但是，这一切并不能掩盖其自身的局限性，其私人占有财富造成两极分化，资本家积累起财富，工人积累起贫困，他们"像在市场上出卖了自己的皮一样，只有一个前途——让人家来鞣"。③ 这种只重视个人差异性正义的资本主义文化形态，造成了三个方面的异化：人与自然的异化、人与人的异化、人与自身的异化，不断激化社会矛盾与冲突，造成比例严重失调、社会发展失衡，国家机构成为参与资本主义对人进行压制的暴力工具。这种靠激发差异性正义推动的社会发展，仍然不能为社会自由全面可持续发展奠定合法性根基，仍然是一个畸形的、只能保障片面正义的文化选择。那么，问题在于人类社会未来的文化发展，能否在马克思主义文化指导下，将西方资本主义文化逻辑所主导的市场经济模式和中华文化所积淀下来的和合发展模式，内化整合在社会主义发展的方向和中国发展模式上，既化解西方文化及其市场经济的各种弊病，又消除中华文化内在的惰性与腐蚀性，既汲取差异性正义的合理主张，又弘扬同一性正义的大同理想，从而营造一种实现中西马三家文化内在融通、能够全面激发现代化与现代性的

---

① 顾钰民、孙麾：《当代中国马克思主义研究报告（2007—2008）——聚焦党的十七大和纪念改革开放30周年》，人民出版社2009年版，第214页。

② 《马克思恩格斯选集》（第1卷），人民出版社2012年版，第405页。

③ 《马克思恩格斯选集》（第2卷），人民出版社2012年版，第168页。

各种本质力量的新的文化形态？人类社会能否期待一种实现了三家文化内在对接后不断创造中国奇迹、不断凝聚中国力量、不断打造新的正义基础的最新发展模式？今天习总书记提出要按照"四个全面"总布局、"五大发展"新要求推进社会和谐构建的根本目的就在于实现社会与人的全面发展、自由发展的自觉整合，站在推动人类社会和谐发展的"类主体"、"生命共同体"、"命运共同体"等多个层面，①尽可能调动、激发与释放各种社会力量并形成一种特殊的历史发展合力。

在这里需要明确指出的是，弄清马克思人的全面发展理论存在一定的时代阈限，并非刻意要宣扬马克思人学思想的弊病和缺陷，并藉此而提出超越这种理论，恰恰相反，而是努力使得马克思人的全面发展理论与当代全球化发展的具体实际相结合，为之增添新的发展理念，在当代现代化进程中超越物的限制而获得共同自由、集体休闲、全面发展，从而实现人的全面发展、自由发展、可持续发展的生态整合，在当代人类生态文明建设和人的全面发展中发挥更大的实践价值。马克思主义作为无产阶级思想的科学体系，它的根本价值取向就是实现共产主义，而人的全面自由发展的价值旨归与人类社会发展的伟大理想是内在统一的。② 在中国特色社会主义建设中，唯有按照新的"五大发展理念"（创新—协调—绿色—开放—共享），全面推进社会整体协调发展和以人为本的发展，为实现人的内在的精神自由与外在的行为自由的统一创造条件，这是社会主义建设的本质要求与价值目标，反过来，人的全面自由发展也成为推进社会全面进步的内在动力与根本功能，而以科学发展观为指导致力于"四个全面"的整体建设，则是在当代中国实现马克思主义人学中国化、时代化，努力消除马克思人的全面发展理论中存在的时代阈限的根本途径。习总书记提出的以人为本的新发展理念，是马克思主义发展观在当代中国的最新发展和集中体现，反映了我党对马克思主义发展原理的新认识，

---

① 刘稚：《命运共同体视角下的一带一路建设》，《光明日报》2015年3月19日。

② 冯长根：《关于"马克思全面自由发展人"一组笔谈》，《自然辩证法研究》2016年第2期，第122—128页。

也是对人的全面发展和社会全面发展规律的新探索。它所强调的社会发展的规律性与人的自觉能动性的统一、人与自然的和合共生与生态整合、以人民为中心的发展、人民至上的价值取向等等，对破解发展难题、增强发展动力、厚植发展优势，体现人民主体地位、实现社会和人的全面发展，意义重大而深远。

第三章 马克思人的全面发展理论的理性内涵

　　人的发展与社会发展是内在地交融在一起的。对此，马克思在早年就注意到了这个问题，他认为一个国家的社会教育作用旨在，"使他们成为国家的成员，把个人的目的变成大家的目的，把粗野的本能变成道德的意向，把天然的独立性变成精神的自由；使个人和整体的生活打成一片，使整体在每个个人的意识中得到反映。"① 而且正是通过社会化的相互教育，使人们结成"自由人联合体"。② 马克思哲学研究社会的发展没有离开人的发展，相反而是以人的发展为核心的，并将二者内在贯通起来，对社会发展的考察始终是同对人类命运的深切关怀密不可分的。全面提升人的素质、追求人类的解放、实现人的自由全面的发展，是马克思哲学的社会理想。这样的社会发展的理想，内在决定了马克思哲学对社会发展的研究必然要以现实的人及其社会生活出发，对现实的人及其社会生活给予特别关注。探讨社会发展的内在矛盾及其运动规律，实际上就是在积极寻求人类解放的途径。人类之所以要改变世界促进社会发展，根本旨趣在于改变人的现存状态，使得自己的本质力量得以充分发展与实现。社会事业全面发展的合理性主要表现在它能为人提供更加有利的生存条件和发展空间，保障人的价值、人的自由能够得到正常实现，促进人的全面自由可持续的健康发展。因为人的发展的需要是多方面的，因而满足这种需要的社会发展也不能是单方面的，恰恰相反，而是经济、政治、文

---

① 《马克思恩格斯全集》（第 1 卷），人民出版社 1956 年版，第 118 页。
② 《马克思恩格斯全集》（第 1 卷），人民出版社 1956 年版，第 118 页。

化、生态、社会的全面发展。

第一节　社会发展与人的发展的内在统一

一　实现人的全面发展的社会取向

社会发展不是外在于人的纯粹客体的运动过程，而是人的自我创造、自我生成的过程，是人类以往的历史活动过程的积极结果。人类史即人类生活的过程，说到底，不过是人自己追求自己的目的并通过自己的劳动予以实现的活动而已，正是在人的实践活动中，人不仅创造了世界而且也改变了人自身，推动了人的全面自由的发展。人类社会的发展是曲折的复杂的，但是，总的趋势是前进的上升的。随着实践的发展，人们认识与改造世界的能力也在不断地提高，社会前进中总是内在地积淀了人们创造活动的积极成果，并在新的时代以新的形式得以整合，使得社会发展获得一次次层次上的跃迁。社会发展不是以客体发展程度来衡量的，而是以发展的结果与社会主体的价值关系来确定的。完整意义的社会全面发展，是同人的全面发展及其自由理想的全面实现直接相关的。人恰恰要在自由自觉的实践活动中不断丰富发展自身、创造并实现着自身的价值，这种创造价值的社会活动一代代延续下去，就形成了社会的全面发展。

显然，人的全面发展的基本状况与总体情形，是衡量、评价与检验一个社会发展程度的主要标志。人的全面发展及其社会存在意义的普遍彰显，也只能在获得科学发展的社会实践的基础上达到。这是因为马克思所创立的实践哲学认为，在社会实践活动中，人们通过改造自然与社会，使得物为人而存在、人为人而存在，既推动了生产力的发展、使得社会朝着全面生产的方向发展，二者是互为因果、相辅相成的，相互渗透、相互影响的。生产力的发展并非是一种纯粹物质力量的增长，实际上也是人的本质力量的不断发展与提升。生产力的发展水平内含着人的发展水平，全面展现了人的现代素质与综合能力；反过来，人的发展也不只是人身心方面的发展，而是全面的发展、整体素质的显示，更重要的是人的实践能力的不断发展与提高。

人的发展是社会发展的最终体现。"以人为本"是唯物史观的重要原则，"以人为本"与社会发展具有内在联系：人是社会发展的主体，人的发展是社会发展的目的和价值目标；人是社会发展的根本动力，人的活动规律就是社会发展的规律；为民造利、为民谋福，谋发展、促发展，着力提高人民物质文化生活水平、保障其各种权益不受侵害，让社会主义改革发展的一切成果惠及全体中国人民，"使全体人民朝着共同富裕方向稳步前进，决不能出现'富者累巨万，而贫者食糟糠'的现象"。① 为此必须以新的发展理念引领社会全面发展，还需要作出一系列制度上的安排，下大力气解决制约社会全面发展和人的全面发展的各种关键性问题：转变发展方式以着力提升发展质量与效益，补齐发展短板以解决好发展不平衡的问题，调整发展结构以确保发展的全面性、协调性，预防发展风险以提升全社会抵御各种突发性事件的能力，这就是当代中国通过社会发展实现"以人为中心"的发展的基本内涵。唯物史观所说的人本、民本及人民主体性，根本不同于历史上的人本主义和民本主义。因为，历史上的人本、民本，是以抽象的人性论为依据的，离开社会实践活动、人的历史条件、人的社会联系，抽象地谈人的发展问题，这与马克思的实践人学具有根本区别。马克思是从现实的人和一定的社会关系出发，来考察社会矛盾运动及其内在发展，科学揭示了社会发展规律与人的活动规律的内在一致性，不是通过什么抽象的人性实现发展，而是通过社会实践活动来实现人的发展。实现社会科学的发展必须是以人为本的发展，社会全面、协调、可持续的发展是人的发展的内在要求，反过来，人的发展又会促进社会发展。按照社会发展与人的发展的内在联系，人的全面发展离不开现代社会的综合发展，二者密切相连，人的全面发展不能脱离社会的全面发展，而且，从历史角度考察，人的全面发展显然是一个逐步实现的历史过程。

总体上看，人实现自我发展的过程，就是人实现社会化并彰显个性化二者相统一的过程。这两方面的"化"，作为人发展的两端，在人所从事的社会实践中是须臾不可分离的，是相辅相成、互相推动

① 习近平：《在党的十八届五中全会第二次全体会议上的讲话》，《人民日报》2016年1月1日。

的，不仅在个体发展中而且在群体发展中都是内在融合在一起的。正是依靠这种融合，个人才实现了社会化，成为社会的人；而社会也给个人提供了充分展现自己个性的自由全面发展的舞台，社会成为了自由人的联合体，每个人都具有独特个性的自由人的社会集合。从直接的存在性状上看，人如动物一样纯粹是自然存在物。人之所以能够成为社会的人、实现社会化，那是由于人从自然界分离后，在参与人与人的各种公共活动及其社会关系中，逐步被社会同化的结果。成长着的个人，通过主动的或被动的、情愿的或强制的各种方式，参与到家庭、学校、单位、团体的各种活动中，深入到社会生活的方方面面、各种领域，逐步掌握了从事各种活动的相关经验与技能，这样就被社会的同化机制打磨成了社会的人和人的社会。无数个人的社会化过程汇集起来，就会形成一种强大的社会承继的同化机制，这是社会共同体得以存续和发展的基本保障。马克思说，人的"全部社会生活在本质上是实践的"，① 人不可能离开社会获得独立性的发展。社会承继不同于生物遗传，生物遗传是一种简单的基因复制，而社会承继则是一种把积极的顺应与能动的改造集于一体的互动与飞跃，是社会教化、自我提升相结合的过程。在这里要注意两个问题：其一，人的社会传承与动物的生命个体所进行的生物遗传具有本质不同，人类所开展的各种实践性的传承活动，不仅反映在人种的生物习性的自然遗传上，而且主要通过社会文化的共同承继，能够获得更为重要的社会同化与集体发展；二是，人的社会传承与其他生命体的发展情况截然不同，人依靠自身的生物遗传所得到的潜质，在生物生存的自然环境下并不能使之获得充分发展，而必须要依靠积极参与各种社会实践活动才能获得有效的激发与活化。在社会遗传过程中，个人越来越成为推动社会有机体获得有序、稳定的科学发展的有效要件，越能达到这一点，人人就越能在综合性的社会关系中获得自由全面的健康发展；而社会也逐步发展成为由自由个性的人所组成的关系密切的统一整体，使之依靠越来越具有普遍性的个人的有效推动，而在正常运转中不断获得进化。

---

① 《马克思恩格斯文集》（第 1 卷），人民出版社 2009 年版，第 501 页。

但是，人向社会的生成，并不排斥其独立个性的发展与完善，人在实现全面发展过程中，个性化与社会化是一而二、二而一的过程。每个人作为社会中的个体，他所具有的独特个性、品质、思想、行为、感情与意愿等等，也是在特定的实践活动、社会关系下，依靠社会传承、社会习得而逐步发展起来的，每个人的社会特质、独立人格、思想品质的生成与发展，正是在社会化的教化与熏陶中实现的。社会的进化与发展，要求人逐步实现社会化，积极地与他人、群体保持和谐友好的关系。这并不意味着人都要被社会同化成单一的机械产品，人的所有个性都将要被社会压制或泯灭。事实上，没有独特个性的所谓一般人，只能抽象地存在于人的想象中，在现实生活中存在的人，都是独具自己个性的人。人的社会化不仅不是人的个性丧失的过程，而且是人性不断获得张扬与发展的过程。学会与人、与群体艺术地相处，赢得一种宽松和谐的人际环境，是一个人的自由个性获得保存与发展的前提，一个桀骜不驯的个体，很难为其所处的人群所包容，其独特个性不仅不能得以保存，还会受到摧残与扭曲。社会越进步、生活越丰富多彩，就更要求其社会成员具备多种多样的独立个性与综合能力，造就出的具有各种非凡人格与个人魅力的人才越多，打造出的具有独特个性、能力、品质的个体越多，整合起来的社会有机体的实力就越强，社会整体的人的个性化与社会化相统一的能效也最强。若只是少数人的个性得以飞扬跋扈、畸形膨胀，而多数人的个性被窒息或被遮蔽，就会在总体上阻碍社会的全面进步，限制在普遍范围内实现人的全面发展。社会主义制度的建立为人的个性获得健康全面发展提供了制度保障，但仍需要每个个体为推动人与社会的和谐构建、全面发展作出艰苦努力。

人向着社会的生成与发展，不仅要受到社会环境这种外在条件的影响，还要受到人自身内在条件的限制。人自身内在条件包括先天的和后天的两方面，前者主要指凭借生物个体的遗传而形成的个人天赋，这是个人发展的基本条件与自然基础。在个体之差中也不能忽视因遗传因素及其个人天赋而造成的不同特质与独特素能，可以说这是规定着一个人是否获得及获得何种发展的先决条件。后者主要是指人在成长过程中所形成的身心发展状况：身体发育是否健康、活动方式是否科学，人在认知、情感、意志、气质、性格等心理素质上是否协调，个体身心发展水平对其获得什么样的发展、形成什么样的个性与能力，同样具有很明显的制约作用。对于一个人的发展来说，不仅要整合好内外条件，使社会传承与个体遗传紧密结合起来，也要整合好先天与后天的各种条件，协调好自身发展的各种素质，使之达到最大化的有效利用。因为，后天因素依赖于先天条件，它在人与社会的特定环境下逐步发展与完善起来，并形成人的发展中的相对独立的品质与素能，最集中地显现人的发展的主体性、自觉性、自主性。更重要的还在于，它能够将各种条件（内外的、先后的）整合起来，按照特定的运行方式整体地、协调地、可持续地发挥作用，使人的多样化的个性与能力获得全面发展，在其自主参与的各种社会实践活动中应对自如、自由发挥、不断创新，越来越自觉地、合理地推动社会进步和人的解放，为逐步实现人全面而自由的发展创造更加有利的条件。

二　实现人的全面发展的社会条件

具体说来，马克思的实践人学特别重视人在社会发展中的地位和价值，突出强调人的主体性地位及其在实践活动中的价值取向，这是唯物史观的内在要求与重要原则。人在社会发展中的地位及其作用表现在：1. 人是社会发展的主体，历史是人创造的，人的实践活动构成了全部社会关系的本质与基础，正是现实的人及其实践活动创造了一切、成就了一切、拥有了一切，离开人的实践活动，抽象的、大写的"人"或者"历史"什么也不能创造。2. 人又是社会发展动力。人不是什么神秘力量支配的，而是人民群众创造的，人民群众不仅是一切社会物质文明成果、精神财富的创造者，而且是推动社会变革的决定力量，人民群众推动了社会发展与文明进步。3. 人是社会发展的根本目的。当然，并非一切社会都能做到这一点，在反动阶级统治的旧社会，社会发展主要是为剥削阶级谋利益的，得到发展的并非是人民群众。但是，在社会主义社会，其全面协调可持续的发展不仅要依靠广大人民群众，而且发展的成果终究都要归属于人民大众，人的全面性、持续性的健康发展，构成了该社会获得整体性发展的当然前提，只是到了它的高级阶段——共产主义社会，社会发展与人的发展才达到了高度的统一。

马克思实践人学认为，人的发展的快与慢，反映了社会发展的速度与水平。在传统社会中，由于生产力和科技水平低下，社会发展相当缓慢，社会文明水平不高。而在现代社会，人的全面发展已取得了不少成绩，这主要得益于现代生产力及其科技的迅速发展与大幅度提高。当然，应该看到，现代社会中的人的发展并非在各个方面获得了均衡发展，这是由于社会发展出现了非常奇特的畸形发展。可见，人的发展的全面性程度反映了社会发展的进步状况，人的发展状况主要取决于社会发展对人的利益的维护和实现程度。人的发展正是通过多方面利益的维护与肯认而得以实现的，只有人民群众的根本利益得到了全面维护、各种权益均得到了保护，人的发展才能落到实处。促进人的全面发展与社会的不断前进，这其实是一个双向对象化的内在整合过程。从实际发展过程来说，人的发展越快，人的素质与能力提高得越快，社会物质文化财富积累的就越多，社会进步与文明演进得就越快。全面发展的社会，一定是全面协调、可持续发展的社会，这样发展的社会，必然要求全面发展的人，促进人的全面发展是实现社会全面协调推进的当然要求。

人的全面发展可以通过多方面的内容来显现，但是就其基本方面来说，主要是指人的综合素质与能力的提高。人的素质包含各个方面，有自然、社会、精神、文化、政治等多种因素构成，促进人的全面自由可持续的发展，实际上就是通过各种途径来提高人的综合素能。因为人的素质的提高，主要是通过能力的发展来实现的，因而人的全面性的综合发展，实际上就是要保证人的一切实际素能（发展人的体力与智力、潜在的与现实的能力）的普遍增强，使得自己的多方面才能得到充分的发展与展现。一个得到了全面发展的人，也就是那种在社会实践活动中使自己的先天的与后天的实际能力，均得到合理、正当、自由、幸福、美满的个人。这就要求全面培育人的自由个性，整体提高人的主体性的水平与能力，全面提高人的自主性与创造性的能力与水平，增强独特的人格与气质，通过各方面的实践锻炼和高尚的精神塑造，活出自己的特定境界来。可见，唯有克服劳动中及其社会关系的固定化、片面化对人的钳制与束缚，不再屈从于被迫的分工与狭隘的职业对人的自由个性的禁锢，才能在自己喜爱的自由劳动中进行自由性的创造。同时需要克服各种不合理的社会关系对人的种种限制，使得联合起来的个人能够实现对他们的社会关系的全面占有和共同支配，在广泛的普遍的社会交往中实现自己自由全面的发展。

马克思人学所说的人的发展，是在各个方面内在联系在一起的整体的协调推进的发展，这更离不开现代实践水平的不断提高和对社会关系的合理调控。马克思所说的人的全面发展，当然涉及方方面面的内容，但是就其根本方面来说，则是克服不合理的社会关系对人的限制和旧式分工对人的限制，如果这两种限制没有得到有效克服，人的全面发展就只能是一句空话。

通过社会的全面发展来实现人的全面发展，就其途径和条件来看，主要有下面几点：1.诚然，高度发达的社会生产力及其充裕的物质成果，构成了人全面发展的物质基础，大力发展现代化的社会生产力，对于确保人的全面发展来说，可谓意义重大。但，生产力的发展并不能代替一切，它只是为人的发展提供了物质前提，并不直接地就等于人的全面性的发展，或者说，生产力的发展成果不直接归属于人的发展的全面性上。若以牺牲人的发展的全面性为代价而片面追求生产力的快速发展和经济的增长，以剥夺或者变相剥夺人民根本利益的方式去获得国家的强大，以高税收带来高积累，人民群众常年生活在贫苦之中，人过多的社会必要劳动时间必然就会影响人的个性与能力的全面发展。在社会发展的过渡阶段，出于解决特定的历史任务，高积累不可避免，但这种情况必须被超越，必须使生产力的发展与人的全面发展获得同向进展。2.人的全面发展，有赖于社会关系的合理建构。人不是生活在社会之外而是生活在社会之中，人是社会的人而社会是人的社会，人唯有在社会意义上才谈得到全面性的存在与发展，远离社会的全面发展，而谈人的自由和人的价值的全面性实现，只能陷入空想。社会关系及其制度构建是否和谐与合理，直接决定着人的全面性需要满足的程度与方式，也自然直接决定着人的素质与能力能否及在何种程度上得以发挥与实现。社会关系的和谐构建也同样离不开每个人的自由全面发展，否则，就只能导致虚假的幸福和畸形的生态。要实现人的全面发展必须扫除阻碍人发展的社会关系中的不合理因素，构建高度和谐的人文环境与社会交往，很难想象人在岌岌可危的社会关系中能够得到必要的自由发展。3. 人的全面发展有赖于社会交往的普遍化。在马克思看来，"一个人的发展取决于和他直接或间接进行交往的其他一切人的发展"。① 每一代人都在社会实践的维度上与以后各代人相互关联，每一代人不可能舍弃前代人的生产基础而谋划独立性的发展。单个人的发展不能离开与之有着千丝万缕联系的社会而实现，人的发展的全面性必然内蕴社会关系及其交往的普遍性和全面性。在社会实践活动中，随着社会交往的扩大、自觉参与社会交往能力的增强以及通过各种各样的实践活动，丰富并开拓着自己的社会关系，自我打造全面展现自己综合实力的社会舞台，当然也不断创造出完善自我、实现自我、发展自我的有效方式与可能空间，在普遍参与社会变革的活动中谋取人的全面自由的发展。4. 人的全面发展，有赖于教育的充分发展。"'全面发展'不等于'平均发展'，全面发展与个性发展是高度统一的，前者是基础，后者是核心，培养良好个性是人的自由全面发展的充分体现"。② 学习能力的不断提高是实现全面发展的一个重要途径，不可想象的是，一个不学无术的人，一个低级趣味的人，能够实现什么积极的发展，更不要说什么全面发展了。现代教育体系的建构与完善，很明显是造就现代人的全面发展的历史必由之路。现代社会是一个人终身学习、全程教育的社会，学会全面学习、实现自我教育是全面发展的一个突出标志。

总的看来，人的全面发展是一种社会理想，它有一个逐步实现、逐步展开的过程。人也总是在现有的条件和既定的生产力及社会制度环境下谋取全面发展的，当现有的条件与平台不能或者不能实现人的全面发展时，人也总是积极地创造条件、改变条件来加快其全面发展的实现步伐。人的发展状况与社会发展状况是直接相关的，社会发展状况的不断完善与提升，势必确保人的全面发展的水平与程度的不断

---

① 《马克思恩格斯全集》（第3卷），人民出版社1960年版，第515页。
② 陈小鸿：《论人的自由全面发展》，人民出版社2004年版，第437页。

提高。从历史上说，资本主义及其以前的社会，也能够在一定程度上实现人的发展、促进了社会进步，尤其是资本主义社会对物质生产力的发展功不可没，为实现人的全面发展造就了发达的物质基础。但是，惜乎又造就了极其片面发展的"单面人"，造成了物欲横流对人性的全面吞噬。而真正能够把人的全面发展作为自觉目标与行动纲领提出并加以推行的，那只是从社会主义社会才开始的。努力造就人的全面发展、实现最大意义上自由幸福，这是社会主义这一新社会形态的本质要求与根本使命。

从人类社会发展的进程上看，每个人自由发展在总的方向上与社会发展是一致的，社会的每一次重大进步对人来说都具有解放的意义。但是在资本主义社会人获得的自由与解放是畸形的、片面的，只有社会主义才第一次自觉地以人的全面发展为目标，不断推进人与社会的全面协调发展。人的自由发展有赖于社会发展，但是也取决于人自身的自我努力。人固然不能离开社会而存在，不能撇开社会发展为之提供的多种可能性发展空间而寻求自由的发展，但是，不能因此而否认人的积极能动的选择的重要性及主体性发挥的必要性。对发展的自觉程度如何、对可能性认识如何、对各种条件的利用如何以及自身努力的程度如何，都直接影响到一个人具体的发展状况。促进人的全面自由的发展进而实现整个人类的解放，需要每个人为此作出努力。

三　个人发展与社会发展的价值错位

在论证和理清人的发展与经济增长、社会发展的相互关系问题时，一个极其重要的偏见或盲点（增长等同于发展）不能忽视，即经济增长、社会发展必然推进人的发展，不论在任何意义上、以何种方式，只要是经济获得了增长或者社会获得了发展，就理所当然地实现了人的发展，结果导致了重增长轻发展。事实上，在人类社会发展历史上，经济增长、社会发展，在一定程度上，与人的发展相错位、相背离、相对立的情况是比比皆是的。为了取缔或者打破经济增长、社会发展对人的发展的约束和钳制，我们必须以人为中心并将人的发展置于经济增长、社会发展的核心地位来考察，在人的发展视域中全面审视经济增长与社会进步，以人的全面发展引领经济增长和社会发展。唯此，才能逐步摆脱乃至克服经济增长、社会发展与人的全面发展的失衡、错位和疏离，真正推进社会和人的全面协调可持续的发展。

后发展国家步入现代化过程中所实现的社会发展，是全面协调可持续的发展，而不是某个领域的单方面的发展或者增长。它致力于实现一个社会在经济—政治—文化—生态—社会各个方面的整体推进和全面进步，旨在实现全体人民和所有个人都能够积极、平等、自由地参与到发展中，并合理、平等地享有因发展而带来的各种文明成果。为此必须建立一个以人的发展为中心的社会发展框架或者模式，不断改善全体人民和所有个人的社会福利，不断提高全体人民的生活水平和生活质量。从根本上避免那种"有增长无发展"的情况，譬如，不能以人为中心、不关心人的全面发展的"忘本的增长"，忽视全民参与和管理社会公共事务的"无人的增长"，不能实现发展成果由全民共享的"无情的增长"，本民族文化被不断边缘化的"无根的增长"，导致生态失衡、资源枯竭和环境危机的"没有未来的增长"，急功近利地吃尽子孙粮、挖断子孙路的"不可持续的增长"等等，①这些都是那种无效的增长或者单方面、单向度的发展。然而，一方面由于生存高于发展、生存权重于发展权，因而增长就等于发展。长期处于物质贫乏、经济落后、生活贫苦中的国家，在步入现代社会后，特别渴望率先实现经济的快速发展以摆脱贫穷落后，这很自然地使之误认为社会和人的发展就是经济的增长，增长和发展内在统一、绝不矛盾，即使是因片面增长而产生了各种各样的负价值，也仍然在所不惜。另一方面，在实行商品经济后，由于资本逻辑和市场原则在社会发展中占据支配地位，国内改变生产力发展不平衡状况、迅速提高生产能力的愿望异常迫切，国际综合竞争能力特别是生存竞争压力不断增强，在此情况下，后发展国家很容易把科技进步、物质第一、经济增长和财富的积聚作为发展的唯一目的和首要任务，也成为评价现代化发展程度及得失成败的唯一标准，这也就不可避免地引发了一系列

---

① 陈新夏：《人的全面视域中的经济增长与社会发展》，《学习与探索》2012 年第 9 期，第 42—47 页。

严重的社会矛盾与问题，发展与增长之间的矛盾与冲突不断加剧。重增长轻发展所导致的严重社会后果集中表现在，经济发展与社会发展不平衡、不同步，社会发展有失公允、社会公平严重缺失。少数人、少数地区率先发展的同时，缺乏有效的平整约束机制和后续跟进措施，致使地区间、城乡间、阶层间的差距拉大，低收入和弱势群体被排斥在了社会发展的局外，承受改革的代价和困苦更多，享受到的改革发展的成果更少、更不公平。重经济建设轻社会建设、重经济发展轻人的发展的后果还表现在，若把经济生活视作唯一的生活，把物质需要视作唯一的需要，把经济建设视作唯一的建设，为发展而发展、为增长而增长，经济发展的目的与手段严重脱节，这势必会导致社会深层次矛盾叠加涌现、不和谐因素增多，精神文明与文化建设严重滞后，道德滑坡、精神低迷、信念危机，人与外部世界关系的紧张，根本不能为实现人的全面协调可持续发展提供必要的条件。结果是经济发展了、财富增加了、物质繁荣了，而人的生存矛盾增加了而生活质量下降了，幸福感、快乐感不断消失，人生存与发展的最本真的意义不断被遮蔽，社会发展和人的发展都陷入了极端片面的异化状态中。

即使是发展起来以后，发展仍然是硬道理、仍然是执政兴国的第一要务，这一点是确定无疑的。但是，发展起来以后或者说发展到一定阶段以后再进一步实现的发展，与刚刚起步阶段所致力于的发展，在本质上有了巨大差别，这主要体现在要把人的发展置于优先发展的战略地位，时时刻刻要以人的发展引领经济社会的发展，以人的全面发展为中心推进社会事业的整体性进步，换言之，使社会文明进步的任何一种努力都自觉朝向着人的自由自觉的健康存活，实现社会总体与每个人的全面发展的高度统一。经济增长与经济发展，的的确确是社会发展的前提与基础，但是它毕竟不是社会发展的全部内容，社会发展需要高度发展的经济基础，更需要其他方面的协调发展，社会发展不是排他性的单一经济的增长。人的发展需要建立在一定程度的经济基础之上，人的全面发展更需要推进经济社会的充分发展，从这个意义上说，经济增长与经济发展从根本上制约着人的发展。但是，经济增长并不直接等同于人的发展，人的全面发展并不仅仅依赖于经济的增长，而是依赖于社会的全面进步与全面发展。要用人的全面发展和致力于建设适合于生存的幸福社会的标准来衡量社会的发展，就必须超越单一经济增长的 GDP 崇拜、生产率崇拜、经济效益崇拜，以不断变化、不断充实的发展理念来引领社会的全面进步，以人的自由全面发展的最高目标去超越排他性的单一的经济目标，在人的全面发展视域中协调好与经济增长、社会发展的关系，使得经济增长、社会发展自觉契合人的全面发展的需要。如果忽视人的需求的多样性、多层次性、发展的全面性、综合性及可持续性，仅仅追求经济增长，就背离了社会发展最终是为了人的发展的根本目的，就不能实现人的多样性的全面发展。当代中国致力于构建的高度现代化的社会，是全面发展的新型社会形态，在强调以经济建设为中心的同时，还要强调要以人民为中心、以人的发展为核心，唯有把这两个中心统一起来，才能实现社会发展与人的发展的高度一致，更加改善民生、实现社会公平正义、实现人的全面协调可持续的发展。须知，一个幸福安康的和谐社会的构建，需要高度发展的物质文明和精神文明，要有物质上的充裕、精神上的满足，休闲安适的社会生活，高度和谐的社会关系，优美清新的自然环境。随着现代科技和社会化大生产的迅速发展，社会发展和人的全面发展不再仅仅限于某一方面的发展，而是不断增添着新的人学内涵，唯有按照科学发展观要求，自觉贯彻以人为本、以人民为中心的新发展理念，才能真正实现全面协调可持续的永续发展。

四　个人发展与社会发展的内在契合

实现每一个人自由全面的发展，是马克思主义人学的内在规定，也是现代中国社会发展最基本的价值追寻和目标设定，它体现了中国特色社会主义发展的本质属性与根本要求，彰显了其发展要由人民共建和由人民共享的公正本质。这种新的发展理念与模式，将人的全面发展的价值目标引入了社会发展的评价体系中，克服了阻碍社会全面进步和危害人民利益的各种负面效应，采取立体互动、协调推进的原则而确保人人公平参与、人人共享发展成果的社会发展，使经济增长与社会发展的内涵更加符合马克思主义人学的基本要求，更加体现社会主义发展的人民性、公正性、价值性和目的性。

衡量一个社会形态是否先进及社会进步程度如何，可以有多方面的标尺，但人是否获得全面性、自由性的发展显然是最重要的尺度之一。质言之，人是否获得全面性的发展，就成为衡量与检验人的自由的实现程度的一个重要特征。按照当年马恩的设想，人类社会发展的最终目的就是要实现共产主义，在那里每个人都能获得自由而全面发展，整个社会就是高度和谐而自由的联合体。当然，在实现这种终极理想之前的各个历史阶段中，由于生产力、科技发展的不发达与运用的不切当，社会交往的不充分、社会制度的不健全、精神境界的不宏阔，以至于人们仅能够获得片面的、局部的、低水平的发展。此时，获得全面而自由的发展，对特定历史阶段中的人说来，就只能说是一个梦想，人的全面发展是一种理想性的价值维度。

确立这种理想性的价值之维，不纯粹是一种毫无意义的乌托邦式的幻想，它对引领社会向前、向上发展具有重要的牵引作用。人所诉求的自由全面的发展，除了作为其理想性的价值祈求之外，还具有现实性的价值之维，人毕竟都是在特定历史的发展进程中不断生成与完善的，人的发展也是一种过程性的集合体，其基本方向是朝着自由而全面的目标进行的，但在历史发展的一定阶段中人还不能够立即实现这一宏大目标。此时，解放、发展生产力，创新并正当运用科技，促进经济快速增长，不断创造足够多的社会物质财富，不断缓解低水平的生产力与人民日益增长的物质文化需要之间的矛盾，进而为缩小各种社会差别、实现人的全面发展奠定坚实的物质基础和条件，就是最基本的任务和一切工作的重心。如果像传统社会主义运行模式那样，撇开解放发展生产力这一点，人为地超越生产力发展的历史阶段，或者说，不顾及生产力发展的实际要求、性质、状况与水平，而一味地拔高生产关系的高度与纯度，片面强调"一大二公三纯"，使得生产关系、上层建筑严重地与生产力发展的实践相脱节，大大地制约了生产力的发展和社会的全面进步。事实证明，依靠"穷过渡"的方式不仅不能够摆脱贫困、赢得人的全面发展，恰恰相反，造成了贫困的普遍化和持久性，正如马克思所说，在极端贫困的情况下，历史上一切陈腐的东西又会死灰复燃、四处蔓延。可见，要实现人的全面发展，就必须大力发展生产力，促进经济增长，创造日益繁荣的物质文明成果。

人的全面发展依赖于生产力的发展和物质文明的提高，但，生产力的发展与物质文明程度的提高，并不必然地会实现人的全面发展和社会的全面进步。生产力的发展、经济社会的发展与人的发展之间是一种对立统一的关系。以市场经济的发展为例，一方面，市场经济的发展对人的发展具有极大的激励作用：能够在一定程度上实现自由贸易、公平交换，能够确保在经济生产领域（至少是在形式上）实现自由和平等，能够促进社会分工和交往的普遍化，能够极大地刺激商品生产者改进技术、提高劳动生产力和劳动技能，促进社会物质、信息和能量交换与变换的普遍化，促进社会关系和社会需求的全面发展，自发调节社会资源和社会收入的分配及其比例，促进了人的全面化、社会化的能力体系的形成和发展，为实现人的全面发展在物质基础上准备了各方面的条件，如此等等。另一方面，市场经济的迅速发展和日益残酷的自由竞争又会带来人的片面化的发展，追逐剩余价值最大化的价值驱动使人不能够充分发挥自己各方面的才能，甚至会产生各种与人的全面发展完全相背离的异化与奴役现象，这在资本主义市场经济中表现得淋漓尽致，马克思在其名著《资本论》中曾经做过十分精确的阐述。

对于当代中国社会主义的发展来说，两难的发展困境摆在我们面前，正如有人分析的那样，虽然"发展生产力并不必然地会促进人的全面发展"，但生产力的发展又是现阶段根本无法超越的，采取市场经济发展经济就是当然的选择；虽然"人的全面发展始终是我们的奋斗目标和基本信念"，[①]但现阶段又很难立即、全面达到，只能以之作为价值之维来进行引导。问题的关键在于，由于生产力发展现有水平的制约，通过创新科技、采取市场经济迅速发展经济、创造丰富的物质成果，这个历史阶段是不能超越的，因而，就要发挥社会主义制度优势，动用国家宏观调控和微观规制的各种手段，科学合理地积极引导、规范市场经济，使市场经济对人的发展既能够发挥积极的激励作用，又要避免各种负面效应的产生，消除两极分化和分配不公，避

---

① 李涛：《促进人的全面发展》，《哲学研究》2003 年第 2 期，第 15—16 页。

免资源浪费和无序竞争，形成市场经济的发展与人的全面发展良性互动、合理互补、互相推动的局面。社会主义与资本主义在市场经济上的重大差异就在于，以人的全面发展来积极引导市场经济的发展，使得市场经济发展的任何一项成就都不折不扣地满足广大人民群众日益增长的物质文化需要，使全体人民既能共享现代市场经济发展的各种文明成果，又自觉摒弃因市场经济的发展所带来的各种消极的价值负载，实现经济繁荣发展、社会全面进步与人的全面发展的高度一致。从当代中国特色社会主义市场经济体制的健康运行的实践来看，这一点还是能够做到的。

五　人的全面发展的制度环境与选择

中国社会改革的深化及其所引发的现代加速转型，凸显了人的发展问题的现代意义，如一个巨大的吸盘，聚集了众多学者对这一问题进行广泛探究。很多学者都把人的发展问题置于马克思主义理论研究的首要位置加以考量，认为人的全面发展理论是马克思人学思想的核心内容与本质特征之一，检讨了以往我们把人的发展直接等同于物质丰富、经济增长的理论缺失，指出了片面经济增长的发展模式给环境造成的压力，描述了综合平衡被打破、各种差距拉大所引发的矛盾与危机；强调要把人的发展的理论之维、理想之维与现实之维内在统一起来，对人发展的模式、实现条件、实现路径等问题，要进行历史与逻辑统一的动态考问；强调要把经济发展与社会发展统一起来，认为不能对人的发展做单一的经济决定论的考察，相反，人的发展问题要受到来自社会关系、思想教育、文化素养、生态权益、个体能力、社会禀赋、遗传基质等各方面综合因素的交互影响，唯有将之置放于社会发展的系统结构中予以总体考量才能揭示出人的发展的社会内涵；唯有对制约人的发展的各种障碍、差异、矛盾和异化进行科学分析，对实现人的全面发展所需的各种条件包括客观的条件（高度发达的生产能力、高度和谐的社会关系、实现和解的各种矛盾、不断扩大的世界性交往以及旧式分工的被消解、自由与闲暇的被追加、生产与教育的相结合等等）和主观条件（不断觉醒的个体自由、整体提高的个体素质、日益拓展的个人交往、不断加强的社会能力等等）进行认真比对和梳理，才能真正阐明个人发展的社会意义与社会发展的人学意义。另外，除对人的全面发展的规律与条件、路径与方法进行了多层次、多角度的研究外，这些年来，特别是对人的发展的制度选择问题、制度安排如何实现社会公正问题进行了深入研究，以至于人的发展的制度安排问题"无论在学理上还是实践上都已成为一个急需深入探究的显性话题"。① 学者们对人的全面发展问题的制度上分析，以科学实践观为基础，以最终实现共产主义为目标，以社会发展与人的全面发展的关系为切入点，其阐释理论内涵之清晰、梳理思想逻辑之缜密、界定内在关系之深刻、分析发展脉络之精微，都是令人敬佩、值得称赞的，这对走出误区、澄清误解、拓展视域、达成共识，构建关于人的发展的马克思主义人学理论体系，的确实现了一次伟大的人学革命，也为以后进一步深入研究人的发展与社会发展关系问题，找寻到了制度上的思想根基。这些研究旨在表明，社会主义制度在中国的确立，为实现人的全面发展提供了强有力的制度保证，国家治理体系与治理能力现代化的当代构建，诠释了当代中国致力于实现人的全面发展的制度设计，而"四个全面"战略布局、"五大发展理念"的整体推进，则为实现人的全面发展揭开了新的一页。

关于人的发展的制度选择问题，这里主要谈以下几点：（1）马克思对人的发展的制度选择作出了明确说明。列宁认为，马克思的"政治经济学决不是研究'生产'，而是研究人们在生产上的社会关系，生产的社会制度"。② 既然一定社会的生产力决定着它的各种社会关系，那么生产力的发展、科学技术的进步就会对社会发展、人的发展起决定作用，反之，生产关系的变革或社会制度的创新也对解放发展生产力、创新科学技术产生巨大的反作用。人的发展依赖于制度设计与创新，这种制度上的设计与创新既要以特定的生产力发展水平为基础，因为不同性质与水平的生产力对人的发展会起到不同作用，又要以一定的生产关系的革新为蓝本，不同的生产关系对人的发展会产生

① 李玉中：《马克思主义人的全面发展理论研究之现状与反思》，《中州学刊》2014年第12期，第123—129页。

② 《列宁全集》（第3卷），人民出版社1959年版，第42页。

非常不同的影响；又由于生产力与生产关系是在互动中不断发展的，社会制度作为生产关系的客观表现，同时也作为人的发展的规约机制，它也必然处在不断发展与创新之中，社会制度的设计及创新既是人获得全面发展的内在需要也是一种根本保证。（2）科技创新能够带动生产力的跨越式发展，能够迅猛地刺激社会经济的快速发展，为实现人的全面发展提供丰富的物质成果，生产力与现代科技的超常规的突飞猛进，会拔高人发展的起点、提升发展速度、打破发展常规，使人的发展实现质的飞跃而非纯粹量上的扩展，新质因素的激增、新产业结构的换挡升级，会给人的全面发展提供崭新的发展平台。但生产力与现代科技的发展在造福人类的同时，也带来了极其严重的世界性灾难和非常复杂的"全球问题"，这些灾难与问题中，很大一部分原因就来自于制度方面的不够健全，因此急需变革不合理的社会制度及其不合理的运行机制、社会形式，就是当前最为迫切的根本任务。大科学家爱因斯坦就曾经说过，唯有慎重做好制度选择与安排，"关心怎样组织人的劳动和产品分配这样一些尚未解决的重大问题"，就会使之造福于人而不至成为祸害，因为生产力与科技"固然有强有力的身躯，但却没有人性"，它"对于方法和工具具有敏锐的眼光，但对于目的和价值却是盲目的"。① 显然，如何保证生产力和科技的正当运用，如何以人的全面发展为核心引领生产力和现代科技的创新发展，这内在地牵涉到了制度的选择与创新问题。（3）在马克思看来，人的发展最根本的表现为人的本质的变化与提升，而一切社会关系的总和构成了人的本质，而人的社会关系极其复杂、不断变化，深刻地受制于人类社会的政治经济文化等各种制度的规约和影响，社会上任何一项制度上的革新与发展，都会对错综复杂的社会关系带来具体而微的变化，各种社会制度的创新，正是以规约与引导各种社会关系的方式来保证并推进人的全面发展的。在这些社会关系中，最根本的当然是物质利益关系，在社会各种制度进行重大调整与变革时，势必在与人的发展具有直接关系的物质利益层面引发一系列的重新分配和相关变化，这既是推动人获得发展的内在动因，也是实现社会发展与人

---

① 《爱因斯坦文集》（第3卷），商务印书馆1979年版，第349页。

的发展良性互动的制度保障。（4）为此，首先必须确立适合先进生产力发展、现代科技创新的基本经济制度，在社会主义公有制为主体的框架下、在根本利益一致的情景中，通过形成合理的分配制度、用人制度、激励制度，使一切有利于社会发展和人的发展的劳动、知识、技术、管理、信息和资本的所有活力竞相迸发，让一切创造物质财富的源泉充分涌流，充分发挥制度优势以推进人的全面发展。当然确立适合人全面发展的重大政治制度、文化制度及其他各种制度，提升治理体系与治理能力现代化，实现社会民主、公平正义的制度化、规范化，不断消除旧制度残余、旧思想观念对人的全面发展的阻抗，积极化解各种社会矛盾与不公，协调好经济社会发展中人与人、与物、与己的各种关系，依靠制度的全面创新来保证人的本质的全面性和人的发展的全面性，也是十分重要的现代人学内容。

总之，社会主义制度在中国的建立和发展，使得社会基本矛盾能在新的基础上、以一种崭新的形式展开，这就为实现人的全面发展开辟了广阔的社会空间，提供了强大而稳固的制度基础。这是因为，社会基本矛盾在生产资料公有制基础上的展开，广大人民群众在根本利益上达到一致，使原来那种阶级之间的矛盾或斗争转化为人民内部的矛盾与差别，这样就能够为实现社会发展与人的发展的高度一致提供制度保障。如，社会主义的基本经济制度，从根本上解决了生产资料与劳动者相分离的问题，实现了人民群众与生产资料的直接结合，避免了生产的社会化发展与生产资料私人占有之间的矛盾，消除了整个社会大生产的无序性、不平衡性，确保了人民群众在全面生产过程中实现自身的全面发展；又如，以按劳分配为主体的社会分配制度，从根本上消除了人剥削人、人压迫人的社会不公问题，人民群众的根本利益得到了全方位的捍卫与发展，为最终实现各尽所能、按需分配创造了坚实基础；再如，社会主义的意识形态及文化建设，全面反映了广大人民群众渴望实现全面发展的呼声与意愿，人民当家作主体现了社会主义发展的未来趋势，真正体现了最广泛意义上的民主，二者内在结合起来，巩固并发展着社会主义的经济、政治与文化的基础，彰显了无与伦比的强大生命力与制度优越性。这表明，社会主义社会的基本矛盾是非对抗性的、是基本适应的，但这种基本适应又是在动态中不断发展与实现的。因而，社会主义制度条件下的人的全面发展，总体上看存在制度优势能保障其实现，但这种实现不会一蹴而就，也必然是在动态中通过不断改革而实现发展的。

第二节 人的社会性价值的全面实现

一 实现人的全面发展的价值理想

马克思人的发展理论认为，人的发展实际上表现为人的社会关系的发展，一切社会关系的总和构成人及社会的本质，社会发展与人的发展是有机统一的，唯有从人与社会的关系入手，才能形成科学的人学结论而对人获得科学解析。而人的价值作为社会关系的一个重要方面的内容，它反映的是人在社会生活中的意义，也唯有从人与社会关系中去考察才能弄清楚人的价值与人的发展的内在关联。

价值是专属于人的范畴，它是指客体对主体需要的满足关系，"'价值'这个普遍概念就是从人们对待满足他们需要的外界物的关系中产生的。"[1] 人与动物一样，为了生存与发展，必须每日每时地与自然界进行物质、能量、信息的互换。但，与动物不一样，人不是纯粹的自然生物体，人不是以改变自身的状态与结构来被动地适应外部自然界的。人是一种有理性的社会存在体，他除了被动地接受自然界为之提供的生存资料外，还以社会劳动的方式主动地去改造自然，有意识、有目的地去为自己的生存与发展创造各种生存资料。纯粹的自在之物，不是一种为人的存在，不具有满足人的需要的价值的意义，那种"与人无关的自然对人来说不过是无"，[2] 这里所说的"无"，不是指它不存在，而是说没有意义。价值是人的实践活动的产物，价值的生成与实现体现了人的主体性能力与性质，集中凸显了人的生存与发展的各种问题。研究人的发展问题根本不能撇开人的价值，相反，必须以人的价值作为切入之点进行全面分析。

---

① 张雄：《新时代哲学探索》（上），人民出版社 2014 年版，第 521 页。
② 张艳涛：《马克思主义哲学视域中的"中国问题"》，中国社会科学出版社 2010 年版，第 28 页。

物为人而存在、而发展，但并非直接能达到这一点，人必须自己作为手段来达到自己的目的，人依靠自己的劳动来达到丰衣足食，人通过自己的实践活动求得生存与发展。人的价值的每一次满足与实现，实际上都使得人的发展问题得到了一定解决，人的价值与人的发展是内在关联、有机统一的。实践是人的价值、价值关系形成与发展的基础，我们既要反对"见人不见物"、又要反对"见物不见人"，要做到"见人又见物"。这是由于，一方面，主体及其需要是在实践中形成和发展的。人是实践的存在物，实践是人特殊的存在方式，实践使人成就了自己的主体地位、资格、性质与能力。一物有没有、有什么价值，完全取决于人的需要及人的能力，人的实践是一切价值关系形成的中心，但不是唯一的东西，价值的形成离不开客体及其属性，所以不能"见人不见物"，否则就会在价值观上导致唯心主义的错误，认为价值纯粹是主体的心灵内在赋予物的，有否、有何价值完全取决于估价者的心灵。

另一方面，也要反对"见物不见人"，因为客体及其属性也是在实践活动中被发现、被改造、被利用的，离开实践活动对价值客体的规定，就会如旧唯物主义者那样，把价值看成是纯粹自然生成的，就会陷入唯客体主义的错误，认为有没有、有什么价值与人无缘，完全取决于物自身。虽然物的价值离不开客体自身的属性，它"之所以是使用价值，因而对人来说是财富的要素，正是由于它本身的属性"，[1]但这种价值要素是对人来说的，是人的实践活动所规定的。物及其属性能否及在何种程度上成为价值客体，也有赖于人的需要推动下的实践活动，在实践活动在人依据自身的需要把自身之外的存在变成了属于人的活动对象或价值客体，正是人的需要及满足需要的实践能力与水平，使物成为人的实践活动所指向的对象或价值客体。

诚然，人的需要不同于动物的纯粹生理的需要，人的需要是在实践中产生的，它随着实践的发展而发展。又由于人的需要是全面的，人作为自然—物质—文化—理性的存在物，会有多方面的需要，人在自己的实践活动中，既要为自己创造自然、物质方面的价值，也要为

---

① 《马克思恩格斯全集》（第 26 卷）（Ⅲ），人民出版社 1975 年版，第 139 页。

自己创造文化、精神方面的价值。而且，人的价值并不是固定不变的，而是历史地发展着的，"已经得到满足的第一个需要本身"，[①] 在劳动中又引发了新的需要。人创造价值的社会性的实践活动，也是随着人自身的各方面需要的发展而不断得到发展的，人的需要是无止境的，不会停留于某一点，不会终结于某个方面的满足，而是全面发展、永远发展、永远不能满足的，人为满足自身需要而进行的价值创造也永远不能停止，这是人类最基本的生存和发展方式。可见，人的价值就是一种可以创造价值的价值，就是不断实现自身价值增值和发展的价值，这是一切价值中最大的价值，是最可宝贵的第一位的价值。

二 人的多方面价值的社会化生成

人创造价值的活动是一种社会性的活动，人的发展要在一定的社会关系并通过这种关系来展现。人创造了自身的价值，实际上就是在创造社会性的价值，反过来也一样，人为社会创造价值，事实上就彰显了自身的价值。因此，从人与社会发展的一致性上看，"人与社会是一种共生的存在"，[②] 人实现自身全面发展的价值追求和愿望，是通过社会的全面发展的价值导向来体现的，社会价值的全面发展折射了人的自我价值和愿望的实现可能。社会本身的整体性进步就是生活于其中的人的全面发展的前提与基础，对社会价值目标的研究、评价和建构，在很大程度上旨在解决如何实现人自身全面发展的问题。人的活动是为了满足人的需要，人的全面发展的愿望也只有通过人的实践活动来满足，人既是目的性的又是工具性的，人既是目的又靠人自己的活动来实现，人自定目的又成为实现这个目的的工具。人作为整体就是人类社会，而人类社会就是人，人作为社会的工具意义也就是作为人自身的工具意义，以社会发展作为目的就是以人自身的发展为目的。在这里，人与社会、人与历史、人的发展与社会发展、人的价值与人的发展，都是一而二、二而一的，是直接同一的。

人的创造价值的活动是一种主体性的活动，这种活动处处彰显了

---

① 《马克思恩格斯选集》（第 1 卷），人民出版社 2012 年版，第 159 页。
② 祖国华等：《社会伦理学研究》，人民出版社 2014 年版，第 1 页。

人的活动的自为性与为我性。人的价值作为人的一种自我实现和自我发展，实际上也就是人的自我价值，它的意义在于人按照自己全面发展的需要，由自己去创造和占有多方面的价值。人不以其他任何东西为目的，它本身的存在与发展就是目的，人的创造活动不是为他性的，而是一种自为性的活动。物的价值则没有自为性的特征，它只具有属人性的特点，它为人而存在、而发展，它是从属于人的目的的工具性价值，其意义在于满足人的需要，只有满足了人的生存与发展的需要，它才是有用的。物在人的创造价值的实践活动中所发生的形态和结构上的种种变化，都是为他的，而不是自为的，这就是人的价值与物的价值的根本区别。

人的价值也具有工具性的一面，但这种工具性是为我的，是自作工具、自设目的，是二者的统一。纯然外在于人的自然，不是一种为人的存在，不具备适合人的目的和需要的合理形式，如列宁所说，"世界不会满足人，人决心以自己的行动来改变世界"。① 人的需要不会从自然物态中获得，是不断地改造世界使之为人而在、为我而存，正是这样，才能主动地驾驭物并不断使自己得到全面的发展。

显然，人的工具性价值也不同于物的工具性意义，人是凭借自己的实践活动来实现工具性存在的，人的活动的工具性与主体性是内在统一、相互为用的。由于人具有目的与工具的二重特性，既然人的价值表现为人与人之间的主客体关系，因此，人既是价值主体又是价值客体，人的价值既表现为自我价值又表现为社会价值，也是二者的统一。在人的价值的生成、实现与发展上，可以看出人的发展的社会内涵，看出作为自我主客体与互为主客体之间特殊的人际关系、社会关系，人的发展实际上就是这种特殊的主客体关系的发展。

对人的价值与人的发展关系的这种实践性的理解，与唯心主义和宗教神学对这个问题的理解，有着原则性的区别。宗教神学只是把人当作价值客体，认为人的价值在于顺应上帝的意旨，满足上帝的需要，人所做的一切都是为了证明上帝的伟大与完满，人在上帝那里就是一个外在的客体，人不是为人自己活着，而是为了上帝存在，是为

---

① 《列宁全集》（第55卷），人民出版社1990年版，第183页。

了显现上帝的意义而存在，上帝就是一切，人的价值根本算不了什么。唯心主义则把人的价值视作心灵实体或者观念实体的一种显现，认为人只有向某种绝对的观念或者主观心灵的内在皈依与无限接近，人的价值才能得以存在与发展。人的价值本身不是对人自己有意义，而是某种绝对观念或者心灵实体外化的结果，是神秘的精神力量客观化的东西，它只对精神实体的存活与发展有意义。这实际上就把人的价值附属于人之外或者人之上的某种非人性的东西，都否认了人的价值的主体性与现实性，认为某种神秘的精神力量主宰着人及其发展，看不到人的实践活动的主体性与自为性，不懂得人是在社会关系、社会实践中实现自身并发展自我的。离开社会实践来谈抽象的人的价值、人的发展，都是毫无意义的。就人的个体来说，人通过自己社会实践活动的成果来满足各种需要，在实践活动中求得发展，个人既是目的又是工具。但，人的全面发展的需要及其满足，要受社会发展的制约，既要靠自己的活动来实现，更要靠他人或者社会的活动来保证，个人价值的生成、实现、发展直接与社会价值的生成、实现、发展相统一。

三 人的价值实现的共在性形态

人的价值，从其存在形态上看，主要有物质的、精神的和交往的三种，它们既区别又联系，共同存在于人的实践活动中，并通过实践活动来表现，构成了人的价值存在的基本类型和人的生活的价值体系。人是自为主客体，又是目的与工具的统一体，因而人的价值是一种特殊的价值形态，是人所特有的创造价值的价值。从其发展角度看，人的价值又具有潜在的和实现的两种，前者指人的主体性力量所蕴含的潜质与潜能，后者是指这种潜能或者潜质在实践中得以激活并实际上得以显现的状态。人是主体就具有主体性力量、具有从事主体性活动的能力，潜在地具有实现价值和求得全面发展自身的能力。当然，人类所特具的这种潜在能力与素质，并不是来自于上帝的造化或恩赐，而是通过人类的历史遗传和社会进化而来。它沉睡于、积淀于、内存于人的身体中，唯有才能激发与活化它，实践是价值形态转化与互化的中介与桥梁，远离了人的实践活动，任何价值也不能创造出来，也就显示不出来人自身的价值，更谈不上人的全面发展了。人的价值的这两种形态是相互转化、辩证统一的，从潜在的价值到实现的价值转化的过程，实际上就是人的价值的再生或再造即人的不断发展的过程，人的价值转化及提高都是一个永无止境的过程，表明了人的发展也是一个永无止境的过程，是一个不断从片面发展日益走向全面发展的过程。

马克思说，正如"发现物的多种使用方式，是历史的事情"① 一样，发现人的价值及其发展，也是"历史的事情"。随着实践和历史的发展，主客及主客体之间的关系也是经常发生变化的，价值的生成、实现与发展都是一种历史性的过程，人与物、人与人、人与己及其之间的关系，究竟能够在何种方面及何种程度上对人有价值，这完全是一个历史的规定。人的潜能是历史造就的，它不会自我终结于某一点。人的价值的发展也没有终极模式或最后蓝图，它的发展的具体阶段、目标、形式及内容，不是预先设定而根本不变的，恰恰相反，而是在实践活动中不断得以调整、生成、完善、丰富与发展的，只要有利于主体实践能力这方面发展的一切因素，都是积极的价值生成与实现。当然，这种转化与生成，就每个人来说不是随心所欲的，而是受制于各种社会条件：不同的社会分工、不同的社会地位、不同的社会环境、不同的受教育程度等等，人的自然禀赋差异很小，但在社会价值创造中所表现出的个体潜能与潜质发挥出来的实际水平与能力，则差异甚大，原因就在于在人的价值实现中，由于缺乏必要的社会条件而自我泯灭了许许多多的创造潜能与潜质，人是一种社会性的创造价值的存在物，他的价值创造、他的发展能否在实践中达到自身全面性，这主要取决于他从事实践活动的社会制度的环境与条件如何。

从人的实践活动的实际效应上来看，马克思实践人学强调"将人置于社会发展价值的核心"② 予以考察，认为实践是保存与表现人的生命本质的活动，人的发展与社会发展在价值维度上是一致的。人的

---

① 《马克思恩格斯全集》（第 44 卷），人民出版社 2001 年版，第 48 页。
② 陈媛：《人的发展的价值维度和当代价值取向》，《道德与文明》2012 年第 6 期，第 46—50 页。

价值的实现，显然要比物的价值的实现要复杂得多，人在自己的实践活动中，通过发挥自己改造世界的主体性能力，这只是一个条件，而非所有的情形，人的主体性地位与能力的展现，还需要更多的条件与保障。譬如，在不同的制度环境下，人的实践活动对人自身的发展来说，可能产生两种不同的效应。一般地，在社会主义制度环境中，由于人民群众根本利益的内在一致性，人民主体活动的结果适合于主体自身和整个人类社会生存与发展的需要，能够为人民主体合理地占有与使用，因而对确立和不断提升人的社会和社会的人的主体性地位、增强人的社会和社会的人的主体性活动能力及水平，就会产生一种积极的意义，这就是一种主体性的效应。反之，就会产生一种反主体性的效应。主体的活动对人的价值与人的发展，不仅不会形成一种推进的作用，反而会形成一种负面影响，制约了人的发展空间与能力的提升。譬如，在私有制下，人的这种活动就生成了一种对人的发展来说的消极影响即一种反主体性效应。在资本主义社会里，劳动者创造了物的价值却失去了人自身的价值，而且，他们创造的物的价值越多，属于自己的人的价值就越小。因为他们创造的物的价值不仅不能推进人的全面发展，反而成为奴役人、制约人发展的新的异己力量与敌对条件。人在实践劳动中获得发展壮大的不是工人自己，而是资本家集团，造成这种反主体性效应，主要取决于资本主义的制度原因和社会条件。谈人的价值与人的发展问题，根本不能忽视人存在的制度环境与社会条件，若撇开人生存的社会条件及制度因素，就只能陷入抽象的议论和虚假的描绘。

人的活动对人自身发展的不同效应，表明了人的价值的实现具有不同的方向。固然，人的价值的实现受着社会制度环境与条件的极大制约，但，同时也受着主体自身因素如主体性特质、意志、能力与水平的严重影响。主体活动的价值目标即价值取向如何，主体价值创造的活动是否合目的、合规律，主体确定的目的能不能及能够在什么样的程度上实现，有没有可能及可能性之大小，这对于一个人的成长与发展来说，意义重大而深远。个人及其发展的价值目标、价值取向，只有与社会、与时代的发展的价值目标与价值取向内在统一起来，才能获得实现，人的价值才能获得社会的认可，人的生存与发展才具有积极的意义。只有正视价值实现的社会条件与制度选择，只有从客观实际和广大人民群众的实际需要出发，只有在根本利益上使社会演进与人类发展保持一致，将自我价值的实现融入社会发展的意义上来思考，人的价值和人的发展问题才能得到合理解决。反之，如果无视社会发展的需要和人民群众的需要，不顾社会条件与制度要素，一味强调个人英雄主义和个人奋斗，主张自我选择、自我实现、自我超越的极端个人主义的生存论，这样的价值目标，非但实现不了，反而还会成为危害社会和人民的敌对力量，给人类社会的发展造成一种负价值。

四　评价人的价值的社会化标杆

与此相关，人的价值评价必须有尺度或标准。人的活动作为主体性价值，它的评价尺度就是人的活动及其结果是否实现和提高了人的主体性，这是一般尺度或主体性尺度。但，由于主体性不是一个抽象的东西，而是具体的，它是人的现实本质的体现。现实的主体是在一定现实社会关系中从事创造活动的，处在不同的社会关系下的人，具有不同的主体性内涵，创造的主体性价值也各不相同。因此，根本不能脱离人的社会关系来谈论人的主体性价值。在现实生活中对人的价值的评价尺度是多元的，不同的评价尺度，得出的结论自然不同。但，大致可将之概括为两种即自我评价与社会评价。无论哪一种评价，都只是对人的客体价值的主观反映，它们并不等同于自我价值或社会价值本身。人的价值作为一种主体性价值，也表现为一种客观的价值，是人的活动在社会生活中所造成的客观的效应与意义。历史上对人的价值失去公平的情况是大量的，譬如，不是依据人的实际能力与贡献而是依据他的地位与财富来评价，不是用对社会或大多数人有益来评价而是用能满足自己的一己之私来评价。这种评价与价值相背离的评价偏差，在阶级对立的社会是经常发生的。价值评价只有与人的发展、与社会发展相一致，才是公允的、客观的。

在马克思人学思想中，实现人的全面发展是社会发展的价值追求。人的价值与人的全面发展是一个问题的两个方面，互相联系，不可分割，人的全面发展与社会的全面进步在价值维度上是高度统一的。人的全面发展本身就是人的价值的自觉追求，而人的价值的实现又是人的全面发展的具体表现。"人的全面而自由发展为价值尺度"，是一种"促进人类社会发展进步"的根本尺度。① 具体说来，人的价值不能离开社会来评论，孤立存在的个人及其绝对的自我价值，都是不存在的。一个人自身的意义或希望自身具有的意义，归根到底都是在他与社会关系中所体现的意义，他自身对社会的意义。他的价值的实现要依赖于并从属于社会的，对人的价值评价归根到底是一种社会标尺而不是个人尺度，即使需要个人尺度，也只有与社会关系相连才有意义。因此，人的价值评价尺度也是一元的而非多元的。

　　用社会尺度评价人，这不是把个人只是看成了社会发展的工具而贬低或抹煞了人的价值，因为现实的主体性不是孤立的而是社会性的，只有在社会关系中并通过这种关系才能显现人的主体性价值，人只有通过对社会的奉献才能显现自身的人生意义，人是通过工具性价值来实现自己的主体性价值的，为人类造福、为社会发展创造尽可能多的价值，也是一个人自身获得重大发展的基本途径。马克思说，个人利益与社会利益也是内在统一的，"不应认为，这两种利益是敌对的，互相冲突的，一种利益必须消灭另一种的；人类的天性本来就是这样：人们只有为同时代人的完美、为他们的幸福而工作，才能使自己也达到完美。"② 一个人只有自觉地为社会的进步、为人类的解放作出贡献，才能获得发展、获得人生意义，这非但不会导致自我丧失、个性泯灭，反而能够成就自我、发展自我，使自我价值得到最充分的实现，使自己获得最大意义上的发展。在人类发展历史上，凡是那些在社会发展过程中获得"人的价值"的丰富含义、实现了自我充分而全面发展的人，都是对社会发展作出杰出贡献的人。那些最高尚、最伟大的人，也往往是那些把对社会贡献视作个人最大人生追求的人，每个人都应该在对社会发展作出贡献的过程中来实现自我价值和自我发展，自己的价值追求和发展目标，必须自觉地统一于社会发展中，远离社会价值与社会发展，孤立地谈论人的价值与发展，没有

---

① 王玉梁：《从理论价值哲学到实践价值哲学》，人民出版社 2013 年版，第 74 页。
② 《马克思恩格斯全集》（第 40 卷），人民出版社 1982 年版，第 7 页。

任何意义。

对人评价的社会尺度是一种历史性的尺度，是在特定历史背景下对社会作出贡献的，他的活动及其结果可能对历史形成积极推进作用，也可能产生消极结果，必须将之置于特定的历史背景中予以衡量与评价，对人的价值、人的发展的评价，既有确定性的一面也有不确定性的一面。进一步说，用社会尺度评价人的价值，还要看到社会尺度是一种全面性的尺度，而不能做片面性的评价。"人的全面而自由发展作为社会发展的最高评价尺度，既是一种崇高的价值理想，又是一种现实的社会运动"。① 社会进步、人类解放是整体推进的，社会发展也是全面性的，它包括对一切社会领域的总体性改造。如，对人的价值评价不能只局限在某一个方面，而应该在全面的意义上来评价人、评价人的发展。不能只局限在某一点，譬如只注重物质创造的价值而忽视精神创造的价值。说到底，对人的价值的评价实际上是对人的发展意义的评价，对人生意义的理解实际上就是对人与社会关系的一种理解，是对人在社会中如何实现自我价值并获得社会发展的评价，它是实现人的全面发展的必要环节。因而，根本不能离开人的价值抽象地谈人的发展，相反，而应该结合人的发展谈人的价值及其实现，并将这种结合与社会发展、社会价值的实现统一起来。

五　在社会实践中全面提升人的自由

人的发展不仅与人的价值内在相关，而且也与人的自由是密不可分的，人追求自由的过程显然也就是人的价值全面实现和发展的过程，自由的不断实现显然也就是人的价值全面性发展的不断实现。提及人的价值的全面发展，就不能不涉及人的自由，就不能不正确处理自由与必然的关系，这也是马克思人的全面发展理论的一个重要内容。就一般意义来说，自由是与不自由相对立的，所谓自由就是尽力挣脱各种异质性力量对人的行为产生种种制约而获得的一种洒脱，自由就是摆脱限制后的一种洒脱与自如。拉丁文"libertas"的意思就是从束缚中解放出来。英文"freedom"和"liberty"的词义就是摆脱束

---

① 闫志民：《中国特色社会主义理论发展史》，人民出版社 2012 年版，第 428 页。

缚、获得解放。摆脱限制而获得自由，这是能够达成共识的，但是，究竟能不能以及用什么方式才能摆脱限制而获得自由，在哲学历史上历来存在分歧。马克思哲学认为自由就是对主客体对立的自觉，对主体性本质及其能力的自觉，对摆脱限制获得全面发展的自觉。人的自由性就是追求摆脱客体束缚，要求人能够自主地驾驭客体的能动性和主动性，自由就是按照自己的意志活动，即主体性的活动自由是一个不断由意志自由向行动自由转化的过程，这具体表现在政治自由、道德自由和思想自由中。马克思的自由观与历史上玄想的自由观（自由就是主观随意，就是任性）、本体论的自由观（就是顺应自然的本性、听自然的话）、认识论的自由观（人的理性为自然立法、自由就是绝对精神的自我运动）、现代西方哲学的自由观（非理性的自我体认），都有着实质性的区别。在马克思看来，自由不是任性而是对自然的必然性的一种服膺，是按照客观必然性而从容自如的行事。马克思说，诚然，人的劳动尺度本身产生于外部，它由两方面的因素决定：一是为客观事实本身的内在逻辑（真理原则）所决定，一是为达到人的改造外在事物满足人的需要这一目的而必须受制于价值原则。人的劳动改变了物的自在状态，实现了物为人而存在，劳动实现了人的价值与自由，"但是克服这种障碍本身，就是自由的实现，而且进一步说，外在目的失掉了单纯外在必然性的外观，被看作个人自己自我提出的目的，因而被看作自我实现，主体的物化，也就是实在的自由，——而这种自由见之于活动恰恰就是劳动"。① 可见，的的确确存在两种自由概念即消极自由与积极自由，前者是指不受限制、为所欲为，但未指明如何摆脱限制而实现自由，这只能是一种完全脱离自觉行动的纯粹任性，全部旧哲学的自由观就是这样的消极自由。相反马克思的自由观则站在实践人学立场上，批判了消极自由的狭隘性，提出了一种积极自由观。认为通过创造性活动实现确定的自由目标，指明了唯有在实践基础上才能真正克服制约人的自由得以实现的各种障碍，包括彻底颠覆和取缔制约人的全面发展的制度性障碍，从而才能真正实现人的价值与自由的全面实现。马克思的自由是一种创

---

① 《马克思恩格斯全集》（第 46 卷下），人民出版社 1980 年版，第 112 页。

造性的积极自由，这种人的真正的自由是与服从必然性而融为一体的自由，自由的真正对象是人对规律的自觉认识与利用，是人与世界实现双向对象化后而生成的一种高级洒脱状态，这就是马克思自由观的实践性本质。旧唯物主义者认为，主体通过对客体的顺应而摆脱外部世界的限制而获得自由，自由就在于对必然的认识与盲目顺应。客观世界的必然性及规律性每时每刻都在对人的活动形成外在的制约，人在它面前只能低眉顺眼、一味服从，人正是凭借这种自觉的顺应，借此消除了必然对人的限制而达到了自由。这种具有唯物主义倾向的自由观，虽然强调了人的客观制约性即受动性，承认认识必然之于自由的积极意义，但是却不懂得自由不仅仅在于对必然的认识，而且在于通过实践活动达到支配并驾驭必然。只有将人对必然的认识贯彻到实践活动中，使之成为改造世界的实践活动的前提，才成为自由发展的一个必要环节。如果离开实践活动对必然的认识尚且无法达到，更不要说实现自由了。旧唯物主义自由观是一种消极被动的自由，它只承认客体对主体决定的自由而抹煞了主体性的能动自由，这事实上不过是客观事实坚持规律的外在性强制，被动地转换成了人的内在性的自我强制罢了，这对人说来仍然是一种严格的限制，是一种宿命论的哲学表达，谈不上任何自由反而取缔了自由本身。马克思实践自由观克服了旧唯物主义这种消极自由观，立足于自己的科学实践观而对自由的本质作出了科学的实践性的理解。在他看来，自由不是一个认识论中的理论问题，而是一个本体论中的实践问题，自由对与人说来最具根本性的一个方面，就在于它是人的主体性能力及水平的最充分的体现，"既然从唯物主义意义上来说人是不自由的，就是说，人不是由于具有避免某种事物发生的消极力量，而是由于具有表现本身的真正个性的积极力量才是自由的，那就不应当惩罚个别人的犯罪行为，而应当消灭产生犯罪行为的反社会的温床，使每个人都有社会空间来展示他的重要的生命表现。"① 人如果失去了主体性，只是一味消极地顺应客体或者一味消极地逃避客观的限制，是不会有什么真正的自由的。诚然，人不能不顺应客体、不能不受到客观规律的制约，但是，

---

① 《马克思恩格斯文集》（第 1 卷），人民出版社 2009 年版，第 335 页。

人并非消极机械地去顺应，而是能够运用自己的实践活动去打破外在的限制，使得必然为人而存在、为人而发展，这才是人的真正自由之所在。马克思哲学认为"自由不在于幻想中摆脱自然规律而独立，而在于认识这些规律，从而能够有计划地使自然规律为一定的目的服务"，① 毛泽东对此说得也很清晰明白，"自由是对必然的认识和对客观世界的改造"。② 客观规律作为一种必然的东西，对人的自由自觉的活动来说自然具有一种外在的强制性，人的活动必然受它的约束而不能超出必然规律限制的范围而去寻找所谓任性般的自由，这就是人的自由的限度。然而，客观规律所规定的可能性范围是极其广阔的，必然性实现自身的可能性路径与方式也是多种多样的，人的活动是可以作出主动性选择的，既可以这样选择也可以那样选择，这就有了自主性的自由，可见，自由又具有客观性的依据。尽管人的活动受到了必然及其规律的限制，但是，人又通过自己主动性的实践活动，在必然所规定的可能性范围内依据自己的需要作出自觉选择，并通过将之诉诸实践活动而变成现实而获得自由。与之相比，唯心主义者则把主体抽象化为一种脱离了客观世界和社会实践的独立的精神力量，认为客体仅仅是主体的创造物，是主体自由设定的。客体对人的限制只是一种外观和假象，它在实质上受制于主体的创设活动、它完全为主体所统摄、所支配、所控制，主体是绝对自由的。唯心主义根本否定决定论，认为如果有什么决定的话，那只有主体的自我决定，根本不存在外部的决定。这种自由观有利于反对宗教神学及其神秘主义力量对人的非法压制，具有一定的合理性，但是，它根本否认事物的必然性及其规律性，又抽空了自由的客观依据，并将自由本体化、绝对化。认为自由不受任何客观必然的支配，完全是无条件的、无限制的、绝对自主的。人固然要在特定的处境下进行选择，但是，这种处境并不能限制人的自由。因为处境也不过是人创造的、正是人赋予了世界以某种意义，外部世界完全是主观设定的产物。因为境由心生，故而可以随心所欲。唯心主义通过赋予主体以无限的能动性，故而主体依靠

---

① 《马克思恩格斯选集》（第3卷），人民出版社2012年版，第491页。
② 《毛泽东著作选读》（下），人民出版社1986年版，第833页。

精神上的力量摆脱外在必然的限制而获得自由。基于实践基础而确立起来的马克思自由观，并不否认意识对人的自由的重要作用，意识对发挥人的精神能动性意义非凡，但是它源于人的物质实践活动，受制于外在物质条件，马克思根本反对那种无根据性、无限制性的意念自由，这种自由只是脱离了物质实践的"绝对性"的幻想。唯有把握住主体的内在尺度与外在尺度，并在实践中实现了高度一致，才能实现自由的选择，掌握必然性越充分、认识利用必然为人的目的服务的可能性就越大，借助于对事物必然性认识和改造而获得的自由就越多。所以，马克思认为唯心主义自由观，从主观性出发所强调的人的意识的绝对性自由，只能是一种精神幻想出来的纯粹自由，只能是不关心人的实际活动及其实际结果的我行我素的妄想，这种主观任意性的自由，完全受制于偶然性的支配，根本不能掌握自我命运，势必在现实社会中处处碰壁、处处受限，哪里有什么自由可言？唯心主义抽象地夸大主体的能动性，而忽视了社会实践的中介作用以及客观规律的支配作用，势必引导自由走向自己的反面。正如普列汉诺夫所说，"唯心主义在理论上愈是强调自由方面，则在实际活动的领域中愈是将自由归之于无，因为在这里他们不能对付那以自由的全部力量武装着的偶然性。"① 在马克思看来，摆脱对必然性的盲目性，实现意识的自由，这只是在观念内部实现的自由，唯有将之付诸行动并实际上驾驭必然，才能得到真正的自由。马克思认为，支配人的必然性有两种即自然的必然性与的历史的必然性，而摆脱必然获得的自由显然也有两种即自然领域的自由与历史领域的自由。这两方面的自由是联系密切、互为中介的，但是，二者又各有自己的特殊性，特别是在社会主义之前的社会中，二者往往形成极大的反差。譬如在资本主义社会，人们驾驭自然的必然性随着生产力及科技的巨大发展越来越发展，人摆脱自然必然性的束缚而获得的自由就越来越多；但在历史领域却越来越受异己力量的奴役，人对自然界的每一次新胜利都转化为了奴役人的新手段。如果停留于对必然与自由关系的一般化理解，就

---

① 普列汉诺夫：《论一元论历史观之发展》，生活·读书·新知三联书店1961年版，第91页。

不能揭示历史领域自由的特殊性，对自由的认识就是不彻底的。人在历史领域的自由是人成为自己社会关系的主人，而在自然领域的自由及其实现程度也取决于社会关系的状况。人的自由不是一种个体存在状态而是一种社会存在状态，当人受物支配、被物化的社会关系支配时，就停留于必然王国的社会状态下，而当人摆脱了物化或者异化而能支配自己的社会关系时，人就停留于自由王国中。关于自由实现的道路，马克思认为是克服物化或者异化，在形式上拥有、支配客体，从中获得支配权和使用权，本质上要达到人的自我拥有。马克思阐述道："同样，对私有财产的积极的扬弃，就是说，为了人并且通过人对人的本质和人的生命、对象性的人和人的产品的感性的占有，不应当仅仅被理解为直接的、片面的享受，不应当仅仅被理解为占有、拥有"。① 为此，要实现人的自由，就要消除异化。在资本主义社会，异化主要表现在：人的活动结果是以外在的形式存在的，虽然具有表面上的独立性，却作为一种客观力量制约着人的活动，甚至与人的主观意志相对立并驱使人偏离自己的目的。只要社会还处在自发地形成之中，还处在私人利益和公共利益的矛盾之中，人们还为了自己的一己之私而不断争夺，人人只有"一人之我"而没有"群体之我"；而且，只要社会还处在雇佣劳动与资本逻辑的支配下，自由只能是一句空话，"最后，分工立即给我们提供了第一个例证，说明只要人们还处在自然形成的社会中，就是说，只要特殊利益和共同利益之间还有分裂，也就是说，只要分工还不是出于自愿，而是自然形成的，那么人本身的活动对人来说就成为一种异己的、同他对立的力量，这种力量压迫着人，而不是人驾驭着这种力量。"② 异化是主体活动的产物，是实践结果的消极方面。人在异化中丧失的不是人的自然规定而是人的自我规定。异化产生的根源在于资本主义的生产方式，消除异化劳动的社会就是共产主义社会。因为，在资本主义社会中，生产的社会化使得人们之间的联系大大加强，而生产资料的私人占有却使得人们无法驾驭这种异质性的社会关系，并反过来受制于它，整个社会充斥

① 《马克思恩格斯文集》（第 1 卷），人民出版社 2009 年版，第 189 页。
② 《马克思恩格斯选集》（第 1 卷），人民出版社 2012 年版，第 165 页。

着为生存而进行的疯狂斗争。唯有消灭资本主义私有制，实现生产资料的社会占有，整个社会的无政府状态将消除，一切均在人的自觉管控之中。"无产阶级将取得国家政权，并且首先把生产资料变为国家财产。"① 为生产力的迅速发展创造条件；克服社会的无政府状态，社会生产将为有组织有计划的生产所代替；"通过社会化生产，不仅可能保证一切社会成员有富足的和一天比一天充裕的物质生活，而且还可能保证他们的体力和智力获得充分的自由的发展和运用，这种可能性现在第一次出现了，但它确实是出现了。"② 由于阶级和阶级差别的消灭，当国家由对人的管理变成对物的管理，国家真正成为整个社会的代表时，它就将使自己变成多余的东西，因而国家不是"被废除"的，它是自行消亡的，唯有在阶级国家真正消亡后，"人们才完全自觉地自己创造自己的历史"，人们才能在联合起来的意义上，使得社会全面发展朝向人的全面发展。马克思预测道，"事实上，自由王国只是在由必需和外在目的规定要做的劳动终止的地方才开始；因而按照事物的本性来说，它存在于真正物质生产领域的彼岸。"③ 只有"在这个必然王国的彼岸，作为目的本身的人类能力的发展，真正的自由王国，就开始了。"④ 物质生产领域是必然王国，它的彼岸则是自由王国，在那里，时空分为自然时空与社会时空，社会时空以自然时空为基础并通过实践活动而形成，与自然时空相对稳定不同，社会时空随着实践活动的发展而变化很大。社会时空在实践活动中可以相互转化：社会快速发展、人自由支配的时间日益增多，这就使得知识进步、科技创新的进程加快，这就为发展生产力、发展先进文明开辟了广阔空间；反过来，社会活动领域的开放与扩展、促进了人的交往的普遍化和社会关系发展全面化，加快了社会发展步伐、减少了发展所需要的时间。这就是时空互化即时间的空间化与空间的时间化。马克思认识到时间在人的发展中的作用十分突出，"时间实际上是人

① 《马克思恩格斯文集》（第3卷），人民出版社2009年版，第561页。
② 《马克思恩格斯文集》（第3卷），人民出版社2009年版，第563—564页。
③ 《马克思恩格斯全集》（第25卷），人民出版社1974年版，第926页。
④ 《马克思恩格斯全集》（第25卷），人民出版社1974年版，第927页。

的积极存在，它不仅是人的生命的尺度，而且是人的发展的空间"，①而且，"劳动时间本身只是作为主体存在着，只是以活动的形式存在着"。②自由时间的扩大对人的自由全面发展具有决定性的意义，换言之，人的全面发展实际上就是这种在社会意义上的全面发展，"整个人类的发展，就其超出对人的自然存在直接需要的发展来说，无非是对这种自由时间的运用，并且整个人类发展的前提就是把这种自由时间的运用作为必要的基础。"③

第三节　实现全面发展是人的最高信仰

一　人全面发展所彰显的信仰之美

理想与信仰是推动人们前进的强大精神动力，社会发展和人的全面发展不能没有理想与信仰。理想与信仰是马克思主义人学的思想主题与价值原则，在其人民主体性的思想设计中包含着对科学、真理、崇高的追求，也包含着对自由、平等、正义的呼唤。正是由于它反映了这种一切为了人民、一切依靠人民的崇高与伟大、理想与信念，它才能通过对理想的呼唤、对爱的表达、对美的诉求来赢得并见重于人民群众，成为直达人民心灵深处的"真力量"与"硬支撑"。正如辛世俊所说，"实现物质财富极大丰富、人民精神境界极大提高、每个人自由而全面发展的共产主义社会，是马克思主义最崇高的社会理想"。④马克思把完成人类解放的事业看成是共产主义事业，认为"完成这一解放世界的事业，是现代无产阶级的历史使命"，⑤也是作为无产阶级思想体系的马克思人的全面发展理论的历史使命。相比之下，唯心主义思想是精致的宗教，而宗教是粗浅的唯心主义，其对人终极的悲剧宿命的关切都毫无例外地通向了"万能的神"。这样，宗教信仰寻求理性的理解与支持，而理性也需要借助上帝的神圣灵光来

---

① 《马克思恩格斯全集》（第47卷），人民出版社1979年版，第532页。
② 《马克思恩格斯文集》（第8卷），人民出版社2009年版，第65页。
③ 《马克思恩格斯全集》（第47卷），人民出版社1979年版，第216页。
④ 辛世俊：《马克思主义人学中国化新探》，人民出版社2013年版，第61页。
⑤ 《马克思恩格斯文集》（第3卷），人民出版社2009年版，第566页。

"神道设教"，二者一拍即合、相互为用。唯心主义哲学说到底"并不能给人以希望、信心和力量，只会使人陷入宗教信仰主义"。[①] 我们看到了马克思人学与宗教信仰的差别，"黑格尔是以'自我意识'的历程来统一一切，包括哲学与宗教，而马克思却利用'自我意识'来分裂这种同一关系，或者说，是利用'自我意识'的方式达到哲学高于宗教、人高于神、理性高于信仰的目的"。[②] 的确，马克思人的全面发展理论不是宗教，它不能够给我们提供宗教般的心灵慰藉与朝圣情怀，但是，马克思人的全面发展理论中有没有信仰向度，若存在对信仰问题的关注，那它是否贯穿于其人学思想发展的全程？马克思的"哲学不是宗教，为什么它能够给人以信仰？"[③] 马克思人的全面发展理论之所以是一种彰显信仰之美、崇高之美的大众哲学，根本原因在于它以科学的世界观与方法论，不仅给人以思辨的启迪而且给人存在的力量与勇气，不仅给人以智慧的眼光、思美的感染而且能够给人以信仰的召唤、终极的关切，在向实践开放、向未来筹划中凝聚成了共同的精神支撑、构筑了共同的精神家园。这种在人类社会理想上的同频共振，主导了内化为观念外化为行动的终极愿景与自觉行动，表明其对未来美好社会的构想、对人自由全面发展的渴望，既是人类社会共同的精神依托与情感归属，也是我们中华民族追梦祈福的热切期盼与家国情怀。

马克思关于人的发展理论是否蕴含信仰的问题，学界曾经有过一些讨论，有人附和西方后现代主义哲学的口吻而持否定立场，认为马克思人的全面发展理论不符合中国人民的生活逻辑，不能提供通往神圣性领域的信仰祈求，故而不能成长为人民生活的至极性存在，只能成为"社会政治集团利益的根本体现"及其"政治性价值之彰显"的虚假意识。[④] 有人主张马克思人的全面发展理论是一种来自西方的纯粹的理性思辨，早已远离了中国社会改革的特定现实，因而只能作

---

① 魏金声：《人本主义与存在主义研究》，人民出版社 2014 年版，第 115 页。
② 李志：《马克思的个人概念》，人民出版社 2014 年版，第 63 页。
③ 洪晓楠：《哲学通论十五讲》，人民出版社 2012 年版，第 49 页。
④ 孙民：《政治哲学视域中的"意识形态领导权"：从葛兰西到拉克劳·墨菲》，人民出版社 2012 年版，第 2 页。

为一种空想的"学说"而象征性地存在，根本不能成为一种生活信仰，不可能依凭其思想的深度启示于人，它在人民生活和心目中只是作为一种外在的政治标签而存活，"它确实是一种世俗的信仰，它不是真信仰"，因为它根本不关心人的发展问题。① 还有人依据西方马克思主义者的口吻，认为"马克思主义终结了"，它所主导的社会主义实践已经全面失败，中国的红旗也打不了多久了，不可能再成为现当代人民生活的信仰体系而安身立命、护持精神家园，人内心深处原有的崇高信仰已坍塌，受信仰支配的人文价值理性也泯灭了。② 某些人甚至论证说，"马克思主义已经不只是'幽灵'，而是'洪水猛兽'了"，它即便是有些道理，也是"有理说不出，或者说了传不开"，更用不着指望它能实现信仰融入、自觉内化、入耳入心并成为集体认同的社会公意了，人的全面自由发展理论在马克思思想体系中因转化为纯粹的乌托邦而风光不再了。③

对于这些观点，更多抱有良知的学者根本不予苟同且持严厉批评立场。譬如，有人认为对政治生活抱有一种信仰完全是人的一种天性或禀性，人不可能成为一种无信仰的社会动物。但信仰的形式多种多样，并非仅有宗教崇拜一种，马克思人的全面发展理论就是"工人阶级的圣经"④、共产党人的信仰。"选择正确的信仰，是树立科学信仰和科学无神论宗教观的前提"，⑤ 今天的中国人民更需要坚定马克思主义信仰、树立科学无神论的宗教观，这就是一种充满科学情愫的生活信仰，而且是中国人民主流与主导的科学的、大众的、民族的信仰模式。有人强调马克思人的全面发展理论之所以是一种蕴含信仰之美的生活理想，恰恰就在于它"作为人的本性之所在，能够为人类生活建立一种信仰，以之为精神的归宿"，⑥ 就能够为人民建立一个信仰

---

① 邓晓芒：《中西文化心理比较讲演录》，人民出版社 2013 年版，第 98 页。
② 中共中央宣传部理论局：《六个"为什么"——对几个重大问题的回答》，学习出版社 2009 年版，第 3 页。
③ 严书翰：《加强我国哲学社会科学话语体系建设的几个重要问题》，《党的文献》2014 年第 6 期，第 71—76 页。
④ 《马克思恩格斯文集》（第 5 卷），人民出版社 2009 年版，第 34 页。
⑤ 李士菊：《马克思主义科学无神论的当代阐释》，人民出版社 2006 年版，第 392 页。
⑥ 韩秋红：《西方哲学的人文精神》，人民出版社 2010 年版，第 265 页。

体系与精神家园。而且，马克思人的全面发展理论恰恰也是建基于对社会发展普遍规律的科学认识而得出的具有历史必然性的未来图景，它能够向生活敞开、向实践开放、向未来筹划、向理想放飞。故而，马克思在实践基础上所构建的人的全面发展理论，既是对人类现实生活的关注也是对未来理想社会的向往，这种将科学真理、生活实践与理想信仰统一起来的信念价值系统，能够汇聚成一股前所未有的强大的信仰力量，锻造出一种走进群众、内化于心、外践于行的共同理想与坚信态度。可见，马克思人的全面发展理论"这种信仰当然不是非理性的信仰，而是理性的哲学信仰"。①

　　人的全面发展理论作为科学理想是人们的现实需求与未来期盼的集中表达，是激励和推动人们创造美好生活、实现追梦祈福的巨大力量，也是一种必要的责任意识与使命精神。这种以科学理论为支撑的伟大理想，一旦被广大人民所掌握并内化为他们坚定不移和身体力行的内在动力与奋斗目标，就会成为一种集知、情、意为一身，集世界观、人生观、价值观为一体的坚定信念与精神力量。马克思人的全面发展理论就是这样一种稳定与持久地对中国人民发挥思想指引作用的共同信念，它在逐步实现深度中国化、时代化、大众化的过程中，不断生成贴近当代中国发展实际、代表先进文化前进方向、符合广大人民根本利益的最新理论成果——中国特色社会主义理论体系和社会主义核心价值体系，这早已成为我们社会主义现代化建设与中华民族伟大复兴之追梦期盼、内在灵魂与信念体系。② 由于马克思人的全面发展理论深刻揭示了人类社会发展规律，特别是正确阐明了中国人民建设与发展社会主义现代化强国的理想目标，故而凝练与升华为指导与推动社会全面进步、实现科学发展、创造美好生活的基本信仰。人的全面发展理论蕴含了中国人民追梦祈福的信仰之美，这是一种把科学、理想与信念有机统一起来的共同的时代信念和生活信念，也是中华民族实现伟大复兴之中国梦的民族期盼和共同诉求。③

---

　　① 张汝伦：《二十一世纪德国哲学》，人民出版社 2008 年版，第 490 页。
　　② 郑永扣：《信仰与马克思主义哲学》，《中州学刊》2008 年第 1 期，第 168—170 页。
　　③ 荆学民：《马克思主义信仰学的科学视野》，《马克思主义研究》2009 年第 1 期，第 81—87 页。

为深入剖析马克思人的全面发展理论与人民信仰的内在关系，下面笔者从马克思人的全面发展理论是彰显生活之美的大众哲学、是充满崇高之美的自觉信仰、是充满理想之美的现实关怀、是充满智慧之美的时代担当等几个方面入手，强调马克思人的全面发展理论不仅存在信仰之维，而且蕴含一种信仰之美。马克思人的全面发展理论的这种信仰之维，不仅表现在它基于对现代资本逻辑的批判解构和对未来美好社会的构想上，而且还表现在它基于对人的异化的扬弃和对人的自由全面发展的理想性诉求上。这表明，它既是人类社会共同的精神依托与情感归属，也是我们渴望实现中华民族伟大复兴中国梦的热切期盼。马克思人的全面发展理论早已赢得了人民大众对它的自觉信仰、普遍理解与广泛支持，而马克思人的发展理论也会积极发挥其信仰争夺的理性能力，为人民大众建立一种精神归宿、夯实一种科学的信仰力量。正如有的论者所指出的那样，马克思人的全面发展理论本身"就蕴含着一种迄今为止尚未引起足够重视的生存论结构"、至极性期望、崇高性勾勒，[①] 唯有回归中国社会变革这种实践生活之内在本源处，才能看到马克思人的全面发展理论之于当代中国信仰建设的精神价值与强大动能。

二　人全面发展所显现的生活之美

马克思人的全面发展理论中蕴含一种信仰之维，首先取决于它的大众品格、人民立场。这集中表现在，马克思实践唯物主义人学，是一种彰显信仰之美、崇高之美、理性之美、生活之美的大众哲学。作为一种真正的生活哲学、现实性的人民哲学，它实质上是一种生活美学，它能让人过一种有信仰、有灵魂的生活，是那种能够贴近人民大众之生活真情、讲好普通百姓日常琐事的哲学，它传达的是人民生活中的大道理，是人民基本生活领域中的"真的事实"与"铁的规律"的理性显现，它能够"弘扬中国精神、凝聚中国力量"。[②] 它刻意要

---

① 刘卓：《历史唯物主义新形态的探索：卢卡奇社会存在本体论研究》，人民出版社2006年版，第137页。

② 中宣部：《习近平总书记系列重要讲话读本》，人民出版社2016年版，第10页。

时时处处为民书写、为民抒情、为民抒怀、为民立命，并通过自己的理性推演与事实描绘，让人民明白做人的骨气与底气，洗涤其灵魂、激励其意志、升华其灵性、共圆其梦想。这种畅达民意、为民请命、安民保民的人学，既要有对远大理想的憧憬与信仰，更要有对百姓生活的呵护与关注，既要通过个人的独特体验以品鉴人生真味，又要谱写人民大众建设美丽家园的追梦豪气。要写就这种哲学，哲人们就要下含英咀华、焚膏继晷的真功夫，就要对党和人民的政治生活积极谋划，努力为人民群众的生活情义而讴歌、为党和国家的事业常盛而颂扬。这种蕴含信仰之美的人学，需要把微型叙事与宏伟叙事结合得天衣无缝，换言之，须从政治角度或意识形态视角分析问题、理解问题与解答问题，将其重大的政治蕴含及社会变革的先导功能，淋漓尽致地宣示出来，旨在凸显人的发展理论发生与发展的政治生态、政治背景、政治内容与政治使命。而如果谁把马克思人的发展理论的写作视作可以疏远人民生活的零度表达，那他就不懂得生活与哲理能够实现相互生成的道理，也就不会通过美的塑造、美的融入而将马克思人的发展理论的信仰诠释到时代文明的逻辑深层，就"没有真正进入同时代人的灵魂，没有积极自觉地为民众的现实苦难提供'心灵引导'，没有成为人民的精髓，患'现实冷漠症'"。①

马克思人的全面发展理论所贴近的人民生活，并非指那种支离破碎、饾饤枝节的伦常之事或者爱恨情仇，而是指社会大变革所主导的政治叙事、政治生活与政治激情。如果一味强调人的发展理论研究的去政治化和回归哲学本身，硬是切断哲学与政治的脐带，远离宏大而火热的政治生活，恰恰就会失去哲学的固有真义、内在蕴含的信仰真谛。有人说，"哲学就是哲学"，或者说，"哲学只能是哲学"，而不能兼学别样、沦为他者。一般地说，这并不错。而且哲学研究也需要彰显自己的本体性与本己性，哲学毕竟有自己发展的独特规律，哲学研究不能"种了别人的地而荒了自家的田"，所以让哲学说人民心窝里的话，也须具有哲学特定的表达风格与出场样态，即使有些抽象玄远，也实属情理之中，原本无可厚非。但，马克思哲学中的人的全面

---

① 任平：《当代视野中的马克思主义哲学》，人民出版社 2010 年版，第 1075 页。

发展理论并非哲学家的私情宣泄或窃窃私语，亦非自由主义、消遣主义的随意涂鸦，马克思人的全面发展理论是投射到人民生活园地里的信仰之维，是人民生活中最精致、最珍贵的思想光华，是时代精神的精华与人民生活的"活的灵魂"。"信仰是人对自己和社会未来的期许，是人安身立命的终极关怀，是对描述未来生活的一种思想、理论和行为模式的信赖。"① 如果马克思人的全面发展的理论研究，脱离了对信仰的祈求和对政治的牵挂而变成所谓的纯粹哲学，或者蜗居书斋，甘愿做耳食之徒；或者隔岸观火，站一边冷眼旁观，害怕时代改革的烈火烧着自己的手指头，对时代变革的社会实践缺乏参与热情，这种象牙塔式的孤岛写作与语义空场，倒是保持了一种可贵的高调姿态。然而，却实实在在地抹煞了人学真正的政治面相与信仰之美，这就会阉割人学的思想灵魂、掏空它的信仰蕴含，使之成为一种纯粹的概念堆砌或逻辑谜题，就会对它造成严重的意义遮蔽，失去借重大的政治效应以照亮哲学真义的壮美场域。

当然，马克思人的全面发展理论研究不能成为政治的传声筒、晴雨表与前哨站，不能仅仅依据政治讲哲学，把哲学讲成政治，或者变成政治的一种干瘪工具，那种跟风跑的风派哲学、时事评论式的哲学、婢女式的哲学，作为一种跳蚤式的小丑哲学，早已迷头认影、沦为他者。历史上，哲学沦为准政治的悲剧，曾经给人民生活带来无穷祸害，这种历史教训太沉重了，我们一定要汲取。显然，马克思彰显蕴含的人的全面发展理论与那种一味背离主流、贬低经典、颠覆历史、解构文化的小众化写作，不仅大相径庭，而且存在实质差别，形成强烈反差。小众化的哲学书写，关怀的总是哲学家个人的旨趣，只是"欢乐着自己的欢乐、忧患着自己的忧患"的某种旁白或自白，它取不到生活的真经、触不到时代的脉搏、激不活人民的热望，囿于私人话语间、拘于个人志趣里，总是咀嚼个人身边的小悲欢，惦念生活万象的小体悟，忘记了一切大思路、大方向、大叙事、大布局。有些非理性的哲学，虽然能够一时触摸到人们心灵深处最难以忍受的

---

① 刘建荣：《马克思主义信仰的精神实质》，《哲学研究》2013 年第 1 期，第 21—24 页。

痛，但仍然不免要蜕变为自娱自乐的清供、自说自话的魔怔，根本原因在于它究问于杯水微澜、细小节点，执着于风尘往事、文化碎片，最后势必演变成为一种无根的浮萍、一阵空穴来风，或者衰变成媚俗或低俗的无病呻吟、玩弄文字游戏的造作之情。相反，马克思人的全面发展理论要求我们要"透过许多新奇的诡辩言词和学究气十足的烦琐语句"，① 不是把哲学变成某种独立的精神王国，而是将之在生活实践中予以实现，它赖以生存与发展的根本动因就在于为无产阶级和全人类的彻底解放服务。哲学家们唯有自觉意识到这一神圣的历史使命，并通过一系列的哲学推断为之作出深刻的哲学论证，从而才能使马克思人的全面发展理论成为诠释在人民生活与社会心理之理性深层的信念价值体系。马克思指出，那些与现实生活渐行渐远的纯粹哲学家所研究的所谓"历史的臆想、模糊的空想和故意的虚构"，② 早已被理性的神秘烟雾所遮盖，思辨家无论如何对之进行何种无根性的嫁接和天花乱坠的修饰，都不能改变其龌龊而陈旧的怪诞之思、放荡而轻蔑的陈腐之词。

在我们的理论界，曾经存在过一味服膺西方现当代哲人之思的倾向，叹服其理路之新颖、语义之乖巧、表达之高妙，而忽视了内涵之不足、思想之局限、价值之缺失。在其人的发展观中透露出浓重的非理性主义和神秘主义的色调：在人与物的关系上，反对物化而复归自然；在人与人关系上，排斥社会而主张独化；在人与己的关系上，反对他者化而张扬自我；在理性与非理性（个体生命体验内部）关系上，排斥理性而倡导感悟。这种所谓时髦的思想，只能满足那些习惯性无助并受压抑的弱势群体情绪宣泄的需要，却不能给人民大众提供走出精神迷思、人生迷雾的正确路径。它只是人们用以观察与思考人生问题时的一种符号或声音，根本不代表真理，也不会使人生真义获得什么全面性的敞开。③ 只在形式上哗众取宠而搁置了思想，不可能行之久远；一味在词句上用力打磨而放逐了理想，也不会启迪后人。

① 《列宁全集》（第 2 卷），人民出版社 2012 年版，第 227 页。
② 《马克思恩格斯全集》（第 1 卷），人民出版社 1995 年版，第 238 页。
③ 朱荣英：《西方哲学的语言学转向及其生存意境》，《河南大学学报》2003 年第 1 期，第 48—51 页。《新华文摘》2003 年第 6 期转载。

三　人全面发展所体现的崇高之美

马克思人的全面发展理论中蕴含一种信仰之维，其次取决于它是人民的一种自觉信仰。这主要表现在它是社会变革的先导、时代前进的号角，最能代表一个时代的精神风貌与政治情操。在马克思看来，当资产阶级把自己的一己之私说成是全社会普遍利益的时候起，"政治制度到现在为止一直是宗教的领域，是人民生活的宗教，是同人民生活现实性的人间存在相对立的人民生活普遍性的上天"，因而"就现代的意思讲来，政治生活就是人民生活的经院哲学"。① 与这种麻醉人民心灵的资产阶级哲学相反，马克思人的全面发展理论才真正是人民生活中的自觉信仰，要为人民而书写、为人民而表达。反映人民的心声，代表人民的愿望，坚持为民的方向，捍卫人民的利益，这是决定马克思人的全面发展理论有否及有何生命力的关键所在，也是它之所以能够历经万世而不灭、流芳百世而不夭的关键所在。马克思人的全面发展理论要把服务人民、为民立言、为民请命作为自己的立论依据与思想主题，而不能在花花世界中迷失方向，在人民立场这样的显然大是大非问题上栽跟头，就要以自己深沉的理性之美、信仰之美，铁肩担道义、妙手著华章，赢得并见重于人民生活及其社会变革。为此，马克思人的全面发展理论要有亲和力、要接地气，要通俗化、大众化，而不能枯萎于枝头、堕落于纯洁，但，绝不能因此而走向了低俗化、媚俗化。② 须知，欲望不能代表希望，恶俗更算不上格调。真正为民而写的人学，不能成为道学先生或者冬烘先生的掉书袋，不能成为寻章摘句的"老雕虫"和如坠烟雾的"茫然汉"，不能只在小圈子里秘密传递，不能成为江湖行话或者地方俚语；真正为民而说的学问，也不是那种借他人之酒杯、浇自己心头之块垒的东西。纯粹的个人牢骚、哀叹幽怨，很难说内聚什么真性情的信仰美德与高大上的政治形象，人学的内在魅力就会被纯粹个人的一腔幽怨所消

---

① 《马克思恩格斯全集》（第 1 卷），人民出版社 1956 年版，第 285 页。
② 徐俊：《马克思主义信仰中国化论析》，《马克思主义研究》2011 年第 2 期，第 113—119 页。

解，人的发展理论蕴含的信仰之美、社会良知与道德力量，就会成为明日黄花、风光不再。

唯有以人民群众的现实生活与幸福期待作为源头活水，透彻其思想语义所从何来，就不会感到眩惑；洞察其生活缘由何兴起，则不会迷惘；马克思人的全面发展理论唯有随着实践与时代的变化而变化，为人民利益的日益发展而谋略，做到登峰而造极、会当凌绝顶，才能破除迷思、断然澄净，启智明心、跃入信仰。正如黑格尔在一封致友人的信中所说，如果理论一旦学会了说人民生活中的家常话，它就会成为人民自觉接受的公共信仰、精神依托、价值基础与文化基质，那么旧思想秩序中的"那些平庸的思想就永远也难于在语言上貌似深奥了"。此时，就人的全面发展理论真的成为了众人的信仰、每个人的圣经、生活的信条。①

理论家要写就无愧于我们这个伟大民族、伟大时代的上乘美文，就要做到思想精深、理念精湛、操作精良，通过更多有风骨、有品位、有温度的理论作品，及时记录人民的伟大实践，正确报道时代的进步要求。以服务人民作为自己最高信仰的马克思人的全面发展理论，就要彰显内在的信仰之美、弘扬改革的崇高之美，为社会主义历史存正气，为广大人民群众聚力量。马克思强调说，理论不能只是中看不中用的绣花枕头，它"不仅从内部即就其内容来说，而且从外部即就其表现来说，都要和自己时代的现实世界接触并相互作用"。②唯有诉诸变革社会的无产阶级实践，才能为广大人民所接受、所掌握、所信仰的科学真理，成为"使现存世界革命化，实际地反对并改变现存的事物"的现时代的新原理。恩格斯在《关于共产主义者同盟的历史》一文中认为，"我们决不想把新的科学成就写成厚厚的书，只向'学术'界吐露。正相反，我们两人已经深入到政治运动中；我们已经在知识分子中间，特别是在德国西部的知识分子中间获得一些人的拥护，并且同有组织的无产阶级建立了广泛联系。我们有义务科学地论证我们的观点，但是，对我们来说同样重要的是：争取

---

① 苗力田：《黑格尔通信百封》，上海人民出版社 1981 年版，第 202 页。
② 《马克思恩格斯全集》（第 1 卷），人民出版社 1956 年版，第 121 页。

欧洲无产阶级，首先是争取德国无产阶级拥护我们的信念。我们明确了这一点以后，就立即着手工作了"。① 集理论家与革命家于一身的伟大导师，才能传达并激发出人民大众求得自我解放的信仰力量，他们绝不教条式地预想未来，而只是在批判旧世界中发现新世界，将人民崇高信仰的自觉诉求与理想愿望，普写在人民大众自我奋斗的生活实践中。

　　真正心系人民的理论家，要有一种"谁道桑榆晚""白衣怀丹心"的报国之志，虚心向人民生活学习，向社会变革的文本或者源头学习，真切从人民实践中找资源、找灵感，不断进行美的发现、美的融入和美的创造，不断进行理论总结、理性提炼与思想升华，始终把一种政治激情与信仰之美倾注在笔端，讴歌伟大实践，刻画最美时代，坚定美好憧憬，引领中国未来。马克思人的全面发展理论作为一种蕴含信仰之美的人民哲学，犹如蓝天上的阳光、春季里的清风一样，能启迪思想、温润心灵、陶冶性情、润物无声，能一扫颓废萎靡之歪风，能鼓舞开拓进取之正气，能让人经受改革的洗礼而怦然心动，能深入到灵魂深处去运思、深入到信仰层面去期盼，故而能源源不断地发现自然之美、生活之美、心灵之美、理想之美。马克思人的全面发展理论立足当前我国社会转型的政治背景，将信仰之美纳入人民生活视域中予以贯彻，通过对深化改革这一现实基础的敏锐揭示和系统论证，藉此探寻出哲学的生活本质、存在语义、人生渴求、信仰威力。复归人民生活本源的人的全面发展理论，必然大发展于人民生活当中，这是马克思人学能够实现深度中国化的逻辑起点和实践依据。马克思人的全面发展理论所说的生活世界是人民大众生命存活的世界，是中国人民在改革开放伟大实践中求得意义和创造价值的世界。"科学活动与理想信仰统一于人的实践，是马克思历史唯物主义有关世界是普遍联系与发展观点的运用和体现"。② 从人学角度对人的全面发展及其生活基础进行系统地反思与追问，突破甘愿蜗居书斋

---

① 《马克思恩格斯选集》（第4卷），人民出版社2012年版，第203页。
② 陈天林：《马克思主义视域中科学与信仰的统一》，《马克思主义与现实》2013年第4期，第54—58页。

的思考方式，把眼光投向更高更远的宏大时空，让哲学信仰向未来开放，这是马克思人的全面发展理论作为当代中国政治变革的最高层面的理性之思，是中国政治实践逻辑内化的思维结晶，它深层地表征了中国政治实践活动的理论自信与理性自觉。

马克思人的全面发展理论中蕴含一种信仰之美，还取决于它把握生活世界的实践方式上。哲学对生活世界的把握方式有两种，一种是对物质活动所构成的现实性领域的实践把握，一种则是对符合世界所构成的可能性领域的实践把握。这两种实践把握，由于都超越了对象性之现实领域的种种羁绊，因而能为自己的存在与发展打开一个多种可能的空间，使自己从只拥有一个现实世界之自然情怀中挣脱出来，而能够使自己拥有一个充满理想与憧憬的、灵空飞动的信仰世界。①人的物质生活和精神生活从此也不再像自然境界中的人那样，终日劳顿而不知止息，四处漂泊而忘却归路。人不再只是作为现实世界中的直接性存在环节而苟且偷安，相反，而能有意识地把自己的现实生活同可能性的世界相联系，把自己的现实生活世界置于多种可能空间的背景下予以观照。这样，人自身的现实生活便具有了一种非当下直接的存在意义，而是自我开辟了一种成就理想的信仰领域、彼岸世界。在人的全面发展理论的这种信仰之美的启示与感召下，人知道了当下的现实生活并非唯一的可能生活，当下自身的存在境遇也并非唯一的意义世界，而只是现实了的多种可能中的一种、多种意义生成中的一种。于是，人也就知道了，在现实的生活世界所蕴含的多种可能方案之中，主动选择一种他所视为最善最美的世界作为自己的理想世界，并通过自己的辛勤劳作来使之美梦成真，此时直接的现实存在和事实世界，也就获得了一种灵性的升华和意义的穿越。②人在自己的当下存在境遇中，就获得了一种能够影响到自己未来理想目标之实现与否及如何实现的信仰力量。可见，人借助人的全面发展理论所把握和领悟到的可能性世界，是一种充满信仰之美的价值世界，人以此就可以

---

① 段栋峡：《批判与重建：价值迷失与信仰回归——历史唯物主义的再认识与辩证法的启蒙》，《江汉论坛》2012年第1期，第81—85页。

② 黄明理：《辩证维度中的马克思主义信仰》，《河南大学学报》2009年第3期，第16—19页。

在自己的现实生活所蕴含的多种可能性的范围内，经过自觉的选择而拟设出一种美好的理想图景，并在这种理想力、信仰力的激励和指引下，使自己超凡脱俗并获得本真生存。

当然，人的全面发展理论作为人的终极的精神向往，它可以超越事实性的当下存在，却无论如何不能脱离自己生活于其中的现实境遇。相反，人只有在自己的生存需要获得基本保障后才谈得上信仰需求，这样，人必然要使自己的理想信仰在某种程度上服从于物质生活，从属于当下存在之实际利益的施予和争夺。回归现实性的生活世界，既是人的全面发展理论获得超越性本质的物质前提，又内在制约并决定着它的信仰之维的目标及其实现方式。人的发展理论所蕴含的理想与信仰，根本不在什么天城或彼岸，而就在世俗的人间，人的全面发展理论根本没有纯粹存在的可能，纯净如水而不受任何物质牵挂的人学根本就不存在，它不可能像随风飘舞的杨花一样，高高盘旋于空中而不谙世事。人的发展理论对社会实践具有高度的依赖性，对于物质交往和精神交往具有高度的依存性，它本身就是社会实践与社会交往的产物，并通过社会实践与社会交往而存在。正是在这种交往中才获得了多种意义的融合与凝聚，并以此而不断创造出新的意义世界来。

马克思人的全面发展理论就是这样一种实践唯物主义的人学，它的全部问题在于破除旧世界而为新世界阐发新原理，它是一种既为当下存在，并仅仅因此而为时代和未来存在的信仰体系，它是一种人民的信仰、生活的宗教。它排除了生活场域中的自发的、朴素的、零散的、地域的等等一切可能导致自相矛盾的东西，而成为一种自觉捍卫人民根本利益的信仰体系与价值形态，并从总体上论证人民生活的正当性与合理性。这种蕴含信仰之美的人学，作为时代精神的基质、时代脉搏的载体、人类智慧的升华，能够以系统化理论化的世界观与方法论，真正给人"以智慧的启迪、思美的感染与信仰的召唤"，① 真正教导人们更有智慧、更富理想地处理和驾驭人与世界的各种关系。

---

① 张秀勤：《批判式信仰：马克思主义信仰方式论析》，《探索》2014 年第 2 期，第168—172 页。

这种充满信仰之美的人学，能将各种精神因子有序地建构起来，并使之按照特定的逻辑程序协调地发挥追梦完美、引人上路的作用，使人不论自觉与否总是按照它指引的道路前行；它能够在灵魂深处成就人、成全人，不断更新、开拓与激活人的精神空间，使自己成为一个具有内在富足的、充满理想信念的人，一个脱离了低级趣味的高尚的人和纯粹的人。马克思人的全面发展理论早已渗透于社会生活的方方面面，在当代精神世界中处于统摄与引领的地位，对于每个人的心智生活都极具影响并发生内在撼动，为人们提供了思想信念之基与主导精神之魂。"理想信念，是一个政党治国理政的旗帜，是一个民族奋力前行的向导"。① 随着改革开放的深入进行，势必催生了多元价值、多元意识、多元思想，在其互相撞击、竞相发展中，更需要以马克思人的发展理论来构造各个阶层都普遍认可和广泛接受的信念共识，这样才能有效凝聚各种智慧力量，筑牢人民共同奋斗的思想之基与信仰之维，通过对当代人民生活的理性提升与信念牵挂，使马克思人的发展理论始终贯穿于现实的社会实践中，成为人民自觉的理想追求与信仰祈愿。既然"历史上的活动与思想都是'群众'的思想和活动"，而且"历史活动是群众的事业，随着历史活动的深入，必将是群众队伍的扩大"。② 那么，马克思人的全面发展理论创新发展的事业，也当然只能是人民群众自己的事业，在人民生活中原本就蕴藏着马克思人学可资借鉴的最生动、最丰富、最基本的精神因子，这是它取之不尽、用之不竭的唯一源泉。若离开人民生活的社会实践，任何理论家的创造活动都将成为一种无源之水、无本之木，反过来，若马克思人的全面发展理论丧失了人民群众的积极响应、共同认可、自觉践行与真诚信仰，就会演变成为一种无疗效的药、一道多余的手续、一种新的精神桎梏。马克思人的全面发展理论要成为"萦回于人们头脑中的传统"、社会发展不可或缺的内在要素、引领时代前进的精神变量、社会主义的共同信仰，就必须成为人民喜闻乐见、活学活用的大众哲学、生活哲学。

---

① 《十六大以来重要文献选编》（中），中央文献出版社2006年版，第636页。
② 《马克思恩格斯全集》（第2卷），人民出版社1957年版，第103—104页。

四　人全面发展所实现的理想之美

马克思人的全面发展理论蕴含一种信仰之维，集中表现在它在文化层面具有一种时代担当意识。马克思人的全面发展理论宣示了一种理性信仰，这并非是一个随意概括出来的学术话语与政治标签，而是基于对现当代以来关于人的发展问题研究的繁荣发展的纵横观察与整体认同，表达了理论家们对当代马克思人的全面发展理论自觉开拓理性之外的信仰视域而获得自我建构的目标描述及情感愿景。这种兼具反思批判与集体认同的辩证理路，并非是一种改旗易帜、另起炉灶的极端方案，亦非是一种自我迷失、同流合污的妥协路线，相反，而是基于清醒冷静的理性考量、深思熟虑的创新冲动而对未来重新崛起的一种理性设计与信仰导向。在这种摒弃"西学东渐"思潮之负面影响而获得具有理性自信、文化自信的建构策略中，中国传统哲学的优秀资源被马克思人的全面发展理论辩证地予以汲取，而不再是"已陈之刍狗"[①]、"无味之鸡肋"。儒释道三教合流中所催生的一切文化宝典，不再成为被搁置、被嫌弃、被革除、被糟蹋的"拆烂污"或"客里空"，而是有望借助后马克思人的全面发展理论平台而在当代中国文化实践中重新植根、萌生枝条并获得茁壮生长。此时此刻，莘莘学子借机遁入象牙塔而从事皓首穷经式的义理研究，通过阐明微言大义、重建思想自我而走向未来，不是没有可能。但，这关键取决于它的理论操作能否及在何种意义上参与了革新时代的社会实践，能否及如何通过当代文化转型而促成信仰之维的生活化、大众化、时代化，能否及如何渗透并侵染当代马克思人的全面发展理论的逻辑深层与社会变迁的历史高端。

基于此，就要求当代学子能够学究天人、学思并进，反复思量、锐意创新。能像佛子那样具有"满船空载明月归"之空灵冲淡、悟透生命的出世情怀；能像儒子那样具有"箪食瓢饮""不改其乐"之孔颜乐处、怡然自得的入世精神；能像道家那样具有"万法由来本自闲"、"仰天大笑出门去"之魁岸洒落、生命风姿的超世境界。对马

---

① 张立文：《中国学术通史》（清史卷），人民出版社 2004 年版，第 544 页。

克思人的全面发展理论精义的阅读与诠释，不仅应经年累月地出入其中、尽究其义，而且应沦肌注浃髓、想见其为人；不仅应具宽恕广博之非凡气度、温文尔雅之淳厚性情，而且应具那种飘逸散落之豪放人格、含蓄淡远之释然胸襟。唯有带着活的灵魂去阅读、去运思、去践行、去品味，才能彻悟马克思人的全面发展理论之妙语、之真谛、之诗情、之画意，唯有对社会实践保持高度的参与热情、对日常生活保持积极的思入姿态，才能不止于旁观和欣赏、不止于复写与模仿，而在深度诠释与当下运用中发挥对生命的养育、作风的养成、品质的历练、境界的提升。若一味对之进行碎片化解读、肢解性引用、粘贴式搬运，就会因猎奇而盲其目、因轻慢而害其义，进而会戕害其文理、窒息其灵魂、腐朽其思想、使之成为一种词语堆砌的文字游戏、陈陈相因的沉渣泛起。若果如是，焉能将其信仰之美融入个人品质与家国意识，从而为往圣继绝学、为万世开新篇。

　　的确，步入当代学坛的任何一种人学研究，更不要说如何纯洁与提炼马克思人的全面发展理论的信仰之维了，都是在一种比较视域中进行的，非比较的、单一性的纯粹研究再也不可能了。若忽视中西马多元智慧的内在圆融、古今中西多元文化的实践融通，忽视对实践的依赖、对生活的引领，纯粹学院式的理论研究就会成为一种筚路蓝缕、独自沉吟，悲天悯人、怆然涕下的文化苦役。而再一味远离生活实践与大众需要，在一片故纸堆中找灵感，在饾饤枝节上寻出路，旨在恪守原意、自我尘封，就会使之僵死在自我复制的过程中，沉陷在一种崩溃性的文化保守主义旋涡中，人的全面发展理论的神圣性空间就会被直接性生活琐事所埋葬。① 诚如是，马克思人的全面发展理论的信仰建设就不会回归生命、思入生活，其信仰之美就会处在遮蔽状态，其尴尬处境犹如桑蚕之食叶，总满足于对细碎粉尘的浅吟低唱而忘记了文化发展的大格局；其文化功能犹如阳春之白雪，甘愿消解于清光之下而不留下任何痕迹，忘记了文化引领的大方向；其研究理路犹如凌空之山鹰，宁愿岩穴孤处而不食人间烟火，忘记了文以载道的担当意识；其文化策略犹如郁郁之黄花，宁可枝头抱香死而不接连地

---

　　① 张俊：《神圣空间与信仰》，《福建论坛》2010 年第 7 期，第 42—56 页。

气，而遗忘了最起码的生活情调；其文化影响犹如杯水之微澜，任从风云变幻起而我则无动于心，忽略了其参悟生命、文化传承的基本职责。诚如是，要实现马克思人的全面发展理论的繁荣发展、开拓进取，谈何容易！研习马克思人的全面发展理论，的确可以通过追步经典作家之风范，体会感悟其革命人生之壮丽，而获得精神愉悦、安顿魂灵，亦可通过抒发愤懑、畅怀心智而颐养性情、化解悲悯。在马克思人的发展理论研究中不仅可以通过浇平生之块垒、疏导他日之郁结而获得精神解放、洗涤灵魂，而且可以使人"提起一段精神"（即切实做人、不甘暴弃的精神）①、开发自我潜能、成就理想人格。若蝇营狗苟、身陷焦虑，整日劳顿、不知止息，心不能安、身不能宁，神不能静、命不能立，又焉能以革命情志、崇高信仰而弘实践真义、代大众立言？

若蜗居象牙塔而不愿染指红尘、参与生活，宁愿孤芳自赏、自我陶醉而绝不贴近大众、交通文明，这种拒绝大众理解的纯粹化研究方法，即使能够通达至高之境、开独造之域，又焉能掌握足够多的群众，变精神力量为物质力量从而范导实践、关怀终极呢？一种人的发展理论，若一味自说自话、个人吐槽，既然不能为人确立一种生活信念与可行之道，岂可顶天立地、为民祈福？② 总之，马克思人的全面发展理论的实践品格与超越精神，融崇高理想与生活信仰为一体，置人民情怀与家国意识成一统，故而可以一种信仰之美内在触动人之魂魄，若它缺乏这种信仰魅力岂可得以巩固与加强，若它缺乏信仰气息这点做人骨髓，如何能投射到人民心头？事实上，马克思人学信仰与一切宗教信仰有本质区别，"资产阶级的'信仰自由'不过是容忍各种各样的宗教信仰自由而已，工人党则力求把信仰从宗教的妖术中解放出来"。③ 马克思人学信仰是人民大众的、科学理性的、积极进取

---

① 程志华：《熊十力哲学研究："新唯识论"之理论体系》，人民出版社 2013 年版，第 475 页。

② 朱荣英：《当代马克思主义哲学的"后学际遇"及其发展趋向——兼评处在现代与后现代冲突与交融视域下的马克思主义哲学》，《河南大学学报》2015 年第 4 期，第 21—30 页。《高等学校文科学术文摘》2015 年第 5 期转载。

③ 《马克思恩格斯选集》（第 3 卷），人民出版社 2012 年版，第 376—377 页。

的最高信仰，它在实践基础上对人类历史上一切宗教信仰进行了批判扬弃，实现了人类信仰史的一次划时代的变革，为人类缔造了实现共产主义远大理想这一崇高而伟大的发展愿望与奋斗目标。

五 人全面发展所表征的智慧之美

马克思人的全面发展理论所蕴含的信仰之维，也集中表现在它的现实指向上。从来没有什么理论能像马克思人的全面发展理论那样，将自己的理想信仰及其未来发展置于社会现实的基础之上，并站在时代与历史的制高点上来理解理想信仰的现实之维。在他看来，为人民大众服务的实践性理论，不应该成为滞留于主观精神世界中的枝头蝉鸣，因为这种概念上的运动，永远也不能突破纯粹思想的范围，它"总是置身于一种虚构的原始状态"①，得到的总是现实的僵尸而非鲜活的生命，成就的是一个"无人身的人类理性"，归根结底它不过是"哲学历书上最高尚的圣者和殉道者"②，它连一根稻草也举不动，更遑论彻底改变现实世界了。而活在人民生活信仰里的人的全面发展理论，应该成为现实的人民大众社会变革活动中所蕴含的实践理性与崇高理想，超越思想观念与社会现实的对立，以至极性、超越性、必然性的信仰之美来求得现实世界与理想世界的和解，永远存活在变革当代社会的学理深层与实践深层。它将理想置于实践活动及其未来展开的关系中，并从这一关系出发来把握无产阶级信仰得以显现自身的可能性与必然性。换言之，马克思人的全面发展理论所蕴含的信仰之美并非在当下现存的境遇中自发生成，而是立足现实生活本身的。

马克思人的全面发展理论的信仰之维作为人的本真性的存在，恰恰在于对当下直接性的现存生活的积极扬弃和对本质性"应然存在"的合理复归，这在马克思人学中，不仅表现在基于对现代资本逻辑批判解构而对未来社会的设想上，而且还表现在基于扬弃异化而对人的自由全面发展的理想性诉求上。这是一个必须诉诸实践的力量而非观念的力量才能得以解决的现实的运动，所以不能从观念出发来解释实

---

① 《马克思恩格斯选集》（第1卷），人民出版社2012年版，第50页。
② 《马克思恩格斯全集》（第1卷），人民出版社1995年版，第12页。

践，而必须从实践出发来解释观念的东西。一切哲学怪论不是通过精神批判，将之消融在自我意识中并化为"幽灵"来消灭的，而是通过颠覆它所由产生的社会制度基础的革命实践来达到的。这内在决定了马克思人的全面发展理论所蕴含的信仰之维，必定是面向未来的开放性运动，正是在它的有原则高度的实践批判中，才确立起来"现实之维"及与之相当的"理想之维"，从而才推导出共产主义这一伟大的信仰目标。

在马克思看来，真正的理论都是人民喜闻乐见的生活哲学，是公开的支配一切时代的格言与呼声，是表现人民内心状态的最实际的真理；它与那种爱好宁静孤寂、一味诉求完满体系的自我直观式的理论，形成鲜明的对照；也与那种喜欢在自身内部进行秘密活动的、不切实际的理论，存在严重差异。它所关心的不是理论家个人对生活的点滴感悟，也不是非理性的生命体验，"所关心的是一切人的真理，而不是个别人的真理"，"不会把特殊的世界观和民族观的虚幻视野和人的精神的真实视野混淆起来"；① 它所指引的运动也不是少数人的或者为少数人谋利益的运动，而是绝大多数人的，为绝大多数人谋利益的独立的运动。这种关注人类命运的人文情怀和致力于全人类解放的宏伟叙事，构成了马克思人的全面发展理论的信仰之维、使命精神与担当意识。这种以改变世界为根本旨趣的人的全面发展理论，强调在人的实践中以及对实践的科学理解中去解决一切理论难题和哲学迷思，而不是遁入书斋讲坛、高楼书院，只从事纸上谈兵式的书斋里的词句革命。旧理论恰如"半是挽歌，半是谤文，半是过去的回音，半是未来的恫吓"，② 它高高地悬浮于空中的人学，犹如一种醉醺醺的思辨或者虚幻的精神之花，因抽离了一切现实内容，试图为人类提供可以适用于各个历史时代的药方与公式，给"干瘪的'永恒真理'披上用思辨的蛛丝织成的、绣满华丽辞藻的花朵和浸透甜情蜜意的甘露的外衣"③，实际上都属于"卑鄙龌龊的、令人萎靡的文献"，④ 而

① 《马克思恩格斯全集》（第1卷），人民出版社1995年版，第215页。
② 《马克思恩格斯选集》（第1卷），人民出版社2012年版，第423页。
③ 《马克思恩格斯选集》（第1卷），人民出版社2012年版，第429页。
④ 《马克思恩格斯选集》（第1卷），人民出版社2012年版，第428页。

根本没有想到提出自己与社会生活的真实联系，这种纯粹的理性抽象一点价值也没有，只对整理历史资料提供些许方便。与之相反，马克思诉诸实践的人的全面发展理论会使那种"纯粹的人学"失去任何生存环境，它时时处处都扎根于特定的经济事实中，总是预设一种基于现实又超越现实的理想之维，启示并召唤人民在自己伟大的社会实践中永葆生机勃勃的信仰力量。它以阐扬崇高和贬抑猥琐作为自己奋斗的价值选择，以消解各种神圣形象所带给人们的虚幻幸福期许作为自己的理论使命，以寻找意义、建构信仰并克服异化、复归本我作为自己的终极关切。这种实践性的人的全面发展理论它与人民的亲近，主要是以信仰的力量来实现的，由于它汇集了人民生活的最美好、最珍贵、最隐秘的思想精髓，它的精神闪电一旦射进人民生活的精神园地，就会焕发出最绚烂的理想力量与信仰魅力。

习近平最近讲，共产党员特别是各级领导干部，要想"避免陷入少知而迷、不知而盲、无知而乱的困境"，就必须毫不放松对马克思主义理想信念的自觉学习，将之"作为做好一切工作的看家本领"。① 唯有以之作为我们的科学信仰并凝聚中国力量，才能在纷繁复杂的形势下坚持正确的思想导向，"为全国各族人民不断前进提供坚强的思想保证、强大的精神力量、丰韵的道德滋养"；还说，"革命理想高于天"，"人民有信仰，民族有希望，国家有力量"。② 无数鲜活事例表明，若一个人信念模糊、理想迷失、信仰动摇，那是最危险的，就会经受不住各种诱惑与考验而堕落成人民的罪人。要练就金刚不坏之身，就要做到虔诚而执着、至信而深厚。唯有将马克思人的全面发展理论的科学信仰自觉融入其灵魂深处，以社会主义核心价值观筑牢自己的思想防线，潜移默化、润物无声、急学先用、点亮魂灵，有守有为有担当，齐心聚气凝共识，才能明辨是非、鉴往知来，情志飞扬、人品灵秀。习总书记认为，"理想信念是共产党人精神上的'钙'。"如果"'缺钙'，就会得'软骨病'"，"就可能导致政治上变质、经

---

① 《习近平谈治国理政》，外文出版社 2014 年版，第 404—405 页。
② 习近平：《习近平论基层宣传思想文化工作——十八大以来重要论述摘编》，《党建》2015 年第 5 期，第 8—10 页。

济上贪婪、道德上堕落、生活上腐化"。① 理想指引人生方向，信念决定事业成败。崇高信仰对共产党员特别是各级干部，具有极大的激励与鞭策作用。有了坚定的理想信念，站位就高了，眼界就宽了，心胸就开阔了，就能经受各种考验、永葆政治本色。马克思人的全面发展理论是我们共产党人特殊的人生价值体系，是活在中国特色社会主义实践中的人民信仰，它强调促进人的全面自由发展是一切工作的落脚点。正是由于我们严格恪守着这种信仰之维，我们才能赢得并见重于人民群众，才能唤起亿万人民参与中国特色社会主义建设的巨大热情。这表明，人民性与党性是高度统一的，党把人民的利益视作是最高的利益，根本没有凌驾于人民利益之上的特殊利益，党的事业就是为了人民、依靠人民而促进社会事业的发展，党自身的建设与发展就是为了根本体现全心全意为人民服务的宗旨，促进人的全面自由的发展是我党奋斗的崇高理想。一个没有理想信念的人，很难算得上是一个能够获得全面发展的人，而注定是一个日渐平庸的人，他必将受一种被动而又功利的谋生态度所驱使，终日劳顿而不知片刻止息，蝇营狗苟而不懂得涵养内心，就会少了一些精神上的飘逸与为人处世的高妙。在物质上他可能什么也不缺，但他势必感触不到外部世界的精彩、人生价值的厚重、终极宿命的神圣、生命意义的富足。一种没有哲学提供理性基础的信仰，换言之，一种信仰若不能获得哲学的理解与支持，就不会树立起神圣性的思想维度，就极易发生动摇并陷入危机。唯有依靠信仰的力量、哲学的支撑，才能把高贵的生命与做人的智慧内在结合起来，并及时地传递、呈现在你面前，融于你的魂灵深处和血脉基因中，成为内在坚守的精神高地与慎思笃行的行为指南。唯有激活信仰的力量、点燃信念的光华，方能找准人生基点、唤醒人性良知、恪守伦理底线、捕捉人生航标，让清风正气润泽内心、浸透生命，让崇高理想充实灵魂、富足心怀，也会使人日益成为完整性的人。没有信仰，就没有名副其实的品格和生命；没有信仰上的历久弥坚，就不能自觉撑起民族的脊梁；没有信仰上的学深悟透、融会贯

---

① 中共中央宣传部：《习近平总书记系列重要讲话读本》，学习出版社 2016 年版，第 106—107 页。

通，就谈不上补足精神之钙、培育思想之源、固牢信念之根、夯实做人之基。对于坚定信仰，需要摄取其理、内在坚守，更需要竭力而行与正确导引，少一些理论上的呐喊，多一些生活中的历练，唯有将内在约束与外在约束统一起来，才能支撑起一个人对真善美不懈的追求，让他过一种有信仰、有灵魂的生活，即活出靓丽大美的人生来。①

总之，人在自己的社会实践活动中，不断创造着日益丰富的物质文化财富和纵横交织的社会关系，从而不断地铸造着人自身和人的社会。有什么样的人及其实践活动，就会创造出什么样的人的社会关系，而反过来，社会关系是什么样的，创造这个社会的人也就是什么样的。人在自己创造的日益丰富的社会关系中所表现出的人的本质属性，也不断获得多方面的社会规定，使人日益朝着全面性的方向发展。马克思主义将实现人的自由解放和全面发展视作人追求的最高理想，把人类从必然王国进入自由王国的历史性飞跃视作"解放世界的事业"，完成这一最伟大的事业是现代无产阶级的最终使命和最高追求。共产主义就是这样一种最美好的人类社会，它的社会生产力高度发展、产品极大丰富、充分涌流的财富为全社会共同享有，各尽所能、按需分配，每个人都可以获得真正平等的发展；而且社会关系高度和谐、精神境界极大提高，人与自然、人与社会、人与自身的矛盾达到充分和解，人类社会完全达到自由全面可持续发展的生态整合，人不仅发展出了多方面的才能与个性，而且觉悟极高、品质极佳，乐意为他人、为社会作出更大奉献。当然，马克思分析了人必须在历史发展中不断达到自身现实关系的全面性，又在"文以化成"的精神生产中不断达到自身观念关系的全面性，但这一过程并非如抽象的人道主义者所幻想的要通过那种所谓"人—非人—人"的"人学公式"② 来实现，而是要诉诸无产阶级颠覆资本主义制度的革命实践。人类从人身依附阶段发展到异化阶段再发展到自由个性的阶段，这是一个漫长的历史过程，是人通过创造和控制自己日益全面的社会关

---

① 朱荣英：《物化的时代与哲学的使命》，《河南大学学报》2005 年第 1 期，第 59—62 页。《新华文摘》2005 年第 12 期转载。

② 宫敬才：《马克思经济哲学研究》，人民出版社 2014 年版，第 455 页。

系、不断完善的能力体系和不断提升自己的精神境界中才能达到。

　　随着现代社会科技及其实践的迅猛发展，人类自身的发展也出现了一些新变化、新特点，属人世界的实践范围越来越扩展，一个明显的变化就是产生了虚拟实践、虚拟空间、虚拟世界。伴随着现代信息技术与互联网技术迅猛发展，人在虚拟实践中获得的任何一种发展，其实质就是主客体在数字化中介系统的相互联动中所生成的一种虚拟的双向对象化活动，它具有交往、开放、联动、间接、虚拟、普遍、宽泛等特点。中介系统的革命性变革势必引发实践方式、发展方式的革命性变化，并会引发人自身发展的新问题、新矛盾、新动势。它作为人的物质实践的派生形式，它并不是属人世界之外的一种什么世界，恰恰相反，而仍然属于人的实践活动所开辟的人的技术化的世界，只不过它极大地拓展了属人世界及其交往活动范围，为人获得全面自由发展提供了多样性的空间与可能，极大地提升了人全面发展的自主性、创造性、自由性、交互性。它只具有相对独立性，或者说它并不是一种独立于实践形式的纯粹自由空间，我们应该对之引起高度重视并加以合理引导与运用，使当代人正确摆正虚幻与现实的关系，合理运用人机交互界面、交互式人工现实、人机交互平台、人机新型生活空间，唯有将虚拟实践与物质实践结合起来，才能使人获得实实在在的、自由广阔的发展空间。

　　时下，当代马克思主义人学在其理论方位、科学性质及意识形态性等诸多问题上均面临挑战、质疑与诘难，这虽对其指导地位与旗帜功能没有构成十分严重的威胁，但极易造成思想混乱、内在割裂或变相消解。基于此，从理论上梳理和分析这些挑战、质疑与诘难的理论实质与超越路径，这对于我们杜绝西方人学思潮的种种反向渗透、赋予马克思主义人学以时代精神、筑牢其思想防御体系并实现自我超越和自身发展，具有一定的理论意义。当然，无论是为了赋予马克思主义人学以时代精神并实现自我发展、自我扬弃、自我超越，抑或是为了对西方人学反向渗透的批判并与形形色色的西方人学划清界限，深入研究这些反叛性挑战、质疑与诘难的理论生态、实质和危害，无疑也具有十分重要的意义。在当代中国，一方面，随着现代化和深化改革的继续推进，当代西方人学对中国的马克思主义人学产生重要影响，并衍生出了多元异质的另类形态，但这种多元思潮的实质都旨在否定马克思主义人学的科学价值，进而否定中国道路的理论依据。另一方面，中国内部出现了四个方面的"难度加大",[①] 即社会思想观念多样化使得巩固马克思主义指导地位难度加大，利益多元化使得协调各方面利益关系解决利益矛盾难度加大，生产方式、就业方式、生活方式及思维方式多样化使得加强党员干部队伍管理难度加大，新媒体日新月异使得对加强思想舆论阵地管理难度加大，敌对势力加紧实施西化、分化战略和意识形态渗透使得维护国家安全特别是政治安全难度加大，此时，为捍卫和发展马克思主义人学的历史性、科学性、人民性，分析马克思主义人学怎样与之相比较而存在、相斗争而发展并探究其超越路径，就显得迫在眉睫了。

---

① 栗战书：《习近平系列讲话精神的丰富内涵》，中国改革论坛网，2017 - 05 - 01（http：//www. chinareform. org. cn/gov/governance/Speech/201705/t20170501_ 264604. htm）。

第四章　马克思人的全面发展理论的中国表征

——以"四个全面"的建设为例

马克思人的全面发展理论具有多方面的理论价值和实践价值，本书主要以贯彻落实"四个全面"的协调发展为例，来分析它在中国所具有的"当代实践价值"。[①] 时下，以习近平为核心的新一届党中央领导集体，针对我国治国理政的最新需要提出了"四个全面"建设的总布局、总构想，认为在中国特色社会主义现代化事业建设中，"全面深化改革实现良好开局，全面推进依法治国开启新征程，全面从严治党取得新进展，全面建成小康社会又迈出坚实步伐"，[②] 在推进社会协调发展和实现人的全面发展事业上取得可喜成绩。面对涉及面广、耦合性强、影响力大的深层次的矛盾与问题，我们党只有树立大局思维与战略意识，才能提高驾驭、处理复杂问题的本领，使"四个全面"得到系统性、整体性与协同性的科学解决。以马克思人的全面发展理论为指导，贯彻落实"四个全面"建设的协调发展，这是对中国特色社会主义理论与建设认识的最新进展，也是对马克思主义人学中国化和社会主义事业现代化辩证统一认识的最新发展；既是我

---

① 这里所说的"当代实践价值"，是指马克思人的全面发展理论在实践应用（本文特指"四个全面"协调推进）中所发挥的功能与意义。研究的方法不仅包括从一般性结论中逻辑地推导出具体的策略与措施，而且还包括用该理论处理具体问题时所作出的有目的、有方向的选择，即如何从具体生活入手而导出一般的经验，如何源于生活并说明和引导生活。

② 国务院研究室编写组：《十二届全国人大三次会议〈政府工作报告〉辅导读本》，人民出版社 2015 年版，第 3 页。

们党治国理政的一个重大的战略布局，也是实现中华民族伟大复兴之中国梦的一个重大的战略构想，集中反映了我党全面贯彻以人为本、执政为民执政理念的决心与信心，实现了马克思人的全面发展理论与中国实际相结合的一次历史性飞跃。

第一节　以人的全面发展理论推进全面深化改革

一　"两个关键一招"：自觉回应人民群众的新期待

以马克思人的全面发展理论为指导推进全面深化改革，旨在回应人民群众新期待，社会主义改革事业一贯坚持的总体目标就是真正代表好、实现好、落实好广大人民群众的根本利益。真正坚持以人为本原则进行深化改革，使之紧紧围绕人的全面发展这个核心而开展，始终把实现人的全面发展问题视作深化改革着力解决的关键点与着重点。对此习近平曾经语重心长地说，各级领导干部都要做促进社会迅速进步和人的全面发展的开路人，要敢于做大事、打硬仗，这样才能"适应和引领经济发展新常态，把握和顺应深化改革新进程，回应人民群众新期待"，[①] 让普通百姓生活越来越好，让人民群众越来越满意。在他看来，回望历史，如果说改革开放事业曾经使人民得到了实惠、实现了发展，成为决定中国命运的关键抉择的话，那么，展望未来，始自今天的全面深化改革必然成为全面提振中国现代化发展的步伐，加快实现人的全面发展的步伐，加快实现中华民族伟大复兴之中国梦的步伐。20 世纪末，我党召开了具有历史性重大意义的十一届三中全会，准确分析并判断当时的国内外发展大势，毅然决然地结束了"文化大革命"时期的社会动乱，顺应人民群众渴望实现全面发展的心声与意愿，将经济发展作为我们国家的工作重点，掀开了改革开放的序幕，进入了实现社会大发展的新时期，在党的领导下我们伟大的中华民族从此开始了一场伟大的社会改革运动。从那时到现在，三十多年过去了，我们改革开放的伟大实践表明，这次具有社会革命

---

① 习近平：《做政治的明白人 发展的开路人 群众的贴心人 班子的带头人》，《党建》2015 年第 7 期，第 4—11 页。

性意义的改革开放运动，使中国人民的、中国社会主义的、中国共产党的面貌与形象都发生了历史性的巨大变化，全面推进了中国社会的快速健康稳定的发展，极大增强了社会主义的生机与活力，解放并发展了社会生产力，极大地提高了我们的综合实力，也大大提升了中国人民的生活水平与全面发展的质量与空间，全方面地改善了人民生活，在各个方面不断满足人民群众日益增长的物质文化需要。对于改革开放的地位与意义，邓小平曾经明确指出："改革的意义，是为下一个十年和下世纪的前五十年奠定良好的持续发展的基础。"①

当然，也要看到在改革开放过程中，我们不仅取得了骄人的成就，同时也产生了诸多深层次的矛盾与问题，环境破坏、生态失衡、贫富差距拉大、能源危机、人口红利锐减、经济发展速度放缓、结构调整任务艰巨等等，这成为我们以后深化改革的重点与难点。习近平总书记在其新时期关于治国理政的新战略布局——"四个全面"中，把"全面深化改革"放在了首位，并结合新形势、新矛盾、新问题，对全面深化社会主义中国改革的意义和地位进行了两个"关键一招"的精确论述。② 2012 年 12 月，习近平在广东考察时进一步强调，"改革开放是决定当代中国命运的关键一招，也是决定实现'两个一百年'奋斗目标、实现中华民族伟大复兴的关键一招"。③ 习总书记的这一重要论述，揭示了全面深化改革开放对于推进当代中国发展和极大推进人的全面发展，所具有的决定性的指导意义。回顾三十多年来改革开放历程，什么时候坚持了以马克思人的全面发展思想为指导，把发展为民、以人为本的理念贯穿于改革开放全过程，社会主义的改革开放事业就能取得辉煌成就，就能在历史发展的关键时刻严重改变了中国人民的当代命运，使得中国特色社会主义事业如日中天、蓬勃发展；而什么时候背离了马克思人的全面发展理论和执政为民的根本宗旨，就会使我们的改革开放事业遭受严重失误，面临各种危险。今

---

① 《邓小平文选》（第 3 卷），人民出版社 1993 年版，第 131 页。

② 周明海：《全面建成小康社会进程中的"四个全面"与"五位一体"关系研究》，《山东社会科学》2016 年第 2 期，第 28—35 页。

③ 中共中央宣传部：《习近平总书记系列重要讲话读本》，学习出版社 2016 年版，第 67—68 页。

天习总书记带领全党全国各族人民，认真总结我们社会主义建设史上的经验教训，深深体会到继续坚持改革开放的人本、民本向度的重大意义，清醒地认识到只有在深化改革中才能求得发展，只有在全面深化改革中才能使中国特色社会主义事业获得全面进步，只有在发展中国、发展社会主义、发展马克思主义的深化改革中，才能全方位地推进人的全面发展，为广大人民群众赢得更多实惠与福祉。为此，他从政治上及时地向全党全国人民宣示：改革开放是"关键一招"，唯有全面深化改革才能让中国人民抓住全面发展的历史机遇，迎来社会全面进步、人的全面发展和民族伟大复兴这一中国梦的未来曙光。

二 "不谋全局不足谋一域"：深化改革的全面性问题

围绕改革的全面性问题，习总书记认为，今天我们进行的全面深化改革，不再是那种对原有的经济体制、政治体制、文化体制上的细枝末节的修修补补，而是以不断满足广大人民日益增长的物质文化需要为基准，以实现全方位、宽领域、多层次的全局性、根本性的变革为鹄的。它旨在从根本上改变不利于推进人的全面发展的经济体制和运行办法，消除不利于人的全面发展、限制生产力前进的各种桎梏，建立符合社会主义发展的新经济运行机制，并相应地改变政治、文化、社会、生态等各个方面的体制；以此而全方位地解放与发展生产力，整体性地促进社会全面进步与协调发展，让中国人民富裕起来、国家强大起来，全面振兴中华民族，全面推动我国社会主义制度的自我完善与自我发展，让中国人民大踏步地赶上时代发展潮流、奔上富裕安康的广阔道路。习近平关于全面深化改革对推进中国社会发展特别是促进人的全面发展的意义，曾经结合各方面的具体问题进行多方面的阐述。在他看来，"改革开放是一个系统工程，必须坚持全面改革，在各项改革协同配合中推进"。①

深化改革必须是全面性的改革，这首先是由于社会主义改革的任务所决定的。因为这场改革是从根本上改变我国经济、政治、文化、社会、生态等各方面的旧体制、旧机制、旧观念、旧办法，深入解决

---

① 《习近平谈治国理政》，外文出版社2014年版，第68页。

我国在现代化发展中各方面存在那些深层次的矛盾与问题，全方位地巩固与发展我国的社会主义制度，全方位地消除制约与阻碍不利于人的全面发展的各种弊病。因而，只是从理论上指出这些深层次的矛盾与问题，并不能真正彻底地解决它，还要对此作深入细致的考察，还要找到化解矛盾与危机的民生取向与人本立场。唯有全面深化改革才能以人的全面发展为鹄的，真正解决这些深层次的矛盾与问题，只有全面深化改革才是解放和发展生产力的唯一路径，当然，这也是协调推进社会和人的全面发展的历史出路。由于这场意义深远的全面深化改革，致力于要对社会进行综合变革，就必须多方面地改变生产关系中不适合生产力发展的部分，改变上层建筑中不适合经济基础变化的部分，改变一切不适合生产力发展的管理方式、活动方式与思想方式，使之适合现代化大生产发展的实际需要。

其次，深化改革的全面性也是推进人的全面发展这一总目标所决定的。虽然这次改革的重点仍然是经济体制改革，但是，时至今日，社会主义改革事业已经获得全面开展，经济体制改革急需政治的、文化的乃至社会的多方面改革的配套进行，在深化经济体制改革的同时，要对其他各个方面进行同样的深化改革，使改革触及社会发展的深层，从根本上改善人民群众的生活水平，让改革开放的发展成果惠及全体中国人民，在一切方面推进中国人民的生活质量的提高，为实现当代中国人的自由全面发展创造更多有利条件。具体说来，第一，以人的全面发展为指导而全面建成小康社会，"以人为本"全面推进社会主义现代化事业迈上新台阶，以造福人民、惠及全民，要实现民族复兴的伟大梦想就必须进行全面深化改革。第二，以创新—协调—绿色—开放—共享这种最新发展理念为宏观指导，不断推进我们党的事业的自我完善和发展，全面深入地解放和发展社会生产力，全面深入地调动人民群众伟大的创造力量并充分释放全社会的创造活力，也要求全面深化改革。第三，在当代中国，解决制约与限制人的全面发展所面临的一系列突出的矛盾和问题，铲除一切背离人民群众根本愿望和要求的各种弊病，在各个领域全面贯彻以人为本、富民惠民思想，这同样要求要协调推进全面深化改革。第四，消除我们前进道路上的各种困难与矛盾，如：不平衡、不协调、不可持续发展所带来的各种矛盾与困难，势必会在各个方面阻碍了人的发展的全面性、整体性与持续性，化解这种矛盾只有依靠全面深化改革；要化解科技创新、制度创新、文化创新及其他各方面的创新能力不强、不足、不活的问题，化解不合理的产业结构、简单粗放的发展方式、城乡二元对立、发展差距拉大、两极分化加大的问题，需要全面深化改革。要化解在社会发展中存在的消极腐败、碌碌无为、坑害人民、剥削人民、鱼肉人民的问题，关键仍然在于要协调推进全面深化改革。

对此，我们必须反复研究和反复论证，必须树立战略思维、统管意识、从大局考虑问题，毕竟全面深化改革事关党和国家发展的全局与长远，并非如改革开放初期进行的只是在某个领域、某个方面的单项改革，而是全方面、立体互动的深层次改革。在改革过程中实现的人的发展，也不是点点滴滴的而是全方位的重大发展，只有以马克思人的全面发展理论为指导，进行顶层设计和全面谋划，对全面改革的系统性、整体性、协调性、关联性、可行性进行深入研究，做到统筹兼顾、全盘谋略、科学决断，做到胆子大、脚步稳、信心足，才能使经济、政治、文化、社会、生态与党建等各方面的改革紧密联系、相互推进、协调发展。正所谓，"不谋全局者，不足以谋一域"。在全面深化改革中，如果不能够密切配合、总体一贯，而是各方面的改革相互牵扯、互为羁绊、互相推诿、各自为政，就会严重抑制改革的深入进行与全面完成，"即使勉强推进，效果也会大打折扣。"① 因而，在全面深化改革中必须坚持辩证唯物主义基本原理，自觉运用联系的客观性、普遍性、多样性与条件性，来分析推进社会全面发展与人的全面发展所涉及的各种问题；自觉运用发展的方向性、过程性、主体性与规律性，来分析全面深化改革必须紧紧围绕人民群众根本利益最大化实现这一目标；自觉运用对立统一规律、质量互变规律、否定之否定规律，在坚持和发展以人为本而建设现代化国家这一历史发展必由之路时，要把发展的前进性与曲折性、渐进性与飞跃性统一起来，坚定不移地把全面深化改革视作党在新的历史条件下全面推进社会进步和实现人的全面发展的关键抉择。

---

① 《习近平谈治国理政》，外文出版社 2014 年版，第 88 页。

三　"真正的民心所向"：坚定"以人文本"的改革方向

当前中国特色社会主义的全面深化改革，必须始终坚持以人为本、执政为民的发展理念，把实现社会发展与人的发展内在统一的思想全面贯彻到治国理政的各个环节，对我们制度体系进行现代化的提升，真正实现人民群众当家作主的主人翁地位与权利。从历史看，显而易见的是，中国人民经过艰难困苦的历史探索，最终选择了马克思主义和社会主义。正是有了这样的关键抉择，中国共产党才开启了带领各族人民进行社会主义的革命实践，从此中国革命的、人民的、社会主义的面貌才焕然一新。可以说，正是有了马克思主义的正确指引、有了社会主义的发展方向，才真正使中国革命与建设的伟大实践发生了历史性的变化，是马克思主义和社会主义挽救了中国又发展了中国。社会主义的制度选择与成功实践，这对于中国人民来说，的的确确是性命攸关的，是决定中国命运的关键抉择。展望未来，从中国特色社会主义现代化事业最新发展的未来取向上看，同样显而易见的是，我们当今只有对中国社会主义各个方面、各个领域进行全面、系统、整体的深化改革、综合改革，才能全面协调可持续地推进中国社会主义事业的蓬勃发展，只有全面深化改革才能确保人民群众根本利益的总体实现与可持续的发展，全面深化改革的确是一场协调推进社会良性互动、和合共生、全面进步、健康发展的重大动力，也是确保人的全面自由发展在最高意义上得以实现的革命性力量。我党形成这样重大的历史判断和历史抉择，是在经历了一系列重大探索与挫折后得出的宝贵历史经验。若结合新中国成立后三十年来对社会主义建设的大胆探索、特别是结合近40年社会主义改革开放历程所造就的一切中国奇迹，将这样的宝贵经验视作"国人共识""中国模式"，就会认识得更清楚、更深刻。20世纪末，党内"左"右倾错误路线的持续干扰特别是"文化大革命"十年的严重内乱，中国社会主义事业发展一度严重受挫，政局动荡、经济倒退、一切濒于崩溃，诸多方面面临危险，可谓百废待兴，连普通百姓的日常生计问题都解决不好，怎么能够谈得上实现人的全面发展呢？而与此同时，世界很多资本主义国家在新一轮科技革命浪潮推动下，均获得了程度不等的迅速发展，经济政治文化科技的综合国力明显增强，人民生活水平不断得到大幅度提高，使得我们与之的差距明显拉大、承受的国际竞争力不断加大。对此，怎样为我们的社会主义注入生机活力、怎样根本改变生产力落后、人民生活水平低下的局面，"面对这样的严峻形势，邓小平一针见血地指出：'如果现在再不实行改革，我们的现代化事业和社会主义事业就会被葬送。'振聋发聩啊！"① 如果当年我们没有采取改革开放这一历史性决策，不扫除制约生产力发展的生产关系中的各种旧体制、旧机制，不清除制约经济基础发展的上层建筑中的各种障碍，就不可能摆脱国家一穷二白、人民生活极其低下的窘境，就不可能调动亿万人民建设社会主义的极大热情，就难以想象我们国家能够获得如此惊世骇俗的成就，也不会推进马克思人的全面发展理论的中国式创新。中国改革开放史证明，实行改革开放，全面提升广大人民群众的物质文化生活水平，的的确确是一项伟大的英明决断，它使中国这样的伟大民族在日益复杂的国内外环境下，成就了快速发展与壮大中国特色社会主义事业的中国奇迹。同时也表明，依靠马克思人的全面发展理论为指导，不断壮大与发展中国特色社会主义各项事业，的的确确是一条实现创新、协调、绿色、开放、共享发展的强国之路、富民之路，也是实现人的全面发展之路。今后中国的发展，不管遇到什么样的困难与矛盾，我们不仅要继续坚持走这条道路，而且更要坚持以人为本的发展目标，采取更新的举措与方法，走好这条道路，让广大人民享受到更大更多的福祉。试想，如果没有当年的改革开放，没有从根本上实现社会进步和人的发展，就不可能造就出当今这样强大的综合国力，就不可能找到推进社会主义事业全方位发展的强大动力，实现中华民族伟大复兴也就只能是一种梦想；不进行深化改革，就不可能解决我国进一步发展面临的诸多矛盾和挑战，就不可能把改革开放事业长期地坚持下去，就很难实现社会和人的可持续的全面发展。习近平在党的十八届中央政治局第二次集体学习时的讲话时说，中国特色社会主义是与时俱进的事业，是推进社会与人全面发

---

① 中央文献研究室：《习近平关于全面深化改革论述摘编》，中央文献出版社 2014 年版，第 2 页。

展的事业。时下，全方位推进我国社会主义改革开放事业，虽说导致了各种矛盾的叠加涌现，现代化之前的矛盾还有残留，现代化的矛盾还没有完全解决，而后现代的矛盾却不期而至，各种矛盾会交织起来，有待完成的和新提出的各种复杂任务也会凸显出来，人民在解决温饱后而渴望获得更大发展、更多实惠与改革开放尚处在深水区、攻坚期的矛盾，只能用进一步深化改革的办法来解决。习总书记在武汉主持召开部分省市负责人座谈会时的讲话中指出，我们进行改革开放已经有了几十年的历程，是党在新时期带领全国各族人民进行的一场新的伟大革命，这是不平凡的几十年，既取得了伟大成就，也累积了宝贵经验。中国经历的伟大的社会变革表明，"改革开放是当代中国发展进步的活力之源，是党和人民事业大踏步赶上时代的重要法宝，是大势所趋、人心所向，停顿和倒退没有出路。"[1] 唯有不断地推进全面深化改革创新，使中国特色社会主义在激发人的差异性正义与协调性正义的社会力量上、在促进人的全面发展上，凝聚出更大的中国力量。唯有依靠全面深化改革，才能在各个方面都要注入生机活力，使之显得处处比资本主义制度更有效率、更能激发全体人民的创造性、更能为社会和人的全面发展提供有利条件，更能在未来的国际竞争中赢得比较优势，把中国特色社会主义制度的优越性充分体现出来。服务人民的改革方向决定了我们只能走社会主义道路，而中国特色社会主义的道路决定了当代中国广大人民群众的根本命运。我国的全面深化改革是指向人民的社会主义改革，它始终坚持把经济建设这个中心同四项基本原则、改革开放这两个基本点统一于中国特色社会主义伟大实践，既不走封闭僵化的老路，也不走改旗易帜的邪路。"我们的改革是有方向、有立场、有原则的，是在中国特色社会主义道路上不断前进的改革，而不是对社会主义制度的改弦易辙。在这个问题上头脑必须十分清醒。"[2]

---

[1]　习近平：《在武汉主持召开部分省市负责人座谈会时的讲话》，《人民日报》2013年7月25日。

[2]　《习近平谈治国理政》，外文出版社2014年版，第88页。

四　"三个进一步解放"：全面深化改革的总目标

时下我们协调推进的全面深化改革，是以促进社会公平正义、增进人民福祉为出发点的改革，是全面推进社会进步、实现人的全面自由发展的改革，它必然要求我们要进一步解放思想、进一步解放和发展社会生产力、进一步解放和增强社会活力，这既是我们社会主义改革的根本目的又是全面深化改革的重要条件。改革的全面性、系统性、协调性，这是由我们社会主义改革的根本任务决定的，正如习近平总书记所说，"改革开放是一个系统工程，必须坚持全面改革，在各项改革协同配合中推进。改革开放是一场深刻而全面的社会变革，每一项改革都会对其他改革产生重要影响，每一项改革又需要其他改革协同配合。要更加注重各项改革的相互促进、良性互动，整体推进，重点突破，形成推进改革开放的强大合力。"[①] 但是，真正要做到这"三个进一步解放"，从大的方面看，就必须紧紧围绕发展完善中国特色社会主义基本制度，努力推进国家治理体系及治理能力的现代化进程。建立完善适应中国社会发展的、以人民民主专政为政权组织形式的人民代表大会制度，中国共产党领导的多党合作和政治协商制度、民族区域自治和基层群众自治的基本政治制度，建立适应现代社会化大生产需要的社会主义市场经济体制，确立以公有制为主体、多种经济成分并存和共同发展的基本经济制度，确立以按劳分配为主体、多种分配方式并存的社会主义分配制度，以及建立在这些制度基础上的经济体制、政治体制、文化体制、社会体制等各项具体制度。藉此而全面解放发展生产力、全面提高满足人民群众物质文化需要的能力、全面提升我国的综合国力，这是坚持和发展全面协调可持续地推进社会主义事业获得进一步发展的必然要求，也是加快实现社会主义现代化、协调推进人的全面自由发展的题中应有之义。

加强国家治理体系和治理能力现代化建设，也是从国家的根本制度层面及其执行力上确保实现人的全面发展的一个重大举措。从根本、全局、长远的意义看，若缺乏高效完善的治理体系及其治理能

---

① 《习近平谈治国理政》，外文出版社 2014 年版，第 68 页。

力，社会主义制度的优先性及服务于广大人民群众的公正性，是不能够发挥出来的。全面深化改革的重要任务之一就是要完善和发展中国特色社会主义制度，通过制度建设把长期以来被人民实践反复验证是行之有效的规律性的东西，提升到制度层面并以法的形式固定下来，以此为我们社会主义事业的最新发展、为人民群众的幸福安康、为和谐社会的繁荣稳定、为党和国家的长治久安，建立健全一整套符合当今中外实际的更高水准、更高层级的国家制度体系及其执行能力体系。

具体来说，全面深化改革就是要抓好改革的惠民实效，"把是否促进经济社会发展、是否给人民群众带来实实在在的获得感，作为改革成效的评价标准"。① 推进全面深化改革必须树立坚强的制度自信，全面深化改革以推进人的全面发展，这是党在新的时代条件下带领人民进行的一场新的伟大革命。只有坚持马克思人的全面发展理论为指导，才能夺取这种革命性变革的伟大胜利。以前实行的改革开放政策，是党和人民事业大踏步赶上时代的重要法宝，是党和国家保持生机活力的关键，是当代中国最鲜明的特色，也是当代中国共产党人最鲜明的品格。今后实行全面深化改革，势必关系党和人民事业最新发展的前途命运，关系党的执政基础和执政地位是否牢靠与坚固。按照创新、协调、绿色、开放、共享发展的理念，在全面推进中国特色社会主义事业实现现代化的进程中，我们都要始终不渝地坚持全面深化改革，在深化改革中推进社会全面进步和人的全面发展的根本价值取向也决不能有丝毫动摇。回顾改革开放以来的历程，每一次重大的社会改革都给党和国家发展注入新的活力、给事业前进增添强大动力，党和人民事业正是在不断深化改革中波浪式向前推进的，正是在改革从试点走向推广中拓展的，也正是从局部向全局推进中不断发展的。没有改革开放，我们不可能有今天这样的大好局面；没有全面深化改革，就不会有为社会主义的迅速发展和实现人的全面发展提供强大动力和有力保障。全面深化改革是我们伟大的国家和民族的生存发展之

---

① 中共中央宣传部：《习近平总书记系列重要讲话读本》，学习出版社 2016 年版，第83 页。

道，也是破解发展中面临的难题、化解来自各方面的风险挑战，推动经济社会持续健康发展之道，更是实现每一个中国人全面发展之道。可以说，除了全面深化改革，别无他途。

通过全面深化改革为实现人的全面自由发展提供了重大机遇：1. 全面深化改革的重点是使市场在资源配置中发挥决定性作用同时更要发挥好政府作用。市场并非能够支配一切，政府亦非可以袖手旁观，把经济发展方式的转变和政府职能的转变结合起来，既有利于抑制腐败蔓延、更有利于发挥制度优势，既有利于宏观经济的繁荣稳定、也有利于微观经济环境的改善，既有利于优化公共服务、促进公平竞争，全方位提升惠民利民服务质量，更有利于全面协调可持续的健康发展、促进共同富裕和人的全面发展。2. 公有制主体下的多种所有制经济共同发展，既有利于巩固和夯实社会主义经济基础与制度根基，也有利于全方位、高层次地满足人民群众日益增长的物质文化需要，既有利于促进社会主义经济的结构重组与战略升级、提升固有资产的支配力、控制力，也有利于全面提高社会保障与改善民生、促进人民群众共同利益的全面发展。3. 另外，全面深化财税体制、城乡一体化发展体制、协商民主制、司法及其运行机制、反腐领导及运行机制互联网管理领导体制、自然资源监管体制等方面的改革，其根本目的也是为了在各个方面给广大人民群众以看得见的实惠，使人民利益在各个方面均获得实实在在的实现着力解决制约人的全面自由发展的各种制度因素。当然，若从细微处说，全面深化改革的目的也在于促进经济动能转换与结构转型，变粗放型经济发展模式为集约型发展模式，变急功近利的短视决策为中长期供需结合的政策引领，变单靠需求拉动为供给侧的全方位拉动，打破要素转移障碍、促进经济产能调整（紧缩低端产能，发展中高端产能），全领域促进结构转型与动能升级，从各个细微处彰显着社会主义改革是以人民为中心的发展取向。这些举措集中体现了我党的群众立场与群众观点，保障民生、改善民生，想为群众所想、干为群众而干，做到严实一致、不折不扣，时时处处为民思考，唯此才能取信于民、还惠于民、藏惠于民。唯有充当改革促进派，甘当改革马前卒，才能更好地增进人民福祉、更有效地推进人的全面发展。唯有深入基层、贴近群众，深入生活、贴近心灵，真正地干农活、学农技、讲农话，把事情办在老百姓的心坎上，才能不断增进与民同甘共苦的淳朴情感。

第二节　以人的全面发展理论引领小康社会建设

一　"全面建成小康社会"：人民对美好生活的朴实愿景

在我国社会主义建设进入新时期，邓小平借用我国历史上的"小康"概念并赋予其鲜活的时代内涵，第一次提出了建设小康社会的思想。此后，党的几代领导集体，都对小康社会及其建设问题作出了重要论述。这样，小康社会的理论内涵与价值目标不断得以深化与拓展，它集中表达了我们在社会主义初级阶段经过广大人民一个时期的努力可以实现的具体目标，使得广大人民群众对自己建设强大国家、过上幸福生活的美好前景充满触手可及的希望与期待，增强了人民群众建设社会主义的热情和信心。[1]

在邓小平看来，"所谓小康社会，就是虽不富裕，但日子好过。我们是社会主义国家，国家收入分配要使所有的人都受益，没有太富的人，也没有太穷的人，所以日子普遍好过"。[2] 我们党及时地提出建设小康社会的发展战略，把我国社会主义现代化建设的总目标与实现人的全面发展的价值取向紧密结合起来，具体化为切实可行的、充满希望的行动纲领，具体展现了人民群众对美好生活的共同诉求和朴实愿景，凝聚了全党和全国各族人民的意志，其意义重大而深远。它将雄辩地证明我们刻意选择并强力推进的中国特色社会主义是成功的道路，突出体现了我们党对我国国情和时代特征认识的深化，体现了我们党一切从实际出发、实事求是、坚持在实践中检验真理和发展真理这种与时俱进的思想品格，体现了我们党对现代化事业发展客观规律和人民群众要求实现全面发展认识的不断深化。全面建设小康社会是党和国家事业发展奋斗目标之鹄的，当然也是各族人民追求美好幸

---

① 中共中央宣传部：《习近平总书记系列重要讲话读本》，学习出版社 2016 年版，第 73 页。

② 《邓小平文选》（第 3 卷），人民出版社 1993 年版，第 161—162 页。

福生活的根本利益的之所在，是马克思主义关于人的全面发展学说在当代中国的生活化表达，是活在广大人民群众日常生活中的马克思主义人学，也是中国化的马克思主义人学理念及人民主体性价值的理性升华。

党的十六大曾经作出了我国总体上实现了小康社会的正确判断，但又深刻分析了当时党和国家面临的形势与任务，认为我们当时总体上实现的小康社会，水平还比较低、发展很不全面、发展也不平衡。因而，提出大致需要经过20年发展，我们要以经济、政治、文化、生态、社会的建设、全民族思想道德、科学文化及健康素质的提高、生态环境的改善等方面，全面建设一个惠及十几亿人口的更高水平的小康社会奋斗目标，根据这种目标制定了"三步走"的发展战略。党的十七大根据国内外形势的新变化、新特点，顺应各族人民过上美好幸福生活的新期盼、新要求，准确把握我国经济社会发展的趋势与规律，准确把握人民群众新时期要求实现全面发展之价值取向，坚持中国特色社会主义"五位一体"的总体建设布局，在十六大确立的全面建设小康社会目标基础上，对全面推进我国社会的发展及人的全面发展，在以下几个方面提出了更高要求，力争在2020年实现国民生产总值比2000年翻两番。到那时社会主义市场经济体制将会更加完善、自主创新能力将会更加显著提高、科技发展将会更加迅速，居民消费将会稳步上升、城乡、区域将会更加协调发展，新农村建设将会获得更大发展。

我们党提出的全面建成小康社会紧紧围绕为谁发展、靠谁发展及发展成果由谁共享的问题，将根本的价值取向定位于实现人的全面发展，这一目标就是马克思主义的人学目标。它要求一切依靠人民、一切为了人民，根本目标就是一切为人民发展、一切发展为了人民，一切发展成果由人民享有，要惠及全体中国人民。我们党的根本宗旨及社会主义社会的根本属性内在规定了今天我们所全面建成的小康社会，理所当然地要把维护与发展人民群众根本利益看成是一切工作的重中之重。我们中国现代化的信息社会越是发展到了高层次、高水平，就越要坚持"人人参与"、"人人尽力"、"人人享有"的根本原则，使我们社会主义的发展更具全面性、公平性、普惠性，让广大劳动人民有更多获得感、公平感、幸福感、自由感、快乐感。人类发展历史特别是中外社会主义建设实践反复证明，一个社会、民族和国家，什么时候坚持了以人的全面发展为原则，就可能实现全面协调可持续的发展，相反，什么时候背离了人的全面发展这个中心，就违背了人类社会发展的基本规律，也就不可能实现全面协调可持续的发展。若仅仅将追求经济利益最大化作为发展的根本价值导向，忽视了社会发展要以人民为中心的根本尺度，背离了人民至上的发展红线，就难以走出经济全面危机和社会单向度发展的泥潭，也就无法全面增进人民福祉、促进社会公平正义的发展。全面小康，首先是使人人获得全面发展的小康，让广大人民群众都过上幸福生活的小康，让人与自然和谐相处、并在更加舒适的生存环境中快乐生活的小康，让人人获得更多发展机会、共享更多发展成果的小康。可见，"全面小康社会是一个综合体系，不仅要强调经济因素，也包括社会转型、民主进程、文化建设和生态环境等各个方面。因此，全面建成小康社会的标准是一个综合、广泛、系统的范畴"。① 全面建成小康社会在社会主义价值目标上全面体现了人的发展的全面性要求，才符合马克思主义人学和社会主义阶级本质的根本要求，将人的全面协调可持续的发展理念落实在全面建成小康社会的具体要求之中，实现人的全面自由发展的科学内涵契合了全面建成小康社会的目标要求，我们唯有坚持和贯彻以人民为中心、成果惠及全体人民的发展思想，坚持把人民所想、所思、所盼、所愿作为党和国家制定路线方针政策的出发点和落脚点，才能真正实现马克思人的全面发展的崇高理想，真正克服"物质财富迅速增长而社会领域进步不足、社会结构分化扩大而社会利益协调不足、社会力量日益成长而社会动力运用不足和社会空间日益扩展而社会管理支撑不足"等发展困境，② 全面把握现代发展机遇并沉着应对国内外的各种挑战，从而赢得未来发展主动权和先决权，使我们党全面建成小康社会的伟大事业真正赢得并见重于人民、时代与

---

① 张占斌、高立菲：《全面建成小康社会：衡量标准与科学内涵》，《人民论坛·学术前沿》2016 年第 18 期，第 8—18 页。

② 任远：《社会建设与全面成小康社会》，《吉林大学社会科学学报》2014 年第 1 期，第 61—69 页。

未来。

　　全面建成小康社会实际上是以人类学目的论的方式，将现代生存境遇与未来价值理想关联起来，为中国特色社会主义奠定了一个超越性的目标——实现人的自由全面发展。这一目标参与到对中国道路、中国模式的形塑与构建，既为当代现实生活提供了终极意义支撑、社会批判标准与价值评价尺度，也使得未来社会发展的崇高理想获得现实性的依据与最为开阔的可能性。马克思在其《资本论》中分析说，一方面，作为社会化的人或联合起来的生产者，在自然的必然性支配下，要以进入了自由王国而作为自由人联合体的人作为理想和目的，此时，人的能力的全面发挥就是目的本身，另一方面，把人类能力的全面发挥作为目的本身的自由王国，也为处在必然王国中的人提供了终极的意义支撑，换言之，不完满的现实社会因其作为理想社会的必经阶段而获得了积极意义，而全面建成小康社会就是基于当代中国社会主义生产方式所提供的客观可能性，建构起的一种将理想与现实统一起来的更适宜的选择和最为坚实的基础。社会主义，从归根结底意义上看，就是一种生产方式，而在当代中国"四个全面"的协调推进，其实就是对社会主义生产方式的再认识、再选择，即从原初设想的计划经济模式向现代形态的市场经济模式的转型。"四个全面"作为全面建设布局和总体战略布局的协调推进，为社会主义市场经济的完善化、现代化及其生产方式的智能化、信息化，既提供了自我生成的内在机制、法律保障与自我监督体系，也提供了自我革新的必备要素及发展成果的目标设计，使得社会主义市场经济发展的人学意义与价值取向，在当代中国的全面发展中具有了历史必然性，从总体上体现了人类社会发展的基本规律、社会主义的建设规律及党自身的建设规律及其根本要求。其中，全面建成小康社会就是在社会主义市场经济的生产方式下，发展社会主义先进生产力的最佳方式，也是社会主义本质及特征的集中表现，确保市场经济（自由竞争、优胜劣汰）与政府职能（全面协调、促劣变优）这种二元机制相互推动、相向而行，最终在生产方式现代化、智能化、信息化上达到内在契合，逐步消除"三大差别"而实现共同富裕，自觉朝着人的全面自由发展的目标迈进。在社会主义市场经济的二元机制下，人人都要为现实个人利益最大化而努力，中国共产党的党员及其组织又是社会及其组织中的强势集团与优越部分，必须以高度的自律意识而进行严肃的自我约束，干净地运行自己的权力，自觉接受人民群众的监督，才能真正做到全面协调、促劣变优，真正实现"以人民为中心"的全面协调可持续的发展，可见，"全面建成小康社会"与"全面从严治党"也是内在一致的。

二 "促进人的全面发展"：全面建成小康社会的基本内涵

"党的十八大按照中国特色社会主义事业五位一体总体布局对党和国家事业进行了全面部署"，[①] 这些全面部署对小康社会目标又提出了更高要求，不是全面建设而是全面建成小康社会，它将引领我们在未来取得更大胜利，为全面实现社会发展和人的全面发展这一远景目标奠定坚实基础。"小康"是从社会发展的水平上说的，而"'全面'讲的发展的平衡性、协调性、可持续性"，[②] 它涉及覆盖的人群、地区和领域等等的全面性。在小康路上，不让一个人掉队，也不让一个地区和领域掉队，这事实上是从社会发展的总体状态和人民期盼角度，指出了要以实现人的全面发展引领社会发展的基本内涵。以习近平为核心的党中央，把社会发展、人的发展与推进小康社会建设问题紧密结合起来，对进入新世纪的头 20 年进行科学预判，认为在我国总体上达到小康社会目标后，我国不会止步不前，相反，仍然可以宏图大展、奋发有为，小康社会建设将在更高的发展起点上赢得全面发展的重大机遇。"全面建成小康社会在本质上是发展的问题，经济进入新常态之后，这个发展的主要内涵，是提质增效、促进人的全面自由发展"。[③] 这一切都是为了更加贴近民心，让我国人民获得更多实实在在的实惠，都是为了解决发展中的关键问题和突出矛盾，其所瞄

---

① 习近平：《全面贯彻落实党的十八大精神要突出抓好六个方面工作》，《人民日报》2013 年 1 月 1 日。

② 中共中央宣传部：《习近平总书记系列重要讲话读本》，学习出版社 2016 年版，第 59 页。

③ 人民日报社评论部：《"四个全面"学习读本》，人民日报出版社 2015 年版，第 11 页。

准的我国经济发展、社会发展和人的素质的全面提升，最终目的都是为了人民多得实惠、使之获得感诸多。

实现人的全面自由发展，既顺应了当今世界全面发展的时代潮流，也内在契合了我国获得了 30 多年发展后如何补齐发展短板、提升小康水平线的时代任务。正如习近平所说，党在新时期之所以要提出建设全面的小康社会，实际上就是要全面推进社会主义现代化发展进程，不断满足人民群众日益增长的物质文化需要，在人民群众生活的方方面面都得到很多改善，使得几十年改革开放取得的社会主义成果为人民共享，在一切方面代表并实现好人民群众的根本利益。

推进党和国家事业的全面发展，最根本、最实惠地实现人民福祉，让广大老百姓真正过上幸福安康的日子，这就是我们全面建设小康的旨趣所在。我党提出的全面建成小康社会就其负载的物质内容来说，包括了以物质生产关系为基础的全部社会生活关系，是现代社会生活关系体系的全面建设与充分发展，是对仅仅以物质生产关系为价值导向的资本逻辑及其所造就的人对物的依赖关系的根本扬弃与超越。其建设方略的根本旨趣在于，彻底改变资本主义社会中那种"物质力量成为有智慧的生命，而人的生命则化为愚钝的物质力量"① 的异己性、非人性的生活境遇，培育并发展超越了各种依赖性（人对人的依赖、人对物的依赖及人对自身的依赖）的真正属于人的独立性、自由性、全面性的社会生活，并以全面发展的个人联合体作为社会未来发展的核心价值取向与真正的理想诉求。从终极目标上看似乎具有某种乌托邦性，但从实践发展过程上分析，它决不是什么虚幻的幸福期许，而是实实在在的运动过程。马克思分析说，实现人的全面发展不是"应当确立的状况"及"与之相适应的理想"，② 而恰恰是一种消灭资本主义物化、异化之现存状况而开展的现实运动。在马克思看来，在资本主义社会中，雇佣劳动与资本所主导的异化、物化机制，无论如何是摆脱不了，也是无法遏制的。当然，不可否认，资本主义

---

① 《马克思恩格斯选集》（第 1 卷），人民出版社 2012 年版，第 776 页。
② 《马克思恩格斯选集》（第 1 卷），人民出版社 2012 年版，第 166 页。

现代化的社会大生产虽然也能够产生一些积极的特质，如生产的全面化、生产力的全面提升并发展到极高的水平，唯有在这一水平上才能促进"社会全体成员的平等的、合乎人的尊严的发展"，① 并为人类社会的未来解放奠定了坚实的物质基础，但从社会发展的总体的、主导的价值与机制上看，资本主义社会的发展则是背离人的全面发展追求的，是现代社会一切人间罪恶得以产生的总根源。而马克思所发动的以现实人的全面发展为根本旨趣的人类解放事业，就是为了在批判旧世界的基础上发现新世界，并以科学的世界观方法论来为世界阐发新原理。这种以改变世界为目的的共产主义理论，是全部社会关系所围绕旋转的核心，也是马克思实践唯物主义人学的真正立足点与基础，唯有仅仅抓住这一点，才能真正理解马克思人的全面自由发展理论的存在论意涵，② 才能够真正参与到当代中国全面建成小康社会的生活过程中，真正履行并实现改变生活世界的存在论使命。

三 "全面提高人民生活水平"：全面建成小康社会的根本目标

全面小康的目标就是全民幸福的小康，全面建成小康的价值取向就是实现人的全面发展的根本方向，而要让广大老百姓真正过上幸福安康的日子，就必须积极改善民生和创新社会治理。习总书记在2012年11月新一届中央政治局常委中外记者见面会时说，人民群众对幸福生活的热爱，孩子们对获得更好教育的期盼，人民对获得稳定工作、满意收入、可靠社保的愿望，让孩子成长好、工作好、生活好的梦想，人人都获得好的医疗服务、舒适的居住条件、优美的环境，这就是我们为之奋斗的目标，人民群众在各个方面都渴望过上美好幸福生活，这就是我们致力于要实现的人的全面发展的价值期盼。习总书记善于把不断改善民生、推进民生事业的发展与实现人的全面发展结合起来论证，认为全面小康首先是推进全民小康、全面建成小康社会的根本目的说到底是实现人的全面发展，是以人为本的全面发展，

---

① 《马克思恩格斯选集》（第2卷），人民出版社2012年版，第77页。
② 陈立新：《实践唯物主义研究的回顾与展望》，《社会科学辑刊》2016年第3期，第91—99页。

"我们要全面建成小康社会、进行改革开放和社会主义现代化建设，就是要通过发展社会生产力，满足人民日益增长的物质文化需要，促进人的全面发展。"[①] 民生是社会和谐之基、人民幸福之本，事关人民幸福、生活稳定、国家发展，人人都有好日子、天天生活幸福就是我们谋求发展的出发点与落脚点，是检验我们各种工作得失成败的试金石，构成了我们中国特色社会主义事业发展的价值导向。

如果我们不能代表最广大人民的根本利益，不能自觉回应广大人民追求幸福生活的热切期盼，不能让老百姓得到看得见、摸得着的实惠，那所有的发展就失去了意义，也不可能获得人民的拥护与参与，这样的发展如何能够可持续、全面协调地进行呢？所以，党和国家事业发展过程中，要解决好推进经济社会发展和改善民生的关系，做到二者内在融合、整体推进、良性循环、协调互动，既做大蛋糕又分好蛋糕，有效解决人民后顾之忧、有效调动人民生产积极性，既拉动内需、扩大消费，又不断催生新的经济增长点。他在各个场合的多次讲话中强调，社会政策要托底，"构建全民共建共享的社会治理格局。"[②] 要格外关心困难群众，时时刻刻把他们的安危冷暖放在心上。因为我们的小康是全面建成而不是部分建成，广大农村尤其是困难农户如果不能实现小康，那还叫什么全面建成？没有全面的小康，就不能达到我们的总要求与总目标，就不会真正取信于民，使党和国家的富民惠民政策，赢得并见重于人民群众。为此，必须整体运行、统筹兼顾、协调推进，大家一起努力、齐抓共管，让乡亲们都能脱贫致富奔小康、安安乐乐享太平。保障与改善民生没有终点，只有连续不断的新起点，只有抓住人民最关心、最直接、最根本、最现实的利益问题，一件件地办、一年年地干，锲而不舍、真抓实干，才能朝着全面建成小康社会快速推进。

他曾结合实现中国梦来论述全面建成小康社会的问题，在他看来，中国梦是中国人民和中华民族在当代的价值追寻和价值体认，它

---

① 中共中央宣传部：《习近平总书记系列重要讲话读本》，学习出版社 2016 年版，第 213 页。

② 中共中央宣传部：《习近平总书记系列重要讲话读本》，学习出版社 2016 年版，第 224 页。

全方位地体现了小康社会和民族复兴的共同意愿，意味着中华民族团结奋斗的最大公约数，意味着我们中华民族为全人类和平发展作出更大贡献的真诚意愿，是党和国家新时期的政治宣言和执政纲领。认为，当今世界正在发生深刻变化，但是和平发展、合作共赢是主流，这就为我们全面建成小康社会目标的实现，提供了难得的发展机遇与国际环境。抓住这个机遇来谋划社会发展和人的全面发展，就必须做到把一切思想和行动都自觉统一到党中央的决策部署上来，积极投入全面深化改革之中，深入认识我国社会主义初级阶段的基本国情与时代特征，进一步树立新自信、适应新常态、谋划新发展。习近平总书记认为，全面建成小康社会必须坚持人的全面发展，为此必须首先要进一步解放思想，这是解放生产力、发展生产力，促进社会全面发展和人的全面发展的前提，没有解放思想或者思想解放不能及时跟进实践变革，我们党就不可能真正做到这一点。再者说，如果没有思想的大解放，我们就不可能在改革开放中不断推进伟大的理论创新、实践创新、制度创新并在其带动下进行一系列其他方面的创新，也就不可能有效化解我们在建设中国特色社会主义道路上的各种风险与挑战，更不要说把改革开放事业不断推向前进并始终走在时代前列了。

但是，进一步解放和发展生产力，进一步解放和增强社会发展活力，则是进一步解放思想的必然结果和重要基础，若没有生产力、社会活力带动下的人的全面发展，思想解放就成了无的放矢的无稽之谈，就不可能落在实处，就会失去意义。可见，生产力的解放与人的全面发展也是内在联系、相互推进的。正如习近平所说，以实现人的全面发展为价值旨归，就是要全面建成小康、加快实现现代化和中华民族伟大复兴，而要做到这一点，最根本最迫切的任务还是进一步解放和发展生产力。他要求全党在全面建成小康社会过程中，一定要坚持"六个紧紧围绕"，要以经济体制改革为重点并发挥其极强的牵引作用，基于这个轴心，努力实现在一切重要领域和关键环节上的改革有重大突破，以此牵引并带动其他各个方面、各个领域的社会变革，使得小康社会的各方面的改革相互配合、协调推进、形成合力，而不是各自为政、分散用力。① 全面建成小康社会，必须坚持社会主义市场经济改革方向。紧紧围绕建立社会主义市场经济这个目标，彻底改变了原来单一依靠计划经济体制而严重束缚经济发展活力的旧格局，并从封闭与半封闭的僵化经济运行模式中实现了伟大的历史转折，以社会主义市场经济这种充满生机与活力的现代经济发展模式，实现了亿万人民从温饱型向小康型的历史性跨越，实现了经济发展总量跃居世界第二位的历史性飞跃，极大地调动了人民群众全面建设社会主义的积极性、能动性与主动性，极大地促进了社会生产力的快速发展、极大地增强了党和国家带领全国各族人民全面建成小康社会的决心与信心。

生态建设全面发展这是全面建成小康社会的重要内容。建设人与自然高度整合的现代生态文明，较大规模地发展循环型经济，积极保护并合理开发与利用可再生能源，有效控制污染物的排放量，大力发展低碳经济和无污染的绿色经济，生态环境质量与人民群众的生活质量不断改善，人类生存发展的生态保障体系得到全面建设。习近平说，建设美丽中国、切实增强生态意识、做好生态环境保护工作，努力把我国建成生态环境良好的国家，这是广大人民群众最朴实的渴望与需要，是社会的、人的可持续发展在当代生态建设问题上的新拓展。为此，必须树立"尊重、保护、顺应"自然之生态文明的现代理念，以节约、优先、恢复及实现可持续发展为具体工作方针，树立保护生态就是在保护生产力、改善生态就是在发展生产力的现代意识，更加自觉地推动全社会的绿色发展、低碳发展、循环发展，绝不以牺牲生态换取经济的片面增长，绝不能忽视人民群众要求实现全面生产和现代生活全面发展的愿望，我们不仅要"为子孙后代留下天蓝、地绿、水清的生产生活环境"，而且要与世界人民携起手来，加强生态文明建设的世界性合作、推动成果的世界分享、"共建生态良好的地球美好家园"。②

---

① 习近平：《切实把思想统一到党的十八届三中全会精神上来》，《人民日报》2014年1月1日。

② 中组部党员教育中心：《美丽中国：生态文明建设五讲》，人民出版社2013年版，第16页。

如果人民群众连基本的温饱都解决不了，连最起码的社会条件都不能解决，人民群众建设社会主义的积极性、主动性如何能够调动起来呢？牵一发而动全身，一家连着千万家。住房建设和供应体系建设，虽然只是小康社会建设的一个细小方面，却又是事关全局的最大的政治问题，如果连这些细节问题都不能达到老百姓的满意，还怎么保证全面建成小康社会价值目标的实现？人民群众关心的就是这些日常生活琐事能否实现公平正义，能否按照人民的意愿行事，一个党一个国家只有重视了人民群众日常生活质量的不断发展、不断改善，才真正是人民的国家、人民性的政党，如果像苏联那样不仅不能捍卫、代表和发展人民群众的生活利益，反而变相剥夺或者直接剥夺人民群众的利益，人民就会为之举行一个没有哭泣的葬礼。这方面的教训太深刻了，正是基于这样的考虑，我们才把人民群众日常密切关心的问题，如实地写进了全面建成小康社会的目标蓝图中，并作为党和国家发展战略的重要内容一并加以强调，这也体现了党和国家事业发展与人的全面发展的高度一致。这二者的"高度一致"，是党"对人民历史发展主体地位和最高价值主体地位的尊重"，[1] 实现人的全面发展与社会基本矛盾推动社会历史前进的总过程、大方向是内在统一的，与生产力的发展要求、与生产关系和上层建筑的内在调整、与社会全方位的深化改革、与人民群众的总体意愿内在一致。

另外，还要始终把人民群众的生命安全放在第一位，做好网络安全、信息化安全工作，这也是事关人民群众生活与全面发展的重大战略问题。为此必须坚持总体国家安全观，走中国特色国家安全道路，既要重视外部环境的安全，又要重视内部的安全，"对内求发展、求变革、求稳定、建设平安中国，对外求和平、求合作、求共赢建设和谐世界"。[2] 全面建成小康社会与人的全面发展的内在统一，完全是一个过程和一个问题的两个方面。全面建成小康社会的宏伟目标就是要进一步提高人民群众的物质文化生活水平，从社会发展的整体上不断增强人获得全面发展的综合实力，无论是实现中华民族伟大复兴的

---

① 田克勤：《中国化马克思主义通论》，人民出版社 2013 年版，第 486 页。

② 《习近平谈治国理政》，外文出版社 2014 年版，第 201 页。

中国梦还是实现祖国统一、促进世界和平发展，都要依靠全社会的健康稳定的发展，都要依靠全面小康社会的发展，当然从最终目的上看这也都是为了实现人的全面自由的发展。马克思的人学思想尤其是人的发展观，为我们考察社会发展与人的发展的内在统一提供了一个全新的研究视域。它把物质利益和实践劳动的关系（人与物的外在尺度）与共享劳动成果和人的发展的关系（人与社会的内在尺度）有机结合起来，这实际上是在生产力、生产关系的互动发展意义上，描述了人的主体性的提升与社会全面进步在价值上的统一，"因而最直接地表现为社会个人的全面而自由的发展"。① 这种内外尺度的结合，实际上都统一于中国特色社会主义整体事业的建设过程中，统一于维护好、实现好、发展好最广大人民群众根本利益这一立足点上，统一于全面建成小康社会的一系列具体措施与目标上。全面建成小康、实现人的全面发展，犹如一种伟大的光芒，引人入胜，只要"心向往之"，就会"行必能至"。全面建成小康的目标虽然很快就能实现，但巩固、发展与完善小康社会的成果却是一个长期的历史过程，我们必须为之作出长期艰苦的奋斗努力。目前，全面建成小康社会这一目标的实现达到了决战决胜阶段，唯有按照共同富裕的大韬略，在分配上进行大政策的调整，逐步缩小收入差距、逐步提高劳动者的报酬、彻底摆脱中等发展陷阱，才能为世界发展中国家探索出一种具有普遍指导意义的发展模式，这是中国特色社会主义在道路选择、制度安排上所提供的具有普遍意义的世界性借鉴。

第三节　以人的全面发展理论统领全面依法治国

一　"依法治国"：人的全面发展的法律化表达

在习近平总书记最近关于全面依法治国的一系列讲话中，也是紧紧围绕人的全面发展这个核心问题进行创新论述的，他灵活运用马克思关于人的全面发展理论，并使之在法制建设中予以具体体现，以法

---

① 刘荣军：《财富、人与历史——马克思财富理论的哲学意蕴与现实意义》，人民出版社 2009 年版，第 6 页。

的精神呵护了人的全面发展理念，使得以人民为中心的法制原则落在了实处，换言之，全面依法治国是中国特色社会主义全面发展的需要，推进人的全面发展是社会主义的本质体现，也是全面依法治国的法律化表达。他认为发展社会主义的人民民主、健全社会主义的法治，这是我们国家治理事业最新发展的需要，也是实现中国社会主义事业全面发展和人的全面发展的需要，在全面依法治国的建设过程中，必须自始至终地贯彻以人民为中心的基本原则，以人为本、以民为本要成为我国法制建设的思想精髓与内在要求。

首先，从我国法制发展史看，依法治国的理念实际上就是以人为本理念的法律表示。他在回顾历史发展时谈到，为民立法、依法保护人民的根本利益，依法治国就是依法为民伸张正义，呵护人民正当权益，"我国宪法同党和人民进行的艰苦奋斗和创造的辉煌成就紧密相连，同党和人民开辟的前进道路和积累的宝贵经验紧密相连"。[①] 我们党在历史上特别重视以法治建设来推进人的全面发展，在新中国成立之初的宪法制定过程中，毛泽东就曾经提出过，宪法是国家的根本大法，是一切法律的总章程，它从各个方面捍卫人民利益、实现国家和人民的大发展。此后，在党的八大上，又明确指出：在社会主义革命任务基本结束后，解放生产力的根本任务已经转向了保护、发展生产力，在各个方面为人民当家作主，因而我们必须进一步加强人民民主的法制，逐步系统地制定完备的法律体系，以巩固社会主义建设秩序，使得人民的民主权利受到国家的保护，促进社会主义各项事业的全面发展和人民群众生活水平的不断改善。

回归历史，习总书记总结说，我们在社会主义法制下制定的各种法律文本，都是保民安民、富民惠民的政治文本，法治建设的任何一项重大举措旨在捍卫好、保护好、发展好并实现好最广大人民群众的根本利益，"都以国家根本法的形式，确认了近代100多年来中国人民为反对内外敌人、争取民族独立和人民自由幸福的英勇斗争，确认了中国共产党领导中国人民夺取新民主主义革命胜利、中国人民掌握

---

① 本书编写组：《〈中共中央关于全面推进依法治国若干重大问题的决定〉辅导读本》，人民出版社 2014 年版，第 1 页。

国家权力的历史变革"。① 党的十一届三中全会后我们进入改革开放新时期，邓小平针对"文化大革命"所造成的法制建设受到极大破坏、人民群众生命财产受到极大损害、人民群众各方面的生活受到严重影响的情况，提出必须健全社会主义法制，实现民主制度化、法律化，以健全的法制捍卫党和国家的根本利益，全面发展社会主义各项事业、使得人民群众得到发展的实惠，这是我们建设社会主义法律体系的一个中心思想，对此今后决不允许有任何动摇。基于此，我党后来逐步提出了依法治国的方针，并在以后历次党的代表大会上进行了全面论述，这样就把"实行依法治国、建设社会主义法治国家"作为治国方略确定下来。他认为我们在宪法制定与不断修改过程中，确保了根本大法的稳定性与权威性的同时，又使之"紧跟时代前进步伐，不断与时俱进"，从而以根本大法的形式确立了我们的发展道路、理论体系及其发展的重大成果，"反映了我国各族人民的共同意志和根本利益，成为历史新时期党和国家的中心工作、基本原则、重大方针、重要政策在国家法制上的最高体现。"②

可见，在我们党带领全国各族人民建设社会主义的过程中，如何实现依法治国，是一以贯之的总原则和总精神，这内在反映了党和人民在经历了"文化大革命"那样的十年浩劫后，特别渴望能够使得社会主义法律与制度再也不会因为领导人的个人意愿而随意改变。同时也表明了，社会主义法制建设的主体是党领导下的人民群众，是党领导人民实行依法治国。对各项事业、事务的管理都要依法进行，这体现了党的主张、党的宗旨和人民利益、人民意志的内在统一，体现了依法治国的理念实际上也是以人为本理念的法律表示。

其次，全面依法治国的理念，实际上就是推进人的全面发展理念的法律化表达。全面依法治国，旨在通过社会主义法制事业的发展而实现人的全面发展，是以人为本、执政为民及以人民为中心思想的法律化表达，是以法律的名义、以法治的形式所推进的社会全面发展和

---

① 《习近平谈治国理政》，外文出版社 2014 年版，第 135—136 页。
② 习近平：《在首都各界纪念现行宪法公布施行 30 周年大会上的讲话》，人民出版社 2012 年版，第 3 页。

人的全面发展，也是广大人民群众根本利益得以法律呵护、得以制度保障的集中体现。习总书记具体从四个方面对此作了分析，在他看来，全面依法治国实际上就是社会全面进步、人的全面发展的法律化表达，全面依法治国就是全面依法为民、全面执法为民，全面依法治国贯彻了一切为了人民、为了一切人民，为了人民的一切的人本、民本思想。并分析说，这充分表明，我国宪法和法律是符合我国国情民情、人民生活实际及其发展需要的，是人的各种政治生活、人的全面发展的国家意志表示。特别是作为根本大法的我国宪法更是这样，它"充分体现人民共同意志、充分保障人民民主权利、充分维护人民根本利益"，① 是推动社会全面进步、保证人民创造幸福生活、确保人的全面发展的根本准则。习总书记强调指出，全面依法治国，是贯彻我党执政为民理念并最终实现共同富裕这一社会主义本质的根本要求，也是以法律方式解决社会主义主要矛盾从而不断提高人民群众生活水平的法律保障。坚持中国特色社会主义法治道路，也是加强与完善党的领导、真正体现党的为人民服务根本宗旨的法律表示，建设中国特色社会主义法治体系和法治国家，也是为了让人民群众在每一个司法案件中都能感受到公平正义，而唯有增强全民遵守法制的现代观念，使依法治国成为全体人民共同追求和自觉行动，才能真正做到执法为民。总之，在习总书记的一系列关于依法治国的创新论述中，实现人的全面发展思想是一条红线贯穿其中，这是其人民主体思想与现代公平正义观的真切体现，也是他把依法治国原则与人的全面发展思想内在统一的典范。这些重要论述，是以法的精神和原则所体现的党群关系、干群关系，是以法律的名义和制度的力量所捍卫的人民民主的治国精神，也是新时期马克思主义人的全面发展思想的中国化、法律化表达。

二 "执法为民"：让人民群众感到公正就在自己身边

1. 以民为本、为民立法，执法为民、用法为民，这是社会主义

---

① 本书课题组：《习近平总书记系列讲话精神学习问答》，中共中央党校出版社2013年版，第95页。

法治的本质要求，也是人民当家作主、实现人民民主专政的法律保障。要体现执法为民的法理精神与本质要求，就必须树立以人民为中心和服务人民的现代法律意识，不断提高人民群众自觉遵法、守法、护法、用法的现代法律能力和水平。全面依法治国，一方面，要坚持一切为了满足人民的法律需要，及时了解人民群众利益诉求的发展变化，以法律的形式充分体现人民群众的合法意愿，全方位服务其法律生活，藉此维护好人民的合法利益；另一方面，要坚持一切依靠人民来达到全面依法治国，在司法、执法过程中要充分尊重人民群众的主体地位和首创精神，善于依靠人民群众推动法律事务的各种工作。

2. 捍卫宪法权威就是捍卫了人民的共同意志，就是捍卫了公平正义这一社会主义法治的价值追求。我国社会主义宪法与国家前途、人民命运息息相关。只有切实尊重并有效实施它，人民主体性地位才能得到维护与尊重，人民当家作主的权利才能得到实现，党和国家的事业就能顺利发展。反之，如果它遭到了漠视、削弱乃至破坏，人民权力与自由就无法保证，国家发展与人的全面发展就成为一句空话。所以他说，全面依法治国最根本的就是全面依宪治国，全面贯彻依法治国最根本的就是全面贯彻实施宪法。宪法所确立的人民民主专政的国体和人民代表大会的政体必须长期坚持、全面贯彻并不断发展，它是实现最广泛的人民民主、尊重与保障人权的最高体现，是国家政治发展沿着正确方向前进的根本保障，是确保在社会发展中使每个人都获得全面发展的法律确认，是依法治国与以人为本原则的高度统一。全面依法治国，根本的就是要坚持以法的形式保证人民当家作主作为根本导向，以法治权威增强党和国家政治活力、以法治精神调动人民群众参与现代化建设的积极性为根本目标，把全面依法治国贯穿于扩大社会主义民主、发展社会主义政治文明、推进人的全面发展的整个过程中。

3. 全面依法治国必须坚持人民主体地位，切实保障公民充分享有权利和履行义务，在法律上巩固和完善人的全面发展。宪法精神与法治理念中的社会发展与人的发展是一致的，维护社会长治久安、繁荣稳定与捍卫人民全面发展二者内在一致，依法治国的根本是人民发自内心的拥护，依法治国的威力来自于人民的真诚信仰，宪法和法律的权威性与党和国家利益的人民性是一致的，只有保证公民在法律面前一律平等，以法制精神与原则实现好人民利益最大化的发展，切实尊重人民的主体性地位与权利，赢得人民的支持与拥护，真正走入千家万户并成为人民群众自觉自愿的行动。正如习总书记所说："我们要依法保障全体公民享有广泛的权利，保障公民的人身权、财产权、基本政治权利等各项权利不受侵犯，保证公民的经济、文化社会等各方面权利得到落实，努力维护最广大人民根本利益，保障人民群众对美好生活的向往与追求。"① 全面依法治国最根本的就是全面维护与发展人民的根本利益，如果连这一点都做不到，还怎么保证人民的主体地位和执法为民呢？

当然，要保证人民群众的合法要求与发展意愿，也必须遵循法律途径、依法进行，决不能以维护一部分人民群众的眼前利益而牺牲国家的大局利益。这就必须做到在全社会加大法制宣传，提高全体人民懂法用法、依法办事的法制观念与发展意识，大力弘扬社会主义法制精神，努力培育社会主义法制文明，让依法治国家喻户晓，让正义之光普照社会和人全面发展的各个方面，形成自觉守法用法的良好氛围。通过开展全面依法治国的各种普法活动，在全社会牢固树立法制权威，让广大人民充分相信法律、自觉运用法律，使之充分认识到全面依法治国方略的重要性，全面依法治国不仅仅是人民自觉遵守的行为规范，更是依法保障人民权利与义务的法律武器。习总书记认为，执法为民、司法利民，切实解决好人民打官司难、维权更难的问题，"司法工作者要密切联系群众，规范司法行为，加大司法公开力度，回应人民群众对司法公正公开的关注与期待。"② 全面依法治国根本目的就是要促进社会公平正义，保障人民安居乐业，人民法律为人民，执法为民是根本。促进社会公平正义、让每个人都感到"公正就在自己身边"。每一个政法人员要以法的形式与途径重点解决好损害群众权益的突出问题，要以法治力量保障社会主义建设的一片清廉天

---

① 何毅亭：《学习习近平总书记重要讲话》（增订本），人民出版社 2014 年版，第 28 页。

② 人民日报社理论部：《深入领会习近平总书记重要讲话精神》（上），人民出版社 2014 年版，第 445 页。

空。全面依法治国就是要保障人民安居乐业，让群众都过上安稳日子、幸福日子，这是政法工作的根本目标。政法工作"要把人民群众的事当作自己的事，把人民群众的小事当作自己的大事，从让人民群众满意的事情做起，从人民群众不满意的问题改起，为人民群众安居乐业提供有力法律保障。"①

显然如果没有全面依法治国，全面小康又何以实现？"鸟之两翼、车之双轮"，对于全面依法治国与全面深化改革的关系，习近平总书记如此比喻。习总书记说，凡属重大改革都要于法有据、确保在法制轨道上推进改革，只有为改革划上法治边界，才能妥善协调各类权益纠纷，顺利解决各种制度障碍，依法保障改革成果为人民共享。可以说，全面推进依法治国，是巩固党的执政地位、实现国家长治久安的重要条件，是全面建成小康社会的迫切要求，也是深入推进各领域改革的重要保障。

在全面依法治国中必须"坚持党的事业至上、人民利益至上、宪法法律至上，永葆忠于党、忠于国家、忠于人民、忠于法律的政治本色。政法队伍要敢于担当，面对歪风邪气，必须敢于亮剑、坚决斗争，绝不能听之任之；面对急难险重任务，必须豁得出来、顶得上去，绝不能畏缩不前"。② 实际上表明了党性与人民性的高度一致，在法制建设中必须把党的领导、依法治国、人民发展自觉统一起来。此外，还必须坚持人民主体地位与人的全面发展相统一的原则。人民群众是依法治国的主体和力量源泉，全面法治的根本旨趣在于实现人民利益的不断发展与完善，人民当家作主的根本政治制度得到全面建设。

三 "法律乃治国之重器"：在法律面前必须人人平等

的确，全面依法治国的法治建设目标与以人为本、执政为民的思想原则具有内在一致性，在当代中国进行依法治国的任何一项举措都旨在捍卫最广大人民的根本利益，致力于为实现人的全面自由发展而

① 《习近平谈治国理政》，外文出版社 2014 年版，第 148 页。
② 习近平：《在中央政法工作会议上的讲话》，《人民日报》2014 年 1 月 9 日。

打造良好的法制环境。而"坚持以人为本，坚持执政为民，坚持依法治国，最终的目标都是服务人民，促进人的全面发展"。① 要贯彻执法为民原则要求，就必须在法律面前人人平等，这是社会主义法律的基本属性与内在要求，也是国家治理体系现代化的法理精神与合法基础。任何组织和个人，无论其具有多高的威望，无论其具有多高的社会地位和政治权利，都必须自觉尊重和捍卫宪法法律的权威。

全面依法治国要有利于中国特色社会主义的道路自信、理论自信、制度自信，要有利于从根本上全面推进经济社会的全面发展并实现人的全面发展。要普遍的落实执法为民、立法为公，人人懂法、人人护法、人人爱法。全面依法治国与实现人的全面发展二者是内在统一的，全面依法治国从总体上看，就是要通过法治建设实现对人的全面发展的法律关照、对人的各方面利益的法律维护，在国家法度中捍卫做人的地位与尊严，使人的生命价值与生存质量获得全面彰显，全面法治的根本目的还是为了实现社会稳定、人民幸福。如果在法制建设中忽视以人为本、执法为民的原则，不能坚持为民立法、人性执法，不能将人的全面发展的理念作为全面依法治国的精神支撑，依法治国就会变成空谈，甚至还会败坏法律尊严、损害社会主义法治国家形象，人民就会对法律权威嗤之以鼻、不屑一顾，一些不法分子就会以身试法、胆大妄为，就极可能会导致"恶法之治"、情大于法、权大于法的危局。只有将人的全面发展作为依法治国的逻辑起点与逻辑归宿，将"以人为本"原则贯穿全面依法治国的全过程，实现人的全面发展将成为依法治国的人文情怀与价值取向。

在贯彻以人为本、执法为民的全面依法治国的过程中，要特别重视各级领导干部在依法执政、科学执政、用权为民、勤政爱民中所发挥的重要作用，要处处学会以法的名义捍卫人民利益，要带领人民群众积极行动起来，坚决纠正和解决法治不彰、徇私枉法的问题。一些领导干部法治观念淡薄，存在有法不依、执法不严、情大于法、权高于法等等问题，削弱了法律权威、败坏了党和国家形象、社会发展的

---

① 肖巍：《当代中国马克思主义研究报告（2011—2012）：核心价值与意识形态建设》，人民出版社2013年版，第209页。

正常秩序。因此，当前坚持全面依法治国的一个重要任务，就是要让各级领导干部首先牢固树立"法律至上"、"法律面前人人平等"、"权由法定、权依法使"等基本法制理念，使之明白：心中高悬法律明镜、手中紧握法律戒尺、依法行使人民权力、为官做事处处为民，使之对法要知道敬畏和尊崇，无论做什么事都要依法、找法、用法、靠法；使之在使用人民赋予的权力想问题、做决策、办事情时，时时处处能够"在法治之下、而不是法治之外、更不是法治之上"。① 全面依法治国要有明确的政治方向和人民立场，既要得到人民民主专政的强大政治保证，又要体现党和国家带领人民走共同富裕道路的本质要求，党的领导、人民幸福与依法治国这三者是高度一致的，党的各级组织及其成员，必须自觉接受法律监督，使自己的各种活动必须处在法治规范的范围内，决不能以服务人民的名义凌驾于法治之上。社会主义的法律意志与党的主张和宗旨，在捍卫、巩固、发展广大人民群众根本利益这一点上，是内在一致、相得益彰的。党带领人民制法、执法、用法、靠法就显示了党的领导的政治力量，党的任何活动都必须在法律的监督下进行，都必须把人的全面发展、人民利益的实现作为自己的最高要求。党的各级组织及每一个领导干部都必须服从和遵守法律，人民赋予党和领导干部的权力，决不能非公有地运用，坚决制止那种以言代法、以权压法、徇私枉法、违法乱纪的行为。正如习总书记所说，人民交给我们的权力犹如一把"双刃剑"，权利若合法行使可造福人民，若非法滥用必祸国殃民，必须"把权力关到制度的笼子里。"② 全面依法治国、全面依法行政，不是为了服务人民之外的别的什么目的，就是为了能够全面为民造福、增加更多福祉，一切法治原则和行政权力的运行，都要紧紧围绕保障和促进社会公平正义这个社会主义的价值原则来行使。须知，"我们党主张和追求的

---

① 习近平：《领导干部要做尊法学法守法用法的模范 带领全党全国全面推进依法治国》，《党建》2015 年第 3 期，第 5—6 页。
② 本书编写组：《党的群众路线教育实践活动读本》（修订本），人民出版社 2014 年版，第 109 页。

社会公平正义，不是一个抽象的、玄奥的概念"，① 而是一个崇高的人民主体价值，切切实实保护人民权益、伸张正义，致力于实现人的全面自由发展是它的最高价值取向。

当前在全面依法治国必须把实现以人民为中心的发展作为一条中心线贯穿全程，要牢记人民群众是法治的主体，依法治国目的是为民谋利，在当代治国理政方略中要真正实现党的领导、人民主权、依法治国的有机统一。这是由于：1. 坚持人民主体地位、扩大人民民主，必须推进依法治国，而反过来，依法治国必须依靠广大群众的支持与拥护，二者相互为用、内在关联。人民民主是社会主义的旗帜、目标，也是它的灵魂与生命，没有了人民民主，何以谈得上实现人的全面发展呢？"社会主义愈发展，民主也愈发展"。② 实现人民民主，也是实现人的全面发展的基本政治条件，没有真正的民主，很难说有什么真正人全面性的发展。2. 我们重大政治制度的建设以及建设服务政府、责任政府、法治政府、廉洁政府，目的也在于充分调动人民积极性，积极发挥人民群众建设热情，为党和国家事业最新发展作出更大贡献。"党的政策和国家法律是人民根本意志的反映，在本质上是一致的，统一于人民的根本意志"，"党既领导人民制定宪法和法律，也领导人民执行宪法和法律，党自身必须在宪法和法律范围内活动"。③ 3. 我们必须要从执法为民这个原则高度出发，深刻把握党的领导、人民民主与依法治国的内在一致性，全面依法治国既要捍卫人民当家作主、一切权利属于人民、依靠人民治理国家，又要在全面依法治国中实施好、发挥好党的领导，真正做到党领导立法、保证执法、带头守法。

总之，"在法律面前人人平等"这一原则，具有很深刻的当代人学意蕴及其生活语义，它构成了当代中国法治实践的人文价值准则，

---

① 本书编写组：《学习党的群众工作重要论述读本》，人民出版社 2011 年版，第 106 页。

② 中共中央宣传部：《习近平总书记系列重要讲话读本》，学习出版社 2016 年版，第 163 页。

③ 人民日报评论员：《围绕"两个关系"加强党的领导——一论学习贯彻习近平同志在中央政法工作会议上的重要讲话》，《人民日报》2014 年 1 月 10 日。

全面"彰显了法律对人的尊严的最高维护，从而形成了人本文化的治理方式"，是全面依法治国精神的集中显现。① 在人与法的关系上，一方面，"法必本于人"，立法为民，法为人用；另一方面，"善言人者，必有资于法"，② 人人爱法，共同守法。清代魏源的为民立法、法为民用的思想，在今天仍然具有重要的现实意义。全面依法治国从根本上还是要落脚到人的全面发展的具体目标与举措上，是在法制原则上所张扬的新人道主义、新人本主义，是以人民为中心的发展原则和执政为民的政治理念获得了一种法律表述，是马克思人的全面发展理论与当代中国法治实践相结合的最新成果，是人民至上与法律至上的自觉结合，也是党治国理政在法治能力上获得的一次重大提升。

四 "法安天下、德润人心"：德法并重谱惠民新篇章

习总书记强调在全面依法治国的征程上，必须实现依法治国与以德立国、法治与德治这两方面的协同发力、同行同向。"法令行则国治，法令弛则国乱"。③ "法律是治国之重器，法治是国家治理体系和治理能力的重要依托。"④ 法治中国是国家治理的基本方略，法律是治国安邦的准绳，历来是治理国家之重器，任何时候都必须自觉遵循；而德治则是实现社会稳定、文明和谐、公平正义的基石，同样作为敬德保民之"理国要道"，任何时候都不能轻视。从我国社会主义革命与建设历史上看，什么时候认识并坚持了这一点，就会国安民顺、繁荣富强；而什么时候忽视并背离了这一点，就会动荡不安、民不聊生。进入全面深化改革新时期以来，以习近平同志为核心的党的新一届领导集体，善于把马克思人的全面发展理论与我国法制建设的具体实际相结合，全面总结了我国法制建设过程中的经验教训，致力于时时处处要以人民为中心开展法制建设。古之善为法者认为，"法

---

① 刘吉发：《政治实践论——基于马克思主义的广义视角》，人民出版社 2010 年版，第 189 页。
② ［清］魏源：《皇朝经世文编》（叙）。
③ ［汉］王符：《潜夫论笺校正·述赦第十六》，中华书局 1985 年版，第 54 页。
④ 《中共中央关于全面推进依法治国若干重大问题的决定》，人民出版社 2014 年版，第 42 页。

安天下"、"德润人心",强调施政在于得人心、施德在于顺民意,天道人心,"非有德者不安,非有法者不久",① 天下若能同此心则能同此德,只有顺应天下的这种同心同德之公心,才可河清海晏、长治久安。全面协调推进依法治国与以德立国的内在统一,并将德治法治并重并举、并育并行,确立为我们的基本方略、独特方式及其治理规律,努力全面实现执法为民、法为民用,走出一条独具我们中华民族法治特色的治国之路,开启了当代中国进行法治革新的新时代。

从马克思人的全面发展理论的法理依据上讲,法治与德治属于实然法与应然法的关系,道德对法治具有奠基性作用,而法治则对道德具有原初性依赖,依法规约与以德规劝结合起来,刚柔并济、交相为用,这才是超越人治、官治、党治而全面实现法治中国的关键,也是确保"五位一体"总体布局与"四个全面"战略布局协调推进的关键,更是达到良法善治、国泰民安并确保实现社会公正和谐、人全面自由发展的根本。在我们中国特色社会主义市场经济建设过程中,在整个国家和社会综合治理体系与治理能力不断实现现代化的过程中,如何把法治所具有的权威性、公正性、强制性与德治所体现出来的广泛性、人性化、生活化内在结合起来,既实现道德的法律强制,又实现法治的德性补充,从而实现彼此间的互相推动、有机统一,这是当代中国实现全面依法治国的重大课题之一。解决这一难题,首先就要从观念上摒弃将法治与德治对立起来的荒谬之见,走出"法治社会应该去道德化"的误区。事实上,今天强调道德的法治化、政治化,不仅不会导致非理性、非公正,恰恰相反,这是实现人人平等、公平正义的基础性过程。事实上,法治约束与道德自律二者内在关联、不可偏废,德法并治、"法主德辅"、德法互补,是实现法治中国的基本原则和根本大计,也是实现人的全面自由发展的前提与保障。

古代善治国者认为,以苛政励法行天下,"明免而无耻";若将"仁德"布于四海,则"有耻且格"。还主张"立法设刑、动缘民情","制礼以崇敬,立刑以明威",国家治理要"隆礼重法"、"宽猛

---

① 唐文基、罗庆泗:《乾隆传》,人民出版社1994年版,第53页。

相济"，因为"徒善不足以为政，徒法不能以自行"。① 这就是说，古代的圣人因能做到"以德配天"、"德合于天"，故而能"继天立极"、"法天立道"，博爱无私，泛爱大众，使天下苍生，各得其所、各安其位。法治和德治，对一个社会形态的正常运转来说，都具有规范行为、调节关系、稳定秩序的功能，在当代社会稳定、国家治理中共同发挥着相辅相成的作用。习总书记认为，"法律是成文的道德，道德是内心的法律"。② 依靠法的权威，可以强制性地规范人们的行为必须在法律许可的范围内能做什么或不能做什么，而依靠道德的感召，通过社会舆论及信念、习惯、传统和教育，则可以规劝或说服人们自觉而主动地做什么或不做什么。法能安立天下，德能富足心怀，法的有效实施需要借助于道德的内在支持，而道德文明的普遍提升当然也需要借助于法的外在约束。若车之两轮、鸟之两翼，法德并立、不可偏废，唯有全力夯实法治德治两大基础，才能在今天谱写出惠民富民的最新篇章，党和国家的事业才能政通人和、长治久安。

具体说来，一方面，既然道德的教化对全面依法治国具有内在支持，在普遍提升广大人民群众道德文化水平的同时，就要把法的意志、法的内涵、法的精神、法的理念注入公民道德体系中予以贯彻，让人人都能知法、懂法、爱法、护法、守法，人人争做自觉履法、勇于担当、恪尽职守的好公民，以全民族道德与文明的健康发展为全面依法治国开拓新天地。另一方面，既然健全的法制是立国之本，而人治官治是社会百病之源，因而就必须把道德建设的一系列要求注入全面依法治国过程中，时时处处弘扬美德义行、良法善治、惩恶扬善、激浊扬清，让铁面无私的法治社会充满了人情味、同情心，在立法、执法、司法中树立鲜明的为民、爱民、惠民、护民的道德导向，并将普通百姓广泛认同而在法律实践中又行之有效的那些新风尚、新道德、新文明、新举措，及在此基础上确立起来的符合时代要求、体现人民意志的新道德观、新伦理观，及时提升到法律层面、制度层面加以固定下来，依法巩固广大人民群众根本利益得以实现的道德舆论氛

---

① 普振宁：《孟子新注》，人民出版社 2012 年版，第 101 页。
② 《习近平谈治国理政》，外文出版社 2014 年版，第 141 页。

围和良好政治生态，使社会主义核心价值观的建设与全面依法治国的要求实现内在统一。

　　这就要求突出抓好、用好法治的手段，明规矩、惩劣行、彰善举、重德报，强力惩戒当代社会道德领域出现的失德、败德行为，依法整治广大人民群众反映强烈的道德失序形象，对诚信缺失、底线失守、道德沦丧、毫无操守、淫奔不堪、男盗女娼等等社会乱象，要完善各种惩戒机制和处罚措施，让违法败德者付出代价、遭人唾弃。还要加大法制宣传、全民普法力度，让法治意识深入人之心髓，人人从内心深处真正地敬法、崇法；结合公民道德教育、弘扬中华民族传统美德，引导群众全民守法、护法、爱法，法治建设与道德建设共同发力、携手推进，做到以德修身、以德服众，法德合一、宽窄互补，实现"法安天下"、"德润人心"的同行同向、并行不悖，真正树立良好的道德风尚、时代楷模，引导整个社会自觉践行社会主义核心价值观，争做爱法守法、立德敬业的好公民。"德厚者流光，德薄者流卑"，① 若不懂得厚德载物、温润心灵，崇德向善、明德惟馨，而一味近利远亲、见利忘义、损人利己，则"财之日进而德之日损，物之日厚而德之日薄"，② 就会失去定力、丢掉魂灵、沦为他者。今天，发展创新中国特色社会主义法治国家的理论与实践，不能丢掉其"根"与"魂"，否则，若为钱可逆天、一切向钱看，就会穷得只剩下钱。这里所说的"根"，就是以民为本、执法为民，安民、富民、乐民的思想是我们实现"四个全面"协调推进的根本，更是开展"法天立极"、"法安天下"的关键。全面依法治国最首要的问题是要解决好"为什么人"的问题，从全面依法治国上体现以民为本、执法为民的现代法治精神，依法依规切实保障广大人民群众的一切合法权益，从法治中国上体现人与自然、人与人、人与自身的全面协调可持续的发展要求，这是社会主义制度下法治中国的根本性、原则性的大问题。社会主义法制建设是为人民大众和社会主义建设服务的，其根本立场要始终站在人民群众一边，坚持以人民为中心，尊重人民主

---

①　郭善兵：《中国古代帝王宗庙礼制研究》，人民出版社 2007 年版，第 18 页。
②　叶小文：《"文化自信"五题》，《北京日报》2016 年 8 月 22 日。

体性地位，这既是社会主义法律制度的本质要求，也是我们人民共和国国体的公正本质之法理体现。

第四节　以人的全面发展理论加强全面从严治党

一　"从严治党"：执政为民的一次重大政治牵引

在习总书记看来，"协调推进'四个全面'，最根本的是坚持党的领导不动摇。党的领导是'四个全面'之魂、战略中军帐之帅"。①全面从严治党的核心是保持党同人民的血肉联系，而这就要求宗旨意识不能丢，树立以人为本、以民为本的现代执政理念，真正做到立党为公、执政为民。从严治党的重点是从严治吏、正风反腐、严明党纪，就是要严格执行党的群众路线，使党的各级领导干部及其各项活动，都能做到一切为了群众、一切依靠群众，从群众中来、到群众中去。唯有如此才能锻造坚强的领导核心，为协调推进"四个全面"提供方向指引和政治保证，为全面建成小康社会、推进人的全面发展凝聚共识、凝聚力量。

最近一个时期，习总书记以马克思主义群众观和马克思人的全面发展理论为依据，对新形势下如何以人的全面发展为核心进行全面从严治党的问题进行了一系列创新论述，共有"管党治党一刻不能松懈"、"以踏石留印、抓铁有痕的劲头抓作风建设"、"革命理想高于天"、"着力培养选拔党和人民需要的好干部"、"使纪律成为带电的高压线"、"坚持以零容忍态度惩治腐败"、"把权力关进制度的笼子"、"以深化改革推进党风廉政建设和反腐败斗争"等八个方面，②涵盖的内容可谓十分丰富、博大精深，不仅思想清晰、指向明确，而且紧扣人民群众关注的热点、难点，不愧是学习贯彻群众路线教育实践活动的行动指南，是领导干部学习的好教材。这些创新论述，蕴含了深刻的时代内涵与突出的实践逻辑，他从反"四风"入手，力图

---

①　人民日报社评论部：《从严治党锻造坚强领导核心——五论协调推进"四个全面"》，《人民日报》2015 年 3 月 1 日。

②　《习近平关于全面从严治党论述摘编》，中央文献出版社 2015 年版，第 3 页。

标本兼治、培根固本，勾勒出新时期全面治党管党的"内在逻辑"和框架体系①：从人民主体上全面落实从严治党的责任；从执政为民上全面涵盖党的建设的基本内容；从治党依据上全面严明党的纪律，坚持党内法规和宪法法律相结合；从时间上，经常抓、反复抓，持续深入改进作风；从方式方法上，坚持从严管理干部并发挥人民监督作用；从目标上，要着眼于保持党的先进性和纯洁性，保持党与人民群众的血肉联系。全面始能从严，从严必须全面；肃贪必须治吏，固本尚需培元。这些思想的提出，表明了他既具有卓越的领导才能，又善于集中人民群众的智慧；既高屋建瓴从整体上代表和服从了人民群众的意志、利益和要求，又紧密地保持了同广大人民群众的血肉联系、在广大人民中树立了崇高的威信与威望。

全面从严治党，以马克思人的全面发展理论锻造党的各级领导组织，使之成为我们事业发展的坚强领导核心，意义重大而深远。实现中华民族伟大复兴之中国梦，需要确保行稳致远的领航者；全面协调推进中国特色社会主义现代化建设事业，需要强劲有力的火车头；下好中国特色社会主义建设这盘大棋，更要"大盘取厚势，官子有妙手"，要做到"为之于未有，治之于未乱"。中国共产党作为社会主义事业的领导核心，是不可替代的主轴与舵手，全面从严治党是"四个全面"战略总布局中难度最大的一次攻坚战。越是环境复杂、危机四伏、充满危险，越要增强忧患意识，从根本上从严治党，坚持党的领导核心不动摇，全面推进党自身建设。若不抓党、不管党、不整党、不治党，就可能出现大问题，就可能危及党的领导地位与执政地位能否长期保持下去，甚至有亡党亡国的危险。

具体说来，第一，全面从严治党能够为协调推进"四个全面"建设提供方向指引。全面深化改革、全面依法治国及全面建成小康社会，都需要党来领航与掌舵，需要党的统一指挥与协调，需要党为之召唤方向、凝聚力量、指导未来，有了党的坚强领导，就能确保党和国家事业发展"有方向、有立场、有原则"，党的领导出现了问题，

---

① 黄小军：《习近平全面从严治党思想的内在逻辑》，《学术探索》2015 年第 3 期，第44—51 页。

就可能犯改弦易辙的颠覆性错误。全面深化改革、全面依法治国和全面建成小康社会，最关键的就是要坚持正确的政治方向，具体说来就是坚持党的领导和社会主义制度，这是确保我们各项事业顺利发展最根本的政治保证，党的领导是社会主义改革之魂、法治之帅、小康建设之心，以改革精神全面推进党的建设伟大工程，是我党更好担负"四个全面"建设伟大重任的政治保障。

第二，全面从严治党能够为协调推进"四个全面"建设提供组织保证。从严治党、从严治吏、正风肃纪，锻造一支高效廉洁的组织队伍并使之成为坚强的领导核心，这是全面协调推进"四个全面"建设的组织保证，也是对国家治理体系与治理能力现代化的一次全面检验，是对新时期治国理政之核心领导力量的一次组织上的重新塑造。能否搞好我们法治队伍的现代化建设，实质上是党的组织建设史上的一次重大变革，也是全面衡量与检验我党执政能力是否达到现代化水平的一次深刻革命，更是社会主义管控力量与人才资源获得重大跨越性发展的战略举措，它将成为最大意义上推进人的全面发展的一次政治牵引。

第三，全面从严治党能够为协调推进"四个全面"建设提供力量源泉。人心向背看作风，执政为民靠党性。全面协调推进"四个全面"建设，并以此推进社会主义事业发展和人的全面发展，最根本的还是要看广大党员特别是党的领导干部是否具有一种优良的工作作风。作风端正、纪律严明，就能累积起更多的政治信任而赢得人民对改革的大力支持；勤政为民、甘当公仆，就能最大程度地凝聚共识、塑造法治信仰；从严治党、从严治吏，赢得并见重于人民，自觉自愿地为全面建成小康社会而努力奋斗。唯有全面从严治党并使之成为全体人民的主心骨，才能振奋民心、激励斗志，使广大人民群众团结凝聚在党的周围，为我们事业的全面协调推进和实现人的全面发展，提供根本的政治支撑与核心的领导力量。

二 "对人民高度负责"：全面从严治党的意义指向

习总书记的法治观有一个随着实践的发展而不断成熟、不断完善的过程。在 2012 年末习总书记上任伊始的中外记者见面会上，他就以强烈的责任意识和担当意识，深沉的忧患意识和使命精神，明确指出了我们党面临的严峻挑战与复杂环境，对党内存在的四股歪风（贪污腐败、脱离群众、形式主义、官僚主义）告诫全党必须高度警惕起来，必须以对民族负责、对人民负责、对历史负责、对党负责的态度，接过历史接力棒，掀起全面从严治党之强大威势，巩固核心意识、大局观念。四风不除、国力不倡，为政不廉，民心不安。在他看来，我们不能躺在过去的功劳簿上，面对严峻的挑战及执政考验，我们必须对"四风"下大力气解决。他说在当代中国，要实现人的全面发展，就必须首先解决党在新时期面临的各种问题。如果我们党自身建设出现了人民群众非常不满意的四种坏作风，即贪污腐败、脱离群众、形式主义与官僚主义，那就失去了带领大家奔小康、共富裕的领导能力。如果领导人民建设社会主义的领导力量，出现了大问题，自身都不硬，怎么样密切联系群众、怎么样执政为民、怎么样代表并实现人民群众根本利益。坚持全面从严治党，就是要心中有人民、发展为了人民，让人民得到更多实惠，为实现人的全面发展奠定基本政治条件。

进入 2015 年，他结合推进"四个全面"建设总布局问题，多次强调了全面从严治党的重要性与急迫性，提出了一系列从严治党、党要管党的新要求，党要管党丝毫不能松懈，从严治党坚决不能手软。习总书记多次强调我们之所以要开展全面从严治党，用制度管权治吏，其目的还是为了人民群众能够在改革开放过程中得到更多实惠，把党性与人民性高度结合起来，使我党真正成为捍卫并发展人民利益的先进性的党；我们之所以再三强调党员干部要保持思想坚定、固根守魂的政治本色，"要着力净化政治生态，营造廉洁从政良好环境，政治生态也要山清水秀"，① 根本目标也是为民创造更多福祉，让人民群众在社会主义社会里真正共享发展成果、共享幸福生活。

三 "勤政为民"：人民群众对党的政治厚望

关于如何做到全面从严治党具体有以下几个方面：第一，全面落

---

① 人民日报社评论部：《"四个全面"学习读本》，人民出版社 2015 年版，第 230—231 页。

实从严治党责任。党要管党、从严治党，这是我们党始终坚持的建党原则。"从严"要求是我们做好工作的重要保障，共产党人最讲认真，这个"认真"就是要做到严字当头，决不能应付对付，建党工作更应该如此。为此就要：（1）进一步全面落实从严治党责任，治党原则一时一刻不能放松，才能使我党长久立于不败之地。（2）坚定理想信念，补足共产党人精神上的"钙"，共产党人必须练就金刚不坏之身，要求用先进的思想支配自己的行动。（3）需要按照"五项标准"（信念坚定，为民服务，勤政务实，敢于担当，清正廉洁），培养和选拔党和人民需要的好干部。（4）以踏石留印、抓铁有痕的劲头来抓作风建设，以"三严三实"（严以修身、严以用权、严以律己，谋事要实、创业要实、做人要实）全面推进党的作风建设，推进全面从严治党，只有如此，才能"心中有党不忘恩、心中有民不忘本、心中有责不懈怠、心中有戒不妄为"。[①]（5）坚持以零容忍态度惩治腐败，以全面增强我们党自我净化、自我完善、自我革新、自我提高能力，同人民群众心连心、同呼吸、共命运，永不动摇信仰、永不脱离人民。（6）要用铁的纪律维护党的团结与统一，要纪律严明、雷厉风行，要政令畅通、统一行动，加大监督和惩治力度，形成全面从严治党的带电的政治高压线。

第二，坚持思想建党与制度建党紧密结合。习总书记认为，"从严治党靠教育，也靠制度，二者一柔一刚，要同向发力、同时发力"。[②]唯有将二者内在结合起来，才能发挥教育与制度各自的政治优势、弥补各自不足，从而互相作用、互相推动使全面从严治党落到实处。为此就要做到：（1）充分发挥思想教育"固本浚源"之用，要把思想政治建设放在首位，拧紧这个总开关，严防思想上滑坡、政治上变质。[③]具体说来就要，加强党性和道德教育，坚定政治方向与

① 人民日报社评论员：《以"三严三实"推进全面从严治党》，《人民日报》2015年4月22日。

② 习近平：《在党的群众路线教育实践活动总结大会上的讲话》，《人民日报》2014年10月9日。

③ 张荣臣等：《"四个全面"新思想、新观点、新论断》，北京联合出版公司2015年版，第296页。

立场，与党中央保持高度一致，旗帜鲜明地坚持党性原则；要加强理想信念教育，高扬主旋律、唱响正气歌，不断增强三大自信，让信仰之灯永远闪亮；还要永远保持共产党人高尚的精神追求：追求国家富强、追求人民幸福、追求社会和谐，做建设中国特色社会主义的中坚力量。（2）制度建党要突出务实管用。习总书记认为，关于制度建党，不在多而在精，要务实要管用，要有针对性和指导性。"牛栏关猫"不行，"橡皮筋"更无用，要搞好配套衔接、做到彼此呼应、发挥整体功能。从严治党，教育是基础，而教育的目的在于使之明确什么事能做、什么事不能做，使各级干部讲党性、重品行、作表率，增强公仆意识、密切联系群众，务实清廉、作风端正，自觉筑牢拒腐防变的思想防御体系，真正做到廉洁从政、科学执政、执政为民。（3）从严治党，关键是从严治权、从严治官，唯有把各种权力关进制度的笼子里，对之运行进行全程有效监督，才能按照"三严三实"的要求做到严以用权、严以律己、勤政为民。（4）从严治党，还要坚持党内制度建设与国家法制建设相协调，党必须做到依法执政、依法用权，善于把党的主张通过法律程序成为国家意志，从法律制度上确保从严治党政策的贯彻执行，这样才能将党的政治优势和社会主义制度优势，转化为管理国家的效能，体现从严治党的成效。

　　第三，严肃党内政治生活。习总书记认为，从严治党最根本的就是要树立以人民为中心的政治理念，使每一个党员都能保持与人民群众同甘共苦，人民至上、执政为民要成为党的政治准则、办事原则和生活信条。具体说来，主要是：（1）要健全民主集中制这一根本制度，既要发扬民主又要强调集中，既要集中全党智慧和力量，又要强调全党高度一致，这样就必须按照民主集中制的各项要求，在理论和实践中推进全面从严治党。（2）运用好批评与自我批评这个武器，保持党的健康机体、增强党的政治担当、增强党的战斗能力。批评与自我批评，这是党的三大优良作风之一、党要管党、从严治党的重要法宝，也是共产党人的特有风格、共产党区别于其他政党的重要标志之一，更是解决党内矛盾、保证党的团结统一的重要途径与方法，是制定正确的路线方针政策并有效纠正错误的根本保证。为此，必须坚持"团结—批评—团结"及"惩前毖后、治病救人"的方针，还必须坚持"知无不言、言无不尽，言者无罪、闻者足戒，有则改之、无则加勉"的方法，既反对残酷斗争、无情打击的极端做法，也要反对"和平主义"、"一团和气"的"和事佬"、老好人态度，一定按照从严治党要求，对之决不能姑息养奸、纵虎为患。①

四　"良好政治生态"：同人民群众保持血肉联系

坚持全面从严治党，还必须首先从严管理干部，使之既廉洁又勤政，既干净又干事。而且强调指出，坚持全面从严治党，重在从严管理干部。从严治党的关键与重点是干部问题，不论从干部地位与作用的特殊性上看，还是从干部队伍建设的现状上看，都必须将从严管理干部作为从严治党的重中之重来抓。具体说来，第一，坚持对干部管理从严，使之心有所畏、言有所戒、行有停止。对党员干部要严把质量关、防止鱼龙混杂；严把任用关、防止带病提拔；严把监督关，防止不闻不问。为此就要：深化人事干部制度改革，突出针对性、协调性、实效性，使党的干部都能够敬法畏纪、遵规守矩、手握戒尺，领导干部更要做到慎独、慎微，使之受警醒、明底线、知敬畏，在思想上画出红线、在行动上明确界限。第二，按照"三严三实"要求做焦裕禄式的好干部。在党员干部管理上，坚决杜绝失之于宽、失之于软、失之于虚的现象。"三严三实"针对干部管理中要求不严、作风不实的突出问题，提出一系列标本兼治的重大举措，可谓切中了作风之弊的要害，把准了作风之变的命脉。第三，持续深入改进作风，具体要求：持续深入反对形式主义，大兴求真务实之风；持续深入反对官僚主义，大兴密切联系群众之风；持续深入反对享乐主义，大兴艰苦奋斗之风；持续深入反对奢靡之风，大兴勤俭节约之风。第四，努力实现党的作风建设的制度化、规范化、常态化。实现党的作风建设的制度化，就是把作风建设的要求上升为制度来建设；实现党的作风建设的规范化，就是把作风建设的要求细化为规则；实现党的作风建设的常态化，就是把作风建设的要求当作日常工作常抓不懈。

---

　　① 张荣臣：《"四个全面"新思想、新观点、新论断》，北京联合出版公司 2015 年版，第 322 页。

"党要管党、从严治党，就要靠严明的纪律"和规矩。① 我党是工人阶级和中国人民的先锋队，她具有严明的纪律、在纪律面前一律平等，能够对自己的每一个成员进行政治纪律的刚性约束，使之在思想上政治上行动上同党中央保持高度一致，这是她始终保持先进性、纯洁性的重要保证。党的铁打的纪律作为全党意志的体现，是必须遵守的行为准则，是我们制定和贯彻路线方针政策的重要保证。严明党纪，首先就是要严明政治纪律，最核心的就是坚持党的领导，坚持党的基本理论、基本路线、基本纲领与要求，在指导思想及涉及全局的重大问题上与中央保持高度一致，自觉维护中央权威。还必须维护党的组织纪律，强化组织意识，自觉将党组织放在最高位置，与党同心同德，相信组织、依靠组织、服从组织。

习近平还谈到了要发挥人民监督作用和深入学习把握从严治党规律的重要性，因为，一方面，得民心者得天下，失民心者失天下，人民拥护和支持是党执政最牢固的根基。人民群众中蕴藏着治国理政、管党治党的智慧和力量，从严治党必须依靠人民。另一方面，我们党在长期实践中，不断总结自己正反两方面经验，也积极借鉴国外执政党建设的经验教训，深刻认识到了一些从严治党规律，这些都要继续运用好。

"全面从严治党"新理念的提出与论证，在党的建设史上"彰显了理论与实践的双重创新"。② 一方面，这里所说的"全面"具有了新的内涵：对每个党员来说，要过"五关"（精神关、观念关、心理关、身份关、行动关），对党的组织来说，也要"五位一体"（思想建设、组织建设、作风建设、制度建设、反腐倡廉建设），齐抓共管。这样就实现了思想建党与制度治党的统一，建章立制与执行落实的统一，自上而下与自下而上的统一。做到全党参与、相互推动，立体化、全覆盖，不留死角、不留空白，从严治党要常态化、制度化。另一方面，这里所说的"从严"，是指党自身建设的总要求与总线索，

严字当头、务必从严，真管真严，敢管敢严，长管长严。一切"从严"，也是治党管党的总布局与总思路。因为，党要管党，才能管好党；从严治党，才能治好党。从严治党，关键在治，要害在严。唯有在严字上铆足功夫、下大力气，踏石留印、抓铁有痕，才能除恶务尽、政治清明。这次全面从严治党的战略思想与实践布局，无论在理论上抑或实践上，都体现了党建工程的统筹兼顾、协调推进的特点，表明我们党对自身建设规律有了新探索、新认识、新创见，进一步丰富发展了马克思主义政党建设思想。

从治国理政的总体上说，全面从严治党实质上追求的就是人的全面发展，实现的就是人民利益至上和以人民为中心的价值愿望。换言之，全面从严治党目的不是为了维护党的利益，而在于通过治党管党从根本意义上推进人的全面发展，始终代表最广大人民群众的根本利益，按照中国人民的生活实际与意愿，艰苦奋斗、开拓进取，造福于人民。[①] 中国共产党，是推进人的全面发展的先进性的政党，全面从严治党与实现人的全面发展，是一而二、二而一的。时下，全面从严治党，就在于让我们党成为无产阶级、中国人民和中华民族的先锋队，永葆纯洁性、先进性、科学性，始终不愧为人民的主心骨，把全体人民的意志凝聚起来，为实现广大人民群众全面自由的发展而奋斗。我们党以实现中华民族伟大复兴、加快社会主义现代化建设，推进社会全面进步与人的全面发展为己任，坚持全心全意为人民服务宗旨，始终站在人民大众的立场上，把从严治党与推进人的全面发展内在统一起来。只有为人民服务，才有存在的意义；只有依靠人民，才能获得依靠力量。全面从严治党，必须坚持立党为公、执政为民，坚持群众路线，促进人的全面发展。全面从严治党的重中之重就是保持与人民群众的血肉联系，为了群众、依靠群众、相信群众，让人民群众在社会发展中不断得到更多实惠。唯有顺民心、谋民利、得民心，才能立于不败之地；唯有来自人民、植根人民、服务人民，才能实现好、维护好、发展好人民群众的根本利益；唯有权为民所用、情为民

---

① 肖志远：《增强党的领导能力是协调推进"四个全面"的根本保证》，《中国党政干部论坛》2015 年第 6 期，第 76—79 页。

所系、利为民所谋，尊重人民主体地位、发挥人民首创精神、保障人民各项权益，才能真正走共同富裕之路，促进人的全面自由发展；党和国家的发展为了人民并依靠人民，发展的成果由人民共享，唯此才能达到全面从严治党与人的全面发展内在结合的目的。

五　"不忘初心"：把为民造福的事业不断推向前进

习近平在纪念建党95周年大会的讲话中，谈到我们要坚持八个方面的"不忘初心、继续前进"，① 这是一首我们党在新时期继往开来、奋勇前进的嘹亮战歌，也是一篇实现人的全面发展的政治宣言，庄严宣告了中国共产党决心带领全国各族人民把为民造福的事业全面推向前进。牢记宗旨、不忘初心，恪守信仰、奋勇前进。否则，始乱终弃、前功尽弃！

坚持"不忘初心、继续前进"，首先就要坚持马克思主义的指导地位不动摇。在指导思想上"不忘初心"，实际上就是坚持发展马克思主义中国化、时代化、大众化"三化合一"的方向不动摇。坚持、发展和创新马克思主义，是实现无产阶级和人类解放的理论基石，也是促进社会事业发展朝着实现人的全面发展终极目标的理论向导，唯有在马克思主义指导下才能发展中国、发展社会主义，唯有在马克思主义指导下才能实现民族复兴的中国梦，进而为实现人类社会的全面进步和人的全面发展这一终极理想提供各方面的条件。从党和国家的事业发展来说，马克思主义是我们党的指导思想，是号召亿万人民团结奋斗的思想旗帜和理论基础、是立国立党的根本与灵魂。对此，我们决不能有一丝一毫的动摇，而必须矢志不渝的坚持与发展，既不能走改旗易帜、另起炉灶的邪路，也不能走脱离人民、封闭僵化的老路。从人的发展与社会发展相统一的角度看，马克思主义尤其是中国化的马克思主义，作为无产阶级和广大人民求得自身解放并实现全面自由发展的科学理论体系，它已然成为广大人民群众自觉的生活信念、精神信仰、人生信条与价值原则，它在中国化、时代化、大众化

---

① 习近平：《在庆祝中国共产党成立95周年大会上的讲话》，人民出版社2016年版，第2页。

过程中释放出了巨大的政治力量，转化为人民群众创造美满幸福生活的巨大的精神力量和物质力量，是推进我们中国特色社会主义事业全面发展的内在精神动力，我们在任何时候、无论逆境抑或顺境都必须坚持这一指导思想，而不能有丝毫的动摇。否则，如果在指导思想上背离或放弃了马克思主义的科学真理，像苏联那样搞什么指导思想上的多元化、公开化、自由化，就会因失去核心、灵魂与方向而犯重大原则性的错误，就会严重背离人民群众追求幸福的生活意愿，会被各种非马克思主义、反马克思主义错误思想所俘获并被它引向一个失败的道路而断送为民造福的宏伟大业。当然，我们坚持并发展的马克思主义，是扎根人民生活中的大众化的马克思主义，是"思人"时代、紧跟实践、贴近群众、贴近生活的马克思主义，是把实现人的全面发展作为社会发展价值取向而不断开拓进取的当代中国的马克思主义。

"不忘初心，继续前进"，从根本上讲就是要把马克思关于人的全面发展理论贯穿到社会主义事业的各个方面：在我们奋斗的目标上"不忘初心，继续前进"，就是要牢记建设社会主义——共产主义的奋斗纲领不动摇，坚定地把建设共产主义的最高理想与建设中国特色社会主义的共同理想内在统一起来，努力通过建设中国特色社会主义而最终实现共产主义，努力把实现人的自由全面发展的伟大实践贯穿到社会主义发展的全过程，全党要对实现人的全面发展这一远大理想和奋斗目标保持高度的政治定力与清醒头脑。在坚持党的基本路线上"不忘初心、继续前进"，就是要坚持中国特色社会主义的"四大自信"不动摇，坚持全面推进中国特色社会主义伟大事业，并通过全面建成小康社会而向共同富裕目标前进的方向不动摇。党的基本路线是国家的生命线、人民的幸福线，到任何时候都必须坚持，动摇不得；我们建设的中国特色社会主义是实现现代化的必由之路，也是创造人民美好生活的必由之路，这同样在任何时候都必须坚持，动摇不得。新时期在治国理政的战略方针与一系列重大举措上"不忘初心、继续前进"，坚持勇于全面深化改革的决心与信心不动摇，进一步解放、发展社会生产力，进一步解放、增强社会活力，进一步激活、释放创新能力，让人的全面发展更有质量，让国家的综合治理更有水平，让人民群众更有获得感、幸福感，把全面深化改革变成全面为民造福的事业全面推向前进。从以人民为中心谋求协调发展的角度看坚持"不忘初心、继续前进"，就是要坚信党的执政根基在人民、党的力量源泉在人民、党的"四大自信"在人民、党的事业的全面胜利也在人民，坚持人民群众是历史创造者的基本原理不动摇，坚持党的群众路线和群众观点不动摇，坚持全心全意为人民服务根本宗旨不能忘；始终牢记为民增加福祉、创造幸福生活、实现共同富裕、让改革成果惠及人民大众是我党永远不变的奋斗目标；始终牢记人民主体地位与人民当家作主是党的一贯主张。这些都是马克思主义政党区别于其他阶级政党的显著标志，也是我党赢得人民、赢得胜利的根本原因之所在。在党的自身建设上"不忘初心、继续前进"，就是要始终保持党的先进性与纯洁性，不断提高其执政能力与领导水平，不断增强其拒腐防变和抵抗风险的能力，使党成为与人民群众同甘共苦、生死与共的坚强领导核心，保持党性与人民性的高度一致。

党的十八届六中全会以全面从严治党为主题，制订了新形势下党内政治的若干准则并修订了党内监督条例，强调指出要办好中国事情、凝聚中国力量，关键在于全面从严治党，而这就必须从党内政治生活严起、管起。当前，净化党内政治生态、真正赢得党心民心，既需要从纪律上、监察上立党，也需要从组织上、制度上建党，更需要从思想上、信念上立党、治党。着重从思想上建党，注重思想纯洁、灵魂健康，培育超拔而深刻的素养与品质、宽广而敏锐的胸怀与眼光，这是我们党历来的优良传统与光荣作风，在全面建成小康社会、全面深化改革、全面依法治国的道路上，我们更需反对"思想虚无化"、"抓思想无用论"、"抓思想建党迂腐论"，打好思想战线那种无声的较量——信仰争夺战，构筑一道坚固的思想防御体系。为此，一方面，必须把人民性与阶级性内在统一起来，把党性建设与心性建设统一起来，把全面从严治党创新的突破口定格在思想创新、理论创新与学术创新上，把马克思主义学术体系、学科体系与话语体系的建设摆在特殊的重要位置，以之来巩固马克思主义指导地位的思想保障体系、信念价值体系，真正内化于心、外化于行。另一方面，必须从政治高度或角度看待党的理论研究与学术创新，从学术上讲政治、讲学习、讲正气，把我们党的无产阶级政治诠释到马克思主义的学理深层，这是在思想领域从事党的建设、政治建设的根与魂，也是永葆马克思主义生机活力、方向牵引并保持无产阶级政党先进性、纯洁性的奥秘所在。可见，捍卫马克思主义指导地位并发挥其在新形势下对主流意识形态的统领作用，克服马克思主义被边缘化、空壳化、纯粹化、学术化、学院化，摆脱以往的"削中国实践之足、适西方话语之履"、"有理说不出、说了传不开"、"走自己的路、说别人的话"、"种了别人的地、荒了自家的田"的尴尬境遇，这也是落实党的十八届六中全会精神、着力全面从严治党的关键一环，而着力从学理深层释放全面从严治党最强音，增强党内政治生活的政治性、原则性、学术化与高品位，也同样是全面提升党的执政能力与水平的关键一招。在党带领全国人民奋力建设社会主义现代化、为实现中华民族伟大复兴之中国梦的征程中，既不能走封闭僵化的老路也不能走改旗易帜的邪路，而必须高举马克思主义伟大旗帜、走中国特色社会主义这种历史必由之路。为此，在党的思想建设上，我们既不能简单延续历史文化之"母版"，即不能以儒学热、国学热取缔马克思主义的指导地位，不能依靠马克思主义儒学化而实现什么"二王并立"，也不能简单套用经典马克思主义之"模板"，即不能靠组合一些权威引文替代理论创新，不能以马教条、苏教条、西教条来束缚我们的手脚；在我们现代化建设上，既不是其他社会主义实践的"再版"，也不是国外资本主义现代化的"翻版"，而必定是马克思主义中国化、时代化、大众化辩证整合的当代版、中华版，必定是科学社会主义原理在当代中国获得丰富拓展的最新版、创新版，这是从坚持发展中国特色社会主义理论体系的政治高度看待全面从严治党的根本需要，也是从思想上全面从严治党的政治逻辑与发展规律。

参考文献

一 经典著作

1．《马克思恩格斯选集》第1—4卷，人民出版社2012年版。

2．《马克思恩格斯文集》第1—10卷，人民出版社2009年版。

3．《马克思恩格斯全集》第1—50卷，人民出版社1956—1986年版。

4．《列宁选集》第1—4卷，人民出版社2012年版。

5．《毛泽东选集》第1—4卷，人民出版社1991年版。

二 专著

1．陈学明等：《二十世纪西方马克思主义哲学》，人民出版社2012年版。

2．崔大华：《儒学的现代命运——儒家传统的现代阐释》，人民出版社2012年版。

3．邓晓芒：《纯粹理性批判》句读（下），人民出版社2010年版。

4．段德智：《哲学人生——陈修斋先生90周年诞辰纪念文集》，人民出版社2011年版。

5．冯玉珍：《理性—非理性批判：精神和哲学的历史逻辑考察》，人民出版社2013年版。

6．高小斯：《关照西方科学哲学理性》，人民出版社2010年版。

7．韩秋红：《西方哲学的人文精神》，人民出版社2010年版。

8．何平：《伽达默尔科学技术反思研究》，人民出版社2010年版。

9．洪晓楠：《哲学通论十五讲》，人民出版社2012年版。

10. 李杰:《马克思开辟的人学道路及其当代价值》,人民出版社 2012 年版。

11. 李明:《生命存在与心灵超越——现代新儒家人生境界说研究》,人民出版社 2011 年版。

12. 李荣:《马克思实践哲学的他者解释》,人民出版社 2011 年版。

13. 李维武:《中国哲学的传统更新》,人民出版社 2012 年版,第 293—295 页。

14. 李跃红:《个体生命的终极吟唱——思想史视域中的汉语神学研究》,人民出版社 2012 年版。

15. 梁漱溟:《东西文化及其哲学》,商务印书馆 2012 年版。

16. 刘华初:《实用主义的基础——杜威经验自然主义研究》,人民出版社 2012 年版。

17. 刘慧姝:《克尔凯郭尔文艺审美思想研究》,人民出版社 2012 年版。

18. 刘黎明、赵国祥:《教育学视域中的人:基于马克思主义人学的思考》,科学出版社 2010 年版。

19. 沈亚生:《人学思潮前沿问题探究》,社会科学文献出版社 2010 年版。

20. 陶德麟:《当代中国马克思主义若干重大理论与现实问题》,人民出版社 2012 年版。

21. 王盛辉:《"自由个性"及其历史生成研究——基于马克思恩格斯文本整体解读的新视角》,人民出版社 2011 年版。

22. 王素芬:《顺物自然——生态语境下的庄学研究》,人民出版社 2011 年版。

23. 吴毅:《中华人文精神论纲》,人民出版社 2011 年版。

24. 辛世俊:《马克思主义人学中国化新探》,人民出版社 2013 年版。

25. 薛德震:《人的哲学论纲》(增订版),人民出版社 2011 年版。

26. 阎孟伟:《在马克思实践哲学的视野中》,武汉大学出版社 2011 年版。

27. 杨国荣：《成己与成物：意义世界的生成》，人民出版社2010年版。

28. 张海涛：《澄明与遮蔽：海德格尔主体间性美学思想研究》，人民出版社2013年版。

29. 中央党校马克思主义理论教研部等：《马克思主义关于人的学说》，人民出版社2011年版。

30. 周为民：《马克思主义关于人的学说》，人民出版社2011年版。

三　译著

1. ［德］伽达默尔：《真理与方法》（第1卷），洪汉鼎译，蒂宾根出版社1986年版。

2. ［德］哈贝马斯：《后形而上学思想》，曹卫东译，译林出版社2001年版。

3. ［德］海德格尔：《存在与时间》，陈嘉映译，生活、读书、新知三联书店1987年版。

4. ［德］海德格尔：《面向思的事情》，陈小文、孙周兴译，商务印书馆1996年版。

5. ［德］黑格尔：《精神现象学》（上），贺麟，王玖兴译，商务印书馆1979年版。

6. ［德］黑格尔：《精神哲学——哲学全书》（第3部分），杨祖陶译，人民出版社2006年版。

7. ［德］黑格尔：《哲学史讲演录》，贺麟译，商务印书馆1981年版。

8. ［德］胡塞尔：《生活世界现象学》，倪梁康、张廷国译，上海译文出版社1988年版。

9. ［德］卡西尔：《人论》，李化梅译，西苑出版社2009年版。

10. ［德］康德：《康德三大批判合集》（上），邓晓芒译，人民出版社2009年版。

11. ［德］康德：《实践理性批判》，韩水法译，商务印书馆1999年版。

12. ［德］康德：《未来形而上学导论》，庞景仁译，商务印书馆

1982 年版。

13. ［德］李凯尔特：《文化科学与自然科学》，涂纪亮译，商务印书馆 1986 年版。

14. ［法］孔德：《实证主义概观》，萧赣译，商务印书馆 1938 年版。

15. ［法］利奥塔：《后现代性与公共游戏》，谈瀛洲译，上海人民出版社 1997 年版。

16. ［古希腊］亚里士多德：《形而上学》，苗力田译，中国人民大学出版社 1993 年版。

17. ［美］杜威：《人的问题》，傅统先译，上海人民出版社 2006 年版。

18. ［美］赫舍尔：《人是谁》，隗仁莲译，贵州人民出版社 1995 年版。

19. ［美］杰姆逊：《晚期资本主义的文化逻辑》，陈清桥译，生活·读书·新知三联书店 1997 年版。

20. ［美］约瑟夫·熊彼特：《资本主义、社会主义与民主》，吴良健译，商务印书馆 2011 年版。

21. ［日］广松涉：《物象化论的构图》，彭曦，庄倩译，南京大学出版社 2002 年版。

22. ［苏联］T. H. 奥伊泽尔曼：《元哲学》，高晓惠译，人民出版社 2013 年版。

23. ［意］安伯托·艾柯：《诠释与过度诠释》，王宇根译，生活·读书·新知三联书店 1997 年版。

24. ［意］克罗齐：《历史学中的理论和实际》，傅任敢译，商务印书馆 1982 年版。

25. ［英］柯林武德：《历史的观念》，何兆武译，中国社会科学出版社 1986 年版。

后　记

　　《马克思人的全面发展理论及其中国表征》是我近年来新一轮理论探索的成果之一，大都是笔者近年来在讲授本院研究生《马克思人的全面发展理论专题研究》这门课中累积下来的一些思维之花，其中也夹杂了个人对马克思人的全面发展理论及其中国化问题的一些思考与浅见，当然也吸收了思想界诸多同仁特别是我院各位老师们对这方面问题的见解，这里一并表示感谢。全书共分四章，另有一个《引论》，分别探讨了马克思人的全面发展理论的形成历史、逻辑结构、理性内涵及其中国表达等问题。因本人才疏学浅且行文匆匆，定有不少疏漏，诚望研究家们不吝指教。

朱荣英

2018 年 3 月 27 日于河南大学 22 号家属院